Goethe und Mainz

Johann Josef Schmeller: Goethe vor einer Weinlaube mit Rheinlandschaft

August Gassner

Goethe und Mainz

PETER LANG
Bern · Frankfurt am Main · New York · Paris

CIP-Titelaufnahme der Deutschen Bibliothek

Gassner, August:
Goethe und Mainz / August Gassner. – Bern; Frankfurt am
Main; New York; Paris: Lang, 1988
  ISBN 3-261-03863-2

Quellennachweis zu den Abbildungen:

Die Originale zu den Abb. S. 3, 31, 117 befinden sich im Besitz des Freien Deutschen
Hochstifts, Frankfurter Goethe Museum, Frankfurt am Main.
Fotos: Ursula Edelmann.

Die Originale zu den Abb. S. 92, 110, 164 sind Eigentum des Landesmuseums Mainz,
S. 162 und Umschlag dessen Graphischer Sammlung.

Die Originale der Abb. S. 15, 22, 46, 58, 120, 135, 159, 167 sind Eigentum des Stadtarchivs
Mainz BPS.

Autor und Verlag bedanken sich bei allen für die freundlicherweise zur Verfügung gestell-
ten Vorlagen und die Wiedergabeerlaubnis.

Umschlag-Abbildung:
Bernhard Hundeshagen: Dom von Nordwesten mit Höfen und Palais (Curie) des Grafen
Kesselstadt

© Verlag Peter Lang AG, Bern 1988
Nachfolger des Verlages
der Herbert Lang & Cie AG, Bern

Druck: Lang Druck AG, Liebefeld/Bern

Inhalt

Zitierweise und Abkürzungen

Grundsätzlich werden Goethes Werke zitiert nach der von Beutler betreuten Artemisgedenkausgabe (DTV – 18 Bände), Briefe der Jahre 1764–1786 mit Br.I., 1786–1814 mit Br.II., 1814–1832 mit Br.III.; Briefe Goethe–Schiller mit Briefw., Briefe «Aus dem Elternhaus» mit ErgBd., Gespräche 1752–1817 mit Gespr.I., 1817–1832 mit Gespr.II., mit Eckermann mit E., Tagebücher mit ErgBd.Tgb.

Hilfsweise wird zitiert nach der Weimarer-(Sophien-)Ausgabe mit WA (Abteilung, Band und Seitenzahl) und der Hamburger Ausgabe mit HA.

Weitere Abkürzungen:

Biedermann: Biedermann-Herwig «Goethes Gespräche». 4 Bände 1965–1984.

Bode: Wilhelm Bode «Goethe in vertraulichen Briefen seiner Zeitgenossen». 3 Bände 1979

Das.: Daselbst.

DuW.: Dichtung und Wahrheit.

Landesmuseum-St.: Landesmuseum Mainz – Stadtgeschichtliche Abteilung.

St.: Robert Steiger «Goethes Leben von Tag zu Tag». Ab 1982, im Entstehen, bislang 4 Bände bis 1806.

WML.: Wilhelm Meisters Lehrjahre.

WmW.: Wilhelm Meisters Wanderjahre.

Wörtliche Anführungen in Kursivschrift.

*Wo man am wenigsten Tinte und Feder
sparen soll, das ist beim Aufzeichnen
einzelner Umstände merkwürdiger
Begebenheiten.*

Der Abbé in «Wilhelm Meisters Lehrjahre»
(VII/620).

Einleitung

Fragt man umher, welche Städtenamen sich mit Leben und Werk Goethes verbinden, so werden außer der Geburtsstadt Frankfurt, wo er seine Jugend bis zum 25. Jahr verbrachte, und Weimar, das dann bis zu seinem Tode Lebensmittelpunkt wurde, eine ganze Reihe genannt. Leipzig, *ein klein Paris*, wo er drei Jahre, Straßburg, wo er drei Semester studierte, die prägende Begegnung mit Herder und die Sesenheimer Jugendliebe zu Friederike Brion erlebte. Darmstadt vielleicht als häufiges Wanderziel zu dem Freunde Merck und der *Gemeinschaft der Heiligen*. Wetzlar mit der unerfüllten Liebe zu Charlotte Buff, Grunderlebnis zu den *Leiden des jungen Werther*. Italienische Städte, Rom vor allem, Kurorte werden genannt, die böhmischen Bäder, 17mal aufgesucht, besonders Karlsbad und Marienbad. Wiesbaden, Kuraufenthalt in zwei Sommern, und Heidelberg als markanter Ort der Freundschaft mit Sulpiz Boisserée und des Abschiedes von Marianne von Willemer.

Mainz wird bei vielen Befragten nur am Rande auftauchen, oft nur in der Verbindung mit der *Belagerung von Mainz* im Jahre 1793. Das Goethe-Handbuch[1], das Goethe-Städte, Goethe-Stätte und Goethe-Gedenkstätten unterscheidet, führt Mainz nicht auf. Selbst vielen Mainzern ist nicht bewußt, in wie vielfältigen Beziehungen Goethe zu ihrer Stadt und zu vielen Personen stand, die ihn immer wieder mit Mainz in Verbindung brachten. Diese vielfältigen Beziehungen möchten im Folgenden in Erinnerung gerufen werden.

Im Jahre 1904 hat Hofrat Alfred Börckel dem gleichen Anliegen in seiner Schrift *Goethe und Schiller in ihren Beziehungen zu Mainz* knappe 35 Seiten gewidmet. Eine neuerliche Betrachtung rechtfertigt sich aus mehr als einem Grund. Der *Börckel* ist im Buchhandel nicht, im Antiquariat kaum zu bekommen. In den inzwischen verflossenen mehr als 80 Jahren hat die Goethe-Forschung vieles neu zu Tage gefördert, vieles geklärt, vieles berichtigt. Daneben ist die Zielsetzung des vorliegenden Versuchs umfassender. Er soll auch lose Kontakte Goethes zu Mainz und zu Mainzern im engen und weiteren Sinne behandeln. Dabei wird es notwendig, diese Personen in etwa zu verdeutlichen. Wenn auch Walter Benjamins Ideal von einem Buch nur aus Zitaten nicht erreichbar ist, so mag doch möglichst viel zitiert werden, um der ursprüng-

---

1 Zastrau Bd. II (1917) S. 34ff.

lichen Genauigkeit zu dienen. Es soll ohne wissenschaftlichen Apparat durch Angabe der Fundstellen dem Leser die Möglichkeit gegeben werden, bei besonderem Einzelinteresse tiefer in Text und Kontext einzudringen.

Soweit nicht der Sachzusammenhang einen Vorgriff nötig macht, soll historisch vorgegangen werden.

I. Jugend (bis 1765)

Wann der junge Goethe zuerst von Mainz und seiner Bedeutung erfuhr, wissen wir nicht. Die erste Begegnung Goethes mit einem Mainzer, von der wir wissen, erfolgte in seinem fünften oder sechsten Lebensjahr. Der Vater hatte für seine Bildersammlung bei dem am 24. Juli 1703 in Mainz geborenen Maler Justus Juncker, der seit 1726 in Frankfurt ansässig war, ein Blumenstilleben bestellt. Der junge Goethe brachte dem Maler *wöchentlich einigemal die schönsten Blumen, . . . welche er denn auch sogleich einschaltete.* Gelegentlich brachte er auch eine Maus, die auf dem Bild eine Kornähre benaschend dargestellt wurde, ebenso Schmetterlinge und Käfer. Das Bild wurde dann allerdings ohne diese Zutaten neu gemalt und dem Vater die Wahl zwischen beiden Fassungen gelassen.[2]. Als im Anfang des Jahres 1759 der französische Königsleutnant Graf Thoranc auf zweieinhalb Jahre als Einquartierung in Goethes Elternhaus kam, zogen in das *hübsche gelbe Giebelzimmer* des nun neun Jahre alten Jungen mehrere Maler ein, die der Graf mit Aufträgen für das Anwesen seines Bruders in Grasse versah. Unter ihnen war auch Juncker. Der Knabe hielt zu den Malern engen Kontakt und war *bei den Aufgaben, Beratschlagungen und Bestellungen, wie auch bei den Ablieferungen gegenwärtig* und nahm sich *gar wohl heraus*, zumal zu Skizzen und Entwürfen seine Meinung zu sagen.[3]

Der Name der Stadt Mainz selbst taucht zuerst auf im Zusammenhang mit Geschehnissen im Jahre 1764. Goethe war 14 Jahre alt, als ein Gespiele aus der Knabenzeit, ein *Knabe, den ich Pylades nennen will*[4], ihn in eine Gesellschaft junger Leute einführte und damit in Verhältnisse verwickelte, die ihn einerseits in das Glück der ersten Jugendliebe – zu dem Frankfurter Gretchen – andererseits in *Verlegenheit und Not* führten. Mit dieser Gesellschaft wurden die *unschuldigsten* Lustpartien auf dem Main mit dem Marktschiff nach Höchst unternommen.

> Zu Höchst stiegen wir aus, wo zu gleicher Zeit das Marktschiff von Mainz eintraf... beide Schiffe gingen wieder zurück...[5]

---

2 DuW X/172. Beide Bilder im Goethe-Museum in Frankfurt.
3 Das. X/101.
4 Das. X/59. Was Goethe bewog, den Decknamen nach so langer Zeit aufrechtzuerhalten, ist ebensowenig bekannt wie der wirkliche Name des Freundes.
5 Das. X/195.

Das Marktschiff zwischen Mainz und Frankfurt

Da kam bei einem der Ausflüge *von Mainz herauf* ein zwielichtiger junger Mann hinzu, für den Goethe sich auf Bitten seiner Freunde bei seinem Großvater Textor als Stellenbewerber einsetzte. Hieraus resultierte einer der schwersten Vorwürfe, denen er sich bei der späteren inquisitorischen Vernehmung durch den Rat Schneider ausgesetzt sah.[6]

Das Mainzer Marktschiff als Verbindung von Frankfurt über Höchst nach Mainz spielte in Goethes Frankfurter Zeit eine größere Rolle als uns dokumentiert ist. Die Wasserfahrt nach Mainz und zurück war für die Frankfurter Bürger ein beliebtes Vergnügen. So wird auch der junge Goethe manchen Besuch in Mainz mit dem Marktschiff unternommen haben.[7]

Auch zwei – sehr verschiedene – Fluchten mit dem Marktschiff aus Frankfurt nach Mainz sind uns aus Goethes Umkreis bekannt. So soll schon die *Schönste*, der Goethes Urahnherr hold war,[8] (eine sehr jugendliche Patriziertocher, die er mit 55 Jahren geheiratet hatte und die nach 2 Jahren Ehe unter Hinterlassung von 2000 Gulden Schulden nach Mainz entwich) das Marktschiff benutzt haben. – Auch die unglückliche Kindsmörderin Susanne Margaretha Brandt war, wie Goethe aus den Prozeßakten[9] wußte, auf diesem Weg geflüchtet. Nach den Vernehmungsprotokollen vom 4.VIII. und 11.X.1771 war das Mädchen in Panik nach Höchst gelaufen:

6 Das. X/231.
7 Auch Schiller benutzte zu seinem einzigen Besuch in Mainz (am 18./19.Oktober 1782 – auf der Flucht aus Stuttgart unter dem Decknamen Dr. Ritter reisend) das Marktschiff von Frankfurt aus. Im Jahre 1802 werden die Romantiker Clemens Brentano und Achim von Arnim mit der Fahrt auf dem Marktschiff von Frankfurt nach Mainz ihre berühmte Rheinreise beginnen. Hier auf dem Marktschiff entstand bei Arnim der Plan zu «Des Knaben Wunderhorn», das dann Goethe gewidmet wurde. Arnims Enthusiasmus spiegelt seine Äußerung: «Ich möchte wohl gut singen und dichten können, um mein Leben auf dem Marktschiff zwischen Frankfurt und Mainz zu versingen». – Auch in der vorbereitenden Skizze zu seinem Aufsatz über den Steinschneider Joseph Müller und seine Sammlungen zur Geologie der Umgebung von Karlsbad notiert Goethe, daß dieser das Marktschiff von Mannheim nach Mainz benutzte. (WA II 9,400).
8 «Urahnherr war der Schönsten hold,
Das spukt so hin und wieder;
Uhrahnfrau liebte Schmuck und Gold,
Das zuckt wohl durch die Glieder..»·
I/669.
9 Sie wurden im Elternhause später gefunden.

Als sie nach 1 Uhr zu Höchst angelanget und nach dem Mayntzer Marktschiffe sich erkundigt, seye selbiges schon abgedruckt gewesen, ein Schiffsmann aber habe sie mit dem Nachen nachgefahren, welchem sie von denen bey sich gehabten 6 Batzen 3, und die übrigen drey Batzen dem Marktschiffer zu Maynz vor Fahrgeld bezahlen müssen.

Ohne also weiters einen Kreutzer Geld bey sich zu haben, seye sie in Maynz voller Furcht und Schrecken, daß man ihr nachsetzen würde, glücklich angelanget und habe, um Obdach und ein wenig warme Suppe zu bekommen, ihre silberne und vergoldete Ohrringe an einen Silberschmied verkauft, und davor 24 Kreutzer erhalten, und sodann sich in das Wirthshauß zum Hirschgen, wohin sie von einer auf der Straase angetroffenen Dienstmagd, als sie bey derselben nach einem Dienst gefragt, gewiesen worden, einquartiert, und daselbsten übernachtet.

Weilen sie aber kein Geld weiter gehabt, wovon sie zehren können, und von der Gewissens Angst ohnaufhörlich geplagt worden, so seye sie den folgenden Morgend als Sonntags den 3 ten August nach Höchst zurückgefahren und von da zu Fuß biß an das Bockenheimer Thor gegangen, woselbst sie von der Wacht angehalten, auf die Hauptwache und von da auf den den Catharinen Thurm geführet.[10]

Wahrscheinlich unmittelbar nach dem ihn aufwühlenden Prozeß und der öffentlichen Hinrichtung der Susanna Margaretha Brandt begann Goethe mit der Niederschrift des *Urfaust*. In ihm – hauptsächlich, aber nicht nur, in der Szene im *Zwinger* – ist der Einfluß eines Werkes des Mainzer Bildhauers Hans Backofen erkennbar:

Nahe dem Dom zu Frankfurt stand auf dem Dominikaner-Friedhof eine im Jahre 1509 von dem Mainzer Bildhauer Hans Backofen gemeißelte Kreuzigungsgruppe. Hier sah schon der Knabe Goethe die Mutter des Heilands und neben ihr knieend Maria Magdalena. Diese Gestalten, heute im Inneren des Doms aufgestellt, müssen auf seine Phantasie so stark gewirkt haben, daß sie in die Faust-Dichtung eingingen. In der szenischen Anweisung stellt er in eine Nische des Zwingers die schmerzensreiche Mutter, vor der Gretchen im Gebet kniet. Er vergißt aber dann wieder, daß es sich dabei um eine Figur der Mutter dolorosa handelt, und sagt, ganz im Gegensatz zu der geschaffenen Szenerie, dafür aber in deutlicher Erinnerung an Backofens Gruppe:

«Blickst auf zu deines Sohnes Tod.»

Die in der Tracht der deutschen Renaissance gekleidete kniende Maria Magdalena aber darf man sich als ein Vorbild zu Goethes Gretchen denken. Hinzukommt noch, daß auch der eine der Schächer, der in Landsknechtstracht an das Kreuz gefesselt ist, als ein Bildeindruck zu Gretchens Bruder Valentin angesehen werden kann. Das zeigt, wie Goethe auch hier optische Motive seiner Jugend festgehalten hat.[11]

10 Birkner S. «Leben und Sterben der Kindesmörderin Susanna Margaretha Brandt – Nach den Prozeßakten dargestellt» (Insel-Bücherei Nr.: 969 S. 66).
11 Redslob, E. «Schicksal und Dichtung – Goethe Aufsätze» 1985 S. 175.

Kunstvoll verwoben sind im 5. Buch von *Dichtung und Wahrheit* die Geschehnisse, die den jungen Goethe *ganz nahe an große Gefahr, und wenigstens für eine Zeitlang in Verlegenheit und Not* brachten (samt der ersten Liebe zu Gretchen) mit den gleichzeitigen Großereignissen in Frankfurt: der Wahl und Krönung des Erzherzogs Joseph zum Römischen König anfangs des Jahres 1764. Geistliche und weltliche Fürsten boten dabei den ganzen Prunk des Reiches auf. Nichts hätte dem Jungen von der Macht und Bedeutung des Erzbischofs und Kurfürsten von Mainz – des reichsten und angesehensten Prälaten nach dem Papst, seit Jahrhunderten[12] stets Erzkanzler des Reiches und *Erster der Wähler* – eine bessere Vorstellung geben können als dieser Anschauungsunterricht.

Dabei sorgten zwei Umstände dafür, in ihm Verständnis für die Zusammenhänge zu wecken. Einmal bedeutete ihm der Vater, daß man ein so wichtiges Ereignis nicht unvorbereitet erwarten *und etwa nur gaffen und staunend an sich vorbei gehen lassen* dürfe[13]. Es wurden die Wahl- und Krönungsdiarien der beiden letzten Krönungen, ebenso die letzten Wahlkapitulationen zwei Tage lang bis tief in die Nacht durchgegangen, der Junge auch angehalten, nach Kanzlistenart das Gesehene *in manchem kleinen Aufsatz auszufertigen*. Zum anderen war der junge Goethe schon von anderer Seite mit den staatsrechtlichen Grundlagen des Geschehens vertraut gemacht worden. Unter den Männern, die auf ihn bedeutenden Einfluß in seiner Jugend ausgeübt haben, nennt Goethe an erster Stelle einen engen Freund des Hauses[14]: Johann Daniel Olenschlager. Dieser war dabei, das maßgebende Buch über die *Goldene Bulle* zu schreiben, jenes Gesetz, das seit 1356 die Kaiserwahl regelte.

> Er hielt mich besonders wert und sprach oft mit mir von den Dingen, die ihn vorzüglich interessierten. Ich war um ihn, als er eben seine Erläuterung der Güldnen Bulle schrieb; da er mir denn den Wert und die Würde dieses Dokuments sehr deutlich herauszusetzen wußte. Auch dadurch wurde meine Einbildungskraft in jene wilden und unruhigen Zeiten zurückgeführt, daß ich nicht unterlassen konnte, dasjenige was er mir geschichtlich erzählte, gleichsam als gegenwärtig, mit Ausmalung der Charakter und Umstände und manchmal sogar mimisch darzustellen; woran er denn große Freude hatte und durch seinen Beifall mich zur Wiederholung aufregte.

---

12 Seit der 2. Hälfte des 10. Jahrhunderts.
13 DuW X/197.
14 Mitglied jenes «convivium amicorum», das alle 14 Tage beim Kaiserlichen Rat Goethe zusammenkam.

> Ich hatte von Kindheit auf die wunderliche Gewohnheit, immer die Anfänge der Bücher und Abteilungen eines Werks auswendig zu lernen, zuerst der fünf Bücher Mosis, sodann der Äneide und der Metamorphosen. So machte ich es nun auch mit der Goldenen Bulle.[15]

Goethe kannte daher schon die staatsrechtliche Stellung der Kurfürsten und die unter ihnen noch einmal herausgehobene Bedeutung des *Ersten der Wähler*, des Erzbischofs von Mainz. Nun wurde ihm dies unvergeßlich vor Augen geführt.

Schon beim Wahlkonvent am 3. März beeindruckte am stärksten Kurmainz:

> Die Persönlichkeiten der Abgeordneten, welche auf mich einen bleibenden Eindruck gemacht haben, waren zunächst die des kurmainzischen ersten Botschafters, Baron von Erthal, nachmaligen Kurfürsten. Ohne irgendetwas Auffallendes in der Gestalt zu haben, wollte er mir in seinem schwarzen, mit Spitzen besetzten Talar immer gar wohlgefallen. Der zweite Botschafter, Baron von Groschlag, war ein wohlgebauter, im Äußern bequem aber höchst anständig sich betragender Weltmann.[16]

Der Wahltag wurde dann auf den 27. März festgesetzt.

> Nun ward an die Herbeischaffung der Reichsinsignien von Nürnberg und Aachen gedacht, und man erwartete zunächst den Einzug des Kurfürsten von Mainz....
> Der Einzug des Kurfürsten von Mainz erfolgte den 21. März. Hier fing nun das Kanonieren an, mit dem wir auf lange Zeit mehrmals betäubt werden sollten. Wichtig in der Reihe der Zeremonien war diese Festlichkeit: denn alle die Männer, die wir bisher auftreten sahen, waren, so hoch sie auch standen, doch immer nur Untergeordnete: hier aber erschien ein Souverän, ein selbständiger Fürst, der Erste nach dem Kaiser, von einem großen, seiner würdigen Gefolge eingeführt und begleitet. Von dem Pompe dieses Einzugs würde ich hier manches zu erzählen haben, wenn ich nicht später wieder darauf zurück zukommen gedächte.[17]

Auch Lavater, so berichtet Goethe, sei von dem Aufzug stark beeindruckt gewesen: Noch nach Jahren habe er ihm eine poetische Paraphrase mitgeteilt mit einem Einzug des Antichrists:

> Schritt vor Schritt, Gestalt vor Gestalt, Umstand vor Umstand, dem Einzug des Kurfürsten von Mainz in Frankfurt nachgebildet, dergestalt, daß sogar die Quasten an den Knöpfen der Isabellpferde nicht fehlten.

---

15 DuW X/174 f. Olenschlagers Werk erschien 1766 unter dem Titel «Neue Erläuterungen der Goldenen Bulle Kaiser Karls IV». Wie bedeutsam das Werk für Goethe wurde, zeigt, daß er es nicht nur für die zitierte Stelle, sondern auch (am 14.VII.1831) für den 4. Akt von Faust II heranzog. (Siehe zu Fußn. 540.)
16 Das. X/201.
17 Das. X/204.

Zeremoniell steigen die hohen Persönlichkeiten aus ihren Kutschen zu Pferde, wieder beeindruckt am meisten der Mainzer Kurfürst:

> Kurfürst Emmerich Joseph, ein schöner behaglicher Mann, nahm sich zu Pferde gut aus. Die beiden anderen erinnere ich mich weniger.[18]

Erneut wird die Prävalenz von Kurmainz betont:

> Der Einzug des Kurfürsten von Mainz, welchen ausführlicher zu beschreiben wir abgelehnt, war prächtig und imposant genug, um in der Einbildungskraft eines vorzüglichen Mannes die Ankunft eines großen geweissagten Weltherrschers zu bedeuten. Auch wir waren dadurch nicht wenig geblendet worden.

Bei dem Aufzug der Wahlberechtigten geht es nach der Souveränität:

> Die verschiedenen Gefolge des Reichserbmarschalls und der von den sechs weltlichen Kurfürsten abgeordneten Wahlgesandten zogen sodann schrittweise daher. Keins derselben bestand aus weniger denn zwanzig Bediensteten und zwei Staatswagen, bei einigen aus einer noch größeren Anzahl. Das Gefolge der geistlichen Kurfürsten war nun immer im Steigen; die Bedienten und Hausoffizianten schienen unzählig, Kur-Köln und Kur-Trier hatten über zwanzig Staatswagen, Kur-Mainz allein ebensoviel... Nun aber konzentrierte sich die Reihe, indem sich Würde und Pracht steigerten, immer mehr. Denn unter einer ausgewählten Begleitung eigener Hausdienerschaft, die meisten zu Fuß, wenige zu Pferd, erschienen die Wahlbotschafter sowie die Kurfürsten in Person, nach aufsteigender Ordnung, jeder in einem prächtigen Staatswagen.
>
> Unmittelbar hinter Kur-Mainz kündigten zehn kaiserliche Läufer, einundvierzig Lakaien und acht Heiducken die Majestäten selbst an.[19]

Als der Krönungstag, der 3. April 1764, näher kam und die Reichsinsignien herangebracht wurden, entstand eine Geleitsstreitigkeit zwischen Kur-Mainz und der Stadt Frankfurt, so daß die Insignien bis in die späte Nacht auf freiem Felde bleiben mußten. Kur-Mainz setzte sich durch und

> die Mainzerischen geleiteten die Insignien bis an den Schlagbaum.

Am Krönungstage wurden sie dann im Dom wieder an Kur-Mainz überreicht. Beim Krönungsmahl im Römer nahmen die drei geistlichen Kurfürsten auf den Estraden Platz:

> Kur-Mainz den Majestäten gegenüber, Kur-Trier zur Rechten und Kur-Köln zur Linken.

---

18 Das. X/208. Das Beiwort «behaglich» hat seinen Sinn heute stark verändert. Vgl. z.B. den Gebrauch bei Luther: «Demut und Geduld machen die Menschen Gott behaglich.» Siehe auch: Boucke, E.A.: «Wort und Bedeutung in Goethes Sprache» 1901 S. 106.
19 Das. X/211.

Unablässig wird dem jungen Goethe die überragende Bedeutung des Mainzer Erzbischofs und Kurfürsten, seiner Macht und seines Reichtums vor Augen geführt. Diese Jugendeindrücke, nach fast 50 Jahren in solcher Ausführlichkeit in seine Biographie übernommen, prägten das Verhältnis Goethes zu Kur-Mainz. Immer wieder tauchen Mainzer Kurfürsten in Goethes Schriften auf.[20]

Als Goethe später – in sechs Herbstwochen des Jahres 1771 – die erste Fassung des *Götz von Berlichingen* niederschrieb, da stellte er in der ersten Szene des Dritten Aufzugs den Erzbischof und Kurfürsten von Mainz[21] als einzigen der anwesenden Fürsten dem Kaiser Maximilian gegenüber, der Contribution für einen Türkenzug verlangt.

> Maynz: Es müsste der kühnste Rebell seyn der einer geheiligten Majestät in's Angesicht widersprechen, und in die Flammen ihres Grimmes treten wollte. Auch weichen wir vor eurer Stimme wie Israel vor dem Donner auf Sinai.

Die Huldigung stellt sich als reiner Hohn heraus:

> Ew Maj. zu gehorchen, wird ieder gern sein liebstes hindansetzen. Auf meine Freunde. Auf gegen die Feinde des Reichs und der Cristenheit. Ihr seht wie nötig unser groser Kayser es findet einem grössern Verlust mit einem kleinern vorzubeugen. Auf verlasst eure Besitztümer eure Weiber eure Kinder und zeigt in einem unerhörten Beyspiel die Stärcke der Deutschen Lehnspflicht, und eure Ergebenheit für euern erhabnen Monarchen. Kommt ihr zurück und findet eure Schlösser verheert, euer Geschlecht vertrieben, eure Besitztümer öde! O so denckt der Krieg den ihr an den Gränzen führtet, habe in dem Herzen des Reichs gebrandt, und ihr habet der allgemeinen Ruh und Glückseeligkeit die eurige aufgeopfert, die Ruinen eurer Schlösser werden künftigen Zeiten herrliche Denkmale seyn, und laut ausrufen: so gehorchten sie ihrer Pflicht, und so geschah ihres Kaysers Wille.[22]

In der zweiten und der endgültigen Fassung ist die Szene nicht beibehalten. Aber sechzig Jahre später wird Goethe im 4. Akt des Faust II dem Kaiser wieder den Erzbischof von Mainz gegenüberstellen, der genau wie hier mit einer scheinbaren Huldigung beginnt, um dann in Vorwürfen und maßlosen Forderungen sein wahres Gesicht zu zeigen.[23]

Einen Hinweis auf Mainz, den man erwarten könnte, vermißt man allerdings in beiden Fassungen des *Götz*: Es ist hier ein kaiserlicher Hauptmann, dem der Götz sein *klassisches* Zitat ausrichten läßt.[24] In Wahrheit soll es ein Mainzer Amtmann gewesen sein.[25]

20 Siehe die Zusammenstellung in WA I 55,10.
21 Es ist offenbar Georg Friedrich von Greifenklau.
22 IV/569.
23 Siehe zu Fußn. 546.
24 IV/590,713.
25 Roesgen, M.v.: «Kardinal Albrecht v. Brandenburg» S. 36.

20

Als Goethe in den Jahren 1803/4 den Götz für die Bühne bearbeitet, kommt eine neue *Mainzer-Stelle* hinein. In der zweiten Fassung erfolgt die Absage von Götz an die Bauern geradezu abrupt:

> Bey einem Dorf
> Goetz Georg:
> Geschwind zu Pferde Goerg, ich sehe Miltenberg brennen. Halten sie so den Ver-
> trag! Reit hin, sag ihnen die Meynung. Die Mordbrenner! Ich sage mich von ihnen
> los. Sie sollen einen Zigeuner zum Hauptmann machen, mich nicht. Geschwind
> Georg.
> Georg ab.[26]

Jetzt wird die Szene (Sechster Auftritt) ausgebaut, wobei der Hinweis auf Mainz als Retardierung dient. Georg bittet den Götz, sich von *diesem ehrlosen Haufen* zu entfernen:

> Georg:
> Verlaßt sie, weil sie ihr Unglück verdienen.
> Bedenkt, wie unwürdig eurer diese Gesellschaft ist.
> Götz:
> Wir wollen uns nicht verhehlen, daß wir manches Gute gestiftet haben, denn mußt
> du nicht selbst gestehen, daß in den Mainzischen Stiftslanden keines Klosters, kei-
> nes Dorfs wäre geschont worden, wenn wir nicht Einhalt gethan hätten?[27]

Dann erst bringt der Brand von Miltenberg Götz zum Entschluß: *Ich sage mich von ihnen los, und das gleich.*

Wie oft Goethe in der Jugend die Stadt Mainz besuchte, wissen wir im einzelnen nicht. Daß dies mehrfach geschehen ist, kann nicht zweifelhaft sein. Nachdem die Zeit der offenbar schuldlos erlittenen Inquisition, der Hausarrest und die dadurch verursachte Krankheit, durchgestanden sind, beginnt eine Zeit der Wanderungen im Taunus und der Umgebung. Man gelangt an den Rhein, den man von den Höhen herab weithin schlängeln gesehen:
«Mainz setzte uns in Verwunderung..»[28]

Es war der Glanz der alten Kurfürstenstadt mit Residenz und Lustschloß Favorite und den vielen prunkvollen Adelspalästen, der diese Verwunderung in dem Jüngling auslöste. Offenbar hat schon damals der junge Goethe die Stadt Mainz intensiv durchstrichen und sich die genaue Kenntnis der Gebäude und Straßen erworben, die wir später aus vielfachen Äußerungen ersehen.

26 IV/740.
27 WA I 13(1),334.
28 DuW X/251.

DER DRUSUSTHURM   LA TOUR DE DRUSUS
GENANNT EICHELSTEIN   NOMMÉE EICHELSTEIN

Verlag v. F.J. Sauleck in Mainz.

Der Drususstein (Eichelstein)

Wenn auch die Stadt selbst auf Dauer *den jugendlichen Sinn nicht fesseln* konnte, *der ins Freie ging*, so erfahren wir doch wenigstens eine Einzelheit von einem damaligen Besuch in Mainz:

> ...ich traf kein verfallenes Schloß, kein Gemäuer, das auf die Vorzeit hindeutete, daß ich es nicht für einen würdigen Gegenstand gehalten und so gut als möglich nachgebildet hätte. Selbst den Drusenstein auf dem Walle zu Mainz zeichnete ich mit einiger Gefahr und mit Unstatten, die ein jeder erleben muß, der sich von Reisen einige bildliche Erinnerungen mit nach Hause nehmen will.[29]

Mit einiger Gefahr und mit Unstatten: Was ist dem zeichnenden Goethe damals in Mainz widerfahren? Wir können es nur vermuten. Man wird ihn als Spion verdächtigt haben, ganz ähnlich, wie es ihm auf der ersten Italienischen Reise (am 14. IX.1786 in Malcesine am Gardasee) erging, wo er im Hof des alten Schlosses den Turm zu zeichnen begann. Da in der Nähe die Grenze zwischen Österreich und der Republik Venedig verlief, erschien er höchst verdächtig.[30]

Noch viermal wird Goethe auf das *Drusus-Denkmal* zurückkommen. So als er nach der Belagerung von Mainz die Zitadelle besichtigte:

> Da stand nun Drusus Denkmal, ungefähr noch ebenso wie ich es als Knabe gezeichnet hatte, auch diesmal unerschüttert, so viel Feuerkugeln daran mochten vorbei geflogen sein, ja darauf geschlagen haben.

Geschehen 1793, in der *Belagerung* niedergeschrieben fast dreißig Jahre später. So in dem Aufsatz über *Mainz* in *Kunst und Altertum*.[31]

Daß er als Knabe solche *halb lebenslustigen, halb künstlerischen Streifpartien* öfter unternahm, sagt uns Goethe selbst.[32] Daß sie oft nach Mainz führten (bezeugt ist z.B. durch der Schwester Cornelias Tagebuch, daß Goethe mit seinem Besuch aus Livland, den beiden Brüdern v. Olderogge für zwei Tage nach Mainz fuhr) und wie intensiv das dort Erlebte

---

29 Das. Der Drususstein («Eichelstein», «Eigelstein», «Adlerstein», heute noch erhalten) wurde zum Andenken des durch Sturz vom Pferde zu Tode gekommenen Stiefsohn des Kaisers Augustus: Nero Claudius Drusus (Germanicus) im Jahre 9. v. Chr. errichtet. Siehe auch zu Fußn. 31, 358, 473, 495.

30 Sein Blatt wurde zerrissen, und nur mit Hilfe eines Mannes, der bei den Bolongaro in Frankfurt in Diensten gewesen war und ihn als unverdächtig bestätigte, konnte er den Podesta von der Harmlosigkeit seines Tuns überzeugen. (XI/34ff) – Ganz so dramatisch wird es wohl am Mainzer Drususstein nicht hergegangen sein.

31 XII/460 und 530.

32 DuW X/251.

auf ihn wirkte, kann man einer späteren Äußerung seiner mütterlichen Freundin Susanne von Klettenberg gegenüber seiner Mutter entnehmen. Diese schreibt in einem Brief vom 17.XI.1786 nach Rom:

> Ewig werden mir die Worte der Seeligen Klettenbergern im Gedächnüß bleiben: Wenn dein Wolfgang nach Maintz reißet bringt Er mehr Kentnüße mit, als andere die von Paris und London zurück kommen.[33]

---

33 ErgBd. «Briefe aus dem Elternhaus» S. 555.

II. Studienzeit (bis 1771)

Im Herbst 1765 bezog Goethe, gerade 16 Jahre alt, für drei Jahre die Universität Leipzig. Zwar hatte er immer gewünscht, nach Göttingen zu gehen:

> Auf Männern, wie Heyne, Michaelis und so manchem andern ruhte mein ganzes Vertrauen; mein sehnlichster Wunsch war, zu ihren Füßen zu sitzen und auf ihre Lehren zu merken. Aber mein Vater blieb unbeweglich, er bestand darauf, daß ich nach Leipzig gehen müsse:[34]

In Leipzig befreundete sich Goethe mit dem um 11 Jahre älteren Behrich[35], der im *Auerbachshofe* wohnte. Dort befand sich *Auerbachs Keller*, mit dem sich schon seit etwa 150 Jahren die Faust-Sage verband. Hier, wo man sich mit Freunden traf, erfahrend *wie leicht sichs leben läßt*, sah Goethe an der Wand die Bilder vom Weinzauber und vom Faßritt. Hier hat er die Anregung zu der Szene *In Auerbachs Keller* erhalten. Und gewiß kannte er die Geschichte des Hauses und seine Verflechtung mit Mainz:

Der Erbauer des Auerbachshofs, Professor der Medizin und Ratsherr Dr. Heinrich Stromer v. Auerbach, war nämlich ein «Mainzer»: Von 1516 bis 1520 war er Leibarzt des Mainzer Kurfürsten Albrecht von Brandenburg. Als er nach Leipzig übersiedelte wurde ihm das Recht des Weinausschanks gewährt. In den Jahren 1530 bis 1538 erbaute er daraufhin den Hof, dem er seinen Namen gab.[36]

Am 13/14. August 1771, bei der Rückkehr aus seiner zweiten Universitätsstadt Straßburg, machte Goethe in Mainz Station. Ein dortiges Erlebnis hinterließ seine Spur in einer der schönsten und rätselhaftesten Figuren seines Werkes: Der *Mignon* im *Wilhelm Meister*. Goethe schildert die Begebenheit zu Anfang des Zwölften Buches von *Dichtung und Wahrheit*:

---

34 DuW X/266. – Der Vater wollte, daß der Sohn die Universitäten besuche, an denen er selbst studiert hatte (Leipzig, Straßburg). –
   Christian Gottlob Heyne, der bedeutendste Altphilologe seiner Zeit, hatte bei Goethes Interesse für die Antike ebenso besondere Anziehung wie Johann David Michaelis als Begründer der kritischen Philologie des Alten Testamentes für den eminenten Bibelleser Goethe. – Töchter von beiden werden in Goethes Leben eine Rolle spielen (Siehe Fußn. 237).

35 «Einen der wunderlichsten Käuze, die es auf der Welt geben kann» – er hat später Züge zur Mephisto-Gestalt hergegeben.

36 Vgl. v. Roesgen (wie Fußn. 25) S. 46.

In Mainz hatte mir ein harfenspielender Knabe so wohl gefallen, daß ich ihn, weil die Messe gerade vor der Tür war, nach Frankfurt einlud, ihm Wohnung zu geben und ihn zu befördern versprach. In diesem Ereignis trat wieder einmal diejenige Eigenheit hervor, die mich in meinem Leben so viel gekostet hat, daß ich nämlich gern sehe, wenn jüngere Wesen sich um mich versammeln und an mich anknüpfen, wodurch ich denn freilich zuletzt mit ihrem Schicksal belastet werde. Eine unangenehme Erfahrung nach der andern konnte mich von dem angebornen Trieb nicht zurückbringen, der noch gegenwärtig, bei der deutlichsten Überzeugung, von Zeit zu Zeit mich irre zu führen droht. Meine Mutter, klärer als ich, sah wohl voraus, wie sonderbar es meinem Vater vorkommen müßte, wenn ein musikalischer Meßläufer, von einem so ansehnlichen Hause her zu Gasthöfen und Schenken ginge, sein Brot zu verdienen; daher sorgte sie in der Nachbarschaft für Herberge und Kost desselben; ich empfahl ihn meinen Freunden, und so befand sich das Kind nicht übel. Nach mehreren Jahren sah ich ihn wieder, wo er größer und tölpischer geworden war, ohne in seiner Kunst viel zugenommen zu haben.[37]

Hier zeigt sich Goethes Hilfsbereitschaft, von der wir in zahlreichen Fällen wissen, sie oft aber auch nur ahnen können, weil er Hilfe möglichst geheim leistete.[38]

Um die Bedeutung des Mainzer Erlebnisses mit dem harfenspielenden Knaben für die Figur der *Mignon* zu erkennen, muß man diesem ein ähnliches an die Seite stellen, von dem Goethe im Anfang der *Italienischen Reise* erzählt:

Nach Walchensee gelangte ich um halb fünf. Etwa eine Stunde von dem Orte begegnete mir ein artiges Abenteuer: ein Harfner mit seiner Tochter, einem Mädchen von elf Jahren, gingen vor mir her und baten mich, das Kind einzunehmen. Er trug das Instrument weiter, ich ließ sie zu mir sitzen, und sie stellte eine große neue Schachtel sorgfältig zu ihren Füßen. Ein artiges ausgebildetes Geschöpf, in der Welt schon ziemlich bewandert. Nach Maria Einsiedeln war sie mit ihrer Mutter zu Fuß gewallfahrtet, und beide wollten eben die größere Reise nach Sankt Jago von Compostell antreten, als die Mutter mit dem Tode abging und ihr Gelübde nicht erfüllen sollte... Sie unterhielt mich recht gut. Hübsche, große braune Augen, eine eigensinnige Stirn, die sich manchmal ein wenig hinaufwärts faltete. Wenn sie sprach, war sie angenehm und natürlich, besonders wenn sie kindischlaut lachte; hingegen wenn sie schwieg, schien sie etwas bedeuten zu wollen und machte mit der Oberlippe eine fatale Miene. Ich sprach sehr viel mit ihr durch, sie war überall

37 X/551. Wilhelm Schäfer hat aus dieser Schilderung eine phantastievolle Anekdote gemacht, die allerdings die Fakten willkürlich verändert (Goethe-Kalender auf das Jahr 1934 S. 34).
38 Beispiel: die Fürsorge für den Schützling Johann Friedrich Krafft, für den er jahrelang bis zu einem Siebtel seines Gehaltes aufwendete; als «unangenehme Erfahrung» «Peter im Baumgarten», ein Findelkind aus der Schweiz, das er übernahm: hier mußte er viele Enttäuschungen erleben.
Albert Schweitzer hat die Hilfsbereitschaft Goethes zum Thema seiner Rede beim Empfang des Goethe-Preises der Stadt Frankfurt im Jahre 1929 gemacht.

zu Hause und merkte gut auf die Gegenstände... Sie versicherte, daß es gut Wetter
gäbe. Sie trügen ihren Barometer mit sich, und das sei die Harfe. Wenn sich der
Diskant hinaufstimme, so gebe es gutes Wetter, und das habe er heute getan. Ich
ergriff das Omen, und wir schieden im besten Humor in der Hoffnung eines baldigen Wiedersehns.[39]

Die Ähnlichkeit der Walchensee-Begegnung mit den Mignon-Szenen in
Wilhelm Meisters Lehrjahren ist so frappierend, daß der unbefangene
Leser eher hier als in dem Mainz-Erlebnis den biographischen Anstoß
zur Schaffung der Mignon-Figur sehen wird: Hier handelt es sich um
ein Mädchen, in Mainz um einen Knaben. Hier ist das Mädchen von
einem Harfner, seinem Vater, begleitet, in den *Lehrjahren* stellt es sich
heraus, daß der Harfner ihr Vater ist.

Aber es kann kein Zweifel sein, daß die Gestalt der Mignon schon
geschaffen war, bevor Goethe im Jahre 1786 nach Italien fuhr und die
Walchensee-Begegnung hatte.

So schrieb er am 8. November 1782 – fast vier Jahre vor der Italienreise
– an Frau v. Stein:

«Mein Wilhelm läuft zum Ende seines
dritten Buches»[40].

Die Briefstelle betrifft den Urmeister: *Wilhelm Meisters Theatralische
Sendung*[41]. Und gerade in diesem dritten Buch hat Mignon den ersten
Auftritt:

...indem kam ein junges Geschöpf die Treppe herunter gesprungen, das seine Aufmerksamkeit erregte. Ein kurzes Westchen mit geschlitzten spanischen Ärmeln und
weiten Beinkleidern stund dem Kinde gar artig, lange schwarze Haare hatte es,
in Locken und Zöpfe um den Kopf gewunden. Er sah es scharf an und konnte
nicht gleich einig werden, ob er es für einen Knaben oder für ein Mädchen halten
sollte, doch entschied er sich bald für das letztere und grüßte, als sie bei ihm vorbei
kam, mit einem Guten Morgen diese Erscheinung.[42]

In der ganzen *Theatralischen Sendung* bleibt es ungewiß, ob Mignon
ein Junge oder ein Mädchen ist, immer wieder schwankt der Erzähler
zwischen *die* und *der* Mignon, zwischen *sie* und *er*. Hier ein Beispiel:

39 XI/15.
40 Br. I/710.
41 Goethe hat den Urmeister, die «Theatralische Sendung», vernichtet. Seine schweizer
    Freundin Bäbe Schultheß und ihre gleichnamige Tochter hatten das Roman-Frag-
    ment jedoch abgeschrieben. Im Januar 1910 brachte in Zürich ein Ur-Ur-Enkel das
    alte Manuskript seinem Lehrer Dr Billeter in die Schule, der den Fund in seiner
    Bedeutung erkannte. Hier (wie beim Urfaust) hat uns Abschreibefleiß den wichtigen
    Text gerettet.
42 VIII/654.

Kaum war in dem Hause alles stille geworden, so trat Mignon mit einem angezünde-
ten Lichte herein, worüber sich Wilhelm verwunderte, weil es noch Tag war. Er
hatte nicht Zeit um die Ursache zu fragen, denn das Kind machte den Fensterladen
zu, wodurch es in dem Zimmer ganz dunkel wurde, und ging schnell wieder hinaus.
Nach einer kurzen Zeit tat sich die Türe wieder auf, und *der* Kleine trat herein.
Er trug einen Teppich unter dem Arme, den *er* auf der Erde ausbreitete. Wilhelm
ließ *ihn* gewähren. *Er* brachte darauf vier Lichter, stellte sie an jede Ecke. Ein Körb-
chen mit Eiern, das *er* holte, machte Wilhelmen die Absicht deutlicher. Künstlich
abgemessen schritt *sie* nunmehr den Teppich hin und her und legte in gewissem
Maße die Eier voneinander, dann rief *sie* einen Menschen herein, der bei der Truppe
war und die Violine spielte. Er trat mit seinem Instrument in die Ecke, *sie* verband
sich die Augen, gab das Zeichen und fing zugleich mit der Musik wie ein aufgezoge-
nes Uhrwerk an, indem *sie* Takt und Melodie mit dem Schlage der Kastagnette
begleitete. Behende, leicht, rasch, präzis führte *sie* den Tanz. *Sie* trat so scharf und
so sicher zwischen die Eier hinein, bei den Eiern nieder, daß man in dem Augenblick
dachte, *sie* müsse eines zertreten oder bei schnellen Wendungen fortschleudern.
Mit nichten! *Sie* berührte keines, ob *sie* gleich mit allen Arten von Schritten, engen
und weiten, ja sogar mit Sprüngen und zuletzt halb knieend sich durch die Reihen
durchwand.
  Unaufhaltsam wie ein Uhrwerk lief *sie* ihren Weg...[43]

Hier bereits, in der *Theatralischen Sendung*, hat Goethe die Ur-Mignon
geschaffen, erkennbar beeinflußt von der Begegnung mit dem Harfnerjungen in Mainz.[44] Diese Ur-Mignon ist bereits die zauberhafte Phanta-
siegestalt, fremd in dieser Welt, rätselhaft und dämonisch, Verkörperung der Poesie wie der Italiensehnsucht. So hat er sie mit nach Italien
genommen, so hat sie ihm bei der Walchensee-Begegnung vor Augen
gestanden. Als Goethe dann – beginnend 1791 – die *Theatralische Sendung* zum Bildungsroman *Wilhelm Meisters Lehrjahre* umarbeitete, hat
er – offenbar unter dem Einfluß der Erinnerung an das Harfnermäd-
chen vom Walchensee – das *Zwitterhafte*, das *Androgyne* aus dem Wesen der Gestalt fast ganz getilgt. Es bleibt davon kaum mehr als die über-
nommene *Auftrittsszene*, dazu die Weigerung Mignons, die Knabenklei-
der abzulegen.[45]
  So sind beide Erlebnisse in die endgültige Gestaltung eingegangen.

---

43 VIII/709 f.
44 Man wird daher nicht, wie in der Mignon-Literatur geschehen, sagen dürfen, Mignon
    sei (als einzige Figur aus Goethes Werk) ganz ohne biographischen Anhalt geschaf-
    fen. Auch hier gilt Goethes Wort: «Das Benutzen der Erlebnisse ist mir immer alles
    gewesen; das Erfinden aus der Luft war nie meine Sache» (Gespr. I/580).
45 VII/97. In den «Wanderjahren» kommt Goethe auf seine ursprüngliche Vorstellung
    zurück und spricht von Mignon als dem «Knaben–Mädchen» und «Scheinknaben»
    (VIII/247).

28

III. Familie v. La Roche – Rheinreise – Bis 1774

Das Jahr nach der Begegnung Goethes mit dem Harfnerjungen in Mainz sollte ihm Kontakte mit Mainzern bringen, die in seinem Leben große Bedeutung gewannen.

Am 10. September 1772 entzog sich Goethe den Verwicklungen, in die ihn seine Zuneigung zu der durch ihre Verlobung mit Christian Kestner gebundenen Charlotte Buff gebracht hatten, durch heimliche Flucht. Er wanderte die Lahn hinunter bis Ems, genoß *einige Male des sanften Bades* und fuhr – wohl am 14. September – auf einem Kahn Lahn und Rhein abwärts nach Ehrenbreitstein. Sein Ziel war die Wohnung des Geheimrates La Roche, wo er, von seinem Freunde Merck schon angekündigt, *von dieser edlen Familie sehr freundlich empfangen und geschwind als ein Glied derselben betrachtet* wurde.[46]

Alle Mitglieder der Familie waren eng mit Mainz verbunden. Der Hausherr Frank La Roche war der natürliche Sohn des Grafen Friedrich von Stadion, der als Minister und Großhofmeister von fünf Mainzer Kurfürsten einer der einflußreichsten Männer seiner Zeit war.[47] Der Graf, Anhänger von Voltaire, erzog seinen Sohn ganz im Geiste der Aufklärung. Wie frei dieser dachte, zeigte sich nicht nur in seinem – anonym erschienenen – Werk *Briefe über das Mönchswesen*, worin er sich *über das Mönch- und Pfafftum lustig machte*, sondern auch darin, daß er sich am 27. Dezember 1753 im Stammschloß der Stadions «Warthausen» – obschon kurmainzer Rat – mit einer Protestantin vermählte: mit Sophie Guntermann, der früheren Verlobten ihres Vetters Wieland.

Acht Jahre lebte das Paar in Mainz, er als Sekretär, sie als Hausdame des Grafen Stadion im *Stadionerhof*.[48]

46 DuW X/609ff.
47 Über das Geschlecht der Grafen v. Stadion, seine Bedeutung und seine Verflechtung mit den wichtigsten Mainzer Adelsfamilien siehe: Bach, A: «Aus Goethes rheinischem Lebensraum» 1968 S. 1ff.
48 Heute Dresdner Bank (Ecke Große Bleiche/Gärtnergasse). Das Gebäude war von dem Freiherrn v. Rolling errichtet worden. Im Konkurs der Familie Rolling erwarb es 1737 Graf Stadion, dem bereits zwei weitere Gebäude in Mainz gehörten: Der «Große Stadionerhof» (vorher «Bickenbau» – zwischen Flachsmarkt und Stadionerhofstraße) und ein Hof hinter der Domprobstei (Nähe Gutenbergplatz). – 1789 von den Franzosen beschlagnahmt, war es von 1802 bis 1814 französischer Justizpalast, nach Ende der französischen Besetzung Sitz der preußischen und österreichischen Gouverneure und Festungskommandanten. 1890 kam es in Privatbesitz und war bis 1921 Restaurant (Café Kurfürst). Dann erwarb es die Dresdner Bank.

Als Graf Stadion 1762 aus dem Mainzer Dienst ausschied, folgten ihm die Eheleute v. La Roche nach Warthausen. Nach dem Tod des Grafen wurde Frank v. La Roche zwar der Wiedereintritt in den Mainzer Dienst angeboten, der damals in Ehrenbreitstein residierende Trierer Erzbischof Clemens Wenzeslaus vermochte es jedoch, ihn mit besseren Bedingungen in den Trierer Dienst zu holen. Er wurde Geheimer Rat und Konferenzminister, dann Kanzler mit dem Sitz in Ehrenbreitstein.

Sophie Guntermann-v. La Roche hatte im Jahr vor Goethes Besuch mit ihrem Roman *Geschichte des Fräuleins von Sternheim* großen Erfolg gehabt. Das Werk hat bis heute literaturgeschichtliche Bedeutung behalten. Goethe war von dem Roman beeindruckt[49]. Durch seinen Freund Merck hatte er die Autorin und ihre beiden Töchter flüchtig kennengelernt. Eine nähere Bekanntschaft erschien ihm wünschenswert und Merck vermittelte die Einladung.

Der Besuch wurde eine Zeit hoher Freude. Etwa am 20. November wird er darüber an Sophie v. La Roche schreiben:

> Seit den ersten unschätzbaren Augenblicken, die mich zu Ihnen brachten, seit jenen Scenen der innigsten Empfindung, wie offt ist meine ganze Seele bey Ihnen gewesen. Und drauf in der Glorie von häuslicher, mütterlicher Glückseeligkeit, umbetet von solchen Engeln Sie zu schauen, was mehr ist mit Ihnen zu leben! Meine Armuth an Worten, meine Unfähigkeit mich laut zu freuen, haben mir allein ausdrucken können was ich fühlte, und Sie – Sie wissen am besten was Ihr Herz für mich spricht.[50]

Merck mit seiner Familie, Frau und sechsjährigem Sohn, trafen bald ein:

> Hier entstanden sogleich neue Wahlverwandtschaften: denn indem die beiden Frauen sich aneinander näherten, hatte Merck mit Herrn von La Roche als Welt- und Geschäftskenner, als unterrichtet und gereist, nähere Berührung. Der Knabe gesellte sich zu den Knaben, und die Töchter fielen mir zu, von denen die älteste mich gar bald besonders anzog.[51]

---

49 Er hat den Roman in den «Frankfurter Gelehrten Anzeigen» vom Jahr 1772 ausführlich besprochen (WA I 37,230). – Der Sternheim-Roman ist in Form eines Briefwechsels geschrieben. Daß er von der Form her auf Goethes «Werther», der allerdings als einseitiger Briefroman gestaltet ist, einen gewissen Einfluß gehabt hat, ist wahrscheinlich (Milch, W: «Sophie La Roche» 1935 S. 107: «Wetzlar war das Werther-Erlebnis, Sophie wies den Weg zum Werther-Stil»).
50 Br. I/181.
51 DuW X/614.

Eltern La Roche mit Maximiliane

(Nicht signiert.)

31

Die beiden Töchter der Familie – beide in Mainz im Stadionerhof geboren, beide in Mainz in St. Emmeran getauft[52] – fielen ihm zu: Maximiliane, 16 Jahre alt (die *Max – mit den schwärzesten Augen*[53], die eine so große Rolle in seinem Leben spielen sollte) und die drei Jahre jüngere Luise, die ebenfalls in sein Leben hineinspielt.

Goethe, noch im Banne seines Wetzlar-Erlebens, fügt die berühmt gewordenen Worte zu:

> Es ist eine sehr angenehme Empfindung, wenn sich eine neue Leidenschaft in uns zu regen anfängt, ehe die alte noch ganz verklungen ist. So sieht man bei untergehender Sonne gern auf der entgegengesetzten Seite den Mond aufgehn und erfreut sich an dem Doppelglanze der beiden Himmelslichter.[54]

Vom 14. bis 20. September dauert der Besuch. *Ich glaubte nie so heitere Morgen und Abende gesehen zu haben.* Dann kam der Abschied, den Goethe ein Vierteljahr später in einem Brief an Sophie v. La Roche in Erinnerung ruft:

> ...ich hoffe mein Andencken ist noch nicht aus Ihren Wohnungen gewichen. Meine Einbildungskrafft verlässt den Augenblick nie, da ich von Ihnen und Ihrer vollkommnen Tochter mich trennen musste, und mit Abschiedvollem Herzen die letzte Hand küsste, und sagte vergessen Sie mich nicht.[55]

Mit Merck und den Seinen ging es rheinauf mit einer Jacht nach Mainz und von dort – wohl mit dem Marktschiff – nach Höchst und Frankfurt.

Durch Merck hatte Goethe schon im Februar 1772 den Dechanten Damian Friedrich Dumeiz kennengelernt.[56] In Malmedy geboren, hatte sich dieser um 1755 nach Mainz gewandt und war in die Kreise um den Grafen Stadion gekommen. Es entstand eine enge Freundschaft mit dem Ehepaar v. La Roche, dessen Berater er wurde. Im Jahre 1765 war er Dechant am Frankfurter St. Leonhards-Stift geworden, das dem Erzbistum Mainz unterstand. Goethe berichtet:

> Der Dechant von Sankt Leonhard, Dumeiz, faßte Vertrauen ja Freundschaft zu mir. Er war der erste katholische Geistliche, mit dem ich in nähere Berührung trat,

---

52 Weit über 100 Jahre wurde der Geburtstag der Maximiliane v. La Roche mit dem 31.V.1756 angegeben. Erst Hans Böhm kam bei der Arbeit an der Neuen Weimarer Ausgabe auf das Taufbuch von St. Emmeran, das im Stadtarchiv Mainz erhalten ist, und konnte daraus den alten Irrtum auf den 4. V. berichtigen (Goethe-Jahrb. 1973 S. 262).
53 DuW X/613. Diese werden im «Werther» wiederkehren: IV, 400, 416.
54 DuW X/614.
55 Br. v. 19.I.1773 WA IV 2,58.
56 Goethe schreibt mehrfach Dumeix, dieser selbst du Meiz.

und der, weil er ein sehr hellsehender Mann war, mir über den Glauben, die Gebräu-
che, die äußern und innern Verhältnisse der ältesten Kirche schöne und hinrei-
chende Aufschlüsse gab.[57]

Auch gemeinsames Interesse für Alchemie verband die beiden.
Dumeiz betätigte sich im Hause La Roche als Ehevermittler. Zuerst
wollte er Maximiliane mit seinem Mainzer Vetter v. Strauß verheiraten.
Als dieser aus politischen Gründen von der Verlobung zurücktrat[58], prä-
sentierte Dumeiz den von der *Schande* tief getroffenen Eltern den reichen Handelsherrn Peter Anton Brentano, 38 Jahre alt, Witwer mit 5
Kindern, als Bewerber für die 17 Jahre alte Maximiliane[59]. Zwar hatte
ihre Mutter sich literarisch immer für mehr Selbstbestimmung der Frau
eingesetzt. Bei der Verheiratung ihrer Töchter galten diese Prinzipien
jedoch nicht. Am zweiten Weihnachtstag 1773 wurde die Verlobung gefeiert und schon am 9.Januar 1774 erfolgte die Eheschließung. Das Ehepaar nahm Wohnung im Brentanoschen Hause, in Frankfurt wo Goethe
als Advokat wirkte. Daß die nicht sehr glückliche Maximiliane in dem
strahlenden jungen Mann ihren Tröster sah, ist verständlich. Auch
Goethe hatte Maximiliane nicht vergessen. Sein Brief vom Ende August
an ihre Mutter endet:

> ...von Ihrer Max kann ich nicht lassen so lang ich lebe, und ich werde sie immer
> lieben dürfen.[60]

Über den Weitergang der Beziehung liest man zwar in *Dichtung und
Wahrheit*:

57 DuW X/640. – In der Literatur wird, namentlich im Anschluß an diese Stelle, erörtert, ob auf den Einfluß von Dumeiz die katholische Färbung der Gretchen-Szenen
   im Faust I zurückzuführen sei, insbes. das «Stabat mater» und «Dies irae», aber
   auch die Änderung des protestantischen «Wie lange bist du zur Kirch, zum Nacht-
   mahl (!) nicht gegangen?» (Urfaust Vers 1167) in das katholische «Zur Messe, zur
   Beichte bist du lange nicht gegangen» (bereits im Faust-Fragment Vers 1725, dann
   Faust I Vers 3425). Beutler hat darauf hingewiesen, daß das Wort «Madonna», das
   in der Zwinger-Szene in Faust I erscheint und in der Schlußszene von Faust II größte
   Bedeutung gewinnt, erstmals in der Dumeiz-Zeit, nämlich in «Künstlers Morgenlied»
   (I/386) erschienen ist (Jahrb. d. Fr. Dt. Hochstifts 1940 S. 638). Bach, A. «Goethes
   Dechant Dumeiz» (S. 297) erwägt, ob die Stelle über die katholischen Sakramente
   in «Dichtung und Wahrheit» (X/318) auf den Einfluß von Dumeiz zurückgeht.
58 Kurfürst Erthal machte ihm Vorhalte, wie er die Tochter des Verfassers der Mönchs-
   briefe und einer Protestantin zur Frau nehmen könne – der ehrgeizige Strauß zog
   die Konsequenzen und seine Laufbahn war gesichert. Bach: (wie Fußn. 57) S. 256.
59 Auch die Familie Brentano hatte Beziehung zu Mainz: Sie hatte im katholischen
   Mainz das Bürgerrecht erworben.
60 WA IV 2/102.

Mein früheres Verhältnis zur jungen Frau, eigentlich ein geschwisterliches, ward nach der Heirat fortgesetzt; meine Jahre sagten den ihrigen zu, ich war der einzige in dem ganzen Kreise, an dem sie noch einen Widerklang jener geistigen Töne vernahm, an die sie von Jugend auf gewöhnt war. Wir lebten in einem kindlichen Vertrauen zusammen fort, und ob sich gleich nichts Leidenschaftliches in unsern Umgang mischte, so war er doch peinigend genug, weil sie sich auch in ihre neue Umgebung nicht zu finden wußte und, obwohl mit Glücksgütern gesegnet, aus dem heiteren Thal-Ehrenbreitstein und einer fröhlichen Jugend in ein düster gelegenes Handelshaus versetzt, sich schon als Mutter von einigen Stiefkindern benehmen sollte. In so viel neue Familienverhältnisse war ich ohne wirklichen Anteil, ohne Mitwirkung eingeklemmt. War man miteinander zufrieden, so schien sich das von selbst zu verstehn; aber die meisten Teilnehmer wendeten sich in verdrießlichen Fällen an mich, die ich durch eine lebhafte Teilnahme mehr zu verschlimmern als zu verbessern pflegte. Es dauerte nicht lange, so wurde mir dieser Zustand ganz unerträglich, aller Lebensverdruß, der aus solchen Halbverhältnissen hervorzugehen pflegt, schien doppelt und dreifach auf mir zu lasten, und es bedurfte eines neuen gewaltsamen Entschlusses, mich auch hiervon zu befreien.[61]

Hier mischt sich, wie so oft, Dichtung und Wahrheit: ein völlig freier Entschluß war dies kaum. Peter Anton Brentano war anderer Art als Kestner in Wetzlar, der gar seine Verlobung gelöst hätte, seiner geliebten Charlotte Buff die Verbindung mit Goethe zu ermöglichen. Brentano wurde dem regelmäßigen Gast gegenüber sehr bald eifersüchtig und Maximiliane mußte Goethe – wohl auf Vorstellung von Dumeiz – bitten, das Haus zu meiden. Es spricht vieles dafür, daß diese Aktion zu der Entfremdung zwischen Goethe und dem Dechanten führte. Der Kontakt zwischen ihnen lockerte sich und brach kurze Zeit danach ganz ab.[62]

61 DuW X/641.
62 Br. an Sophie v. La Roche vom 24.8.1774: «. . . mit dem Dechant hab ich nicht gesprochen, mag auch nicht mit ihm von der Max reden» (WA IV 2,189), vom 23.XII.1774: «Den Dechanten hab ich die Zeit nicht gesehen. Ich war in Maynz!» (Br. I/251) (Hier haben wir übrigens ein Beispiel eines sonst nicht bezeugten Aufenthaltes Goethes in Mainz). Auch das Verhältnis der Eheleute v. La Roche zu Dumeiz lockerte sich, und im Brief der Sophie v. La Roche an Elise zu Solms-Laubach vom 2.8.1783 wird sie ihm sogar unlautere Motive bei der Vermittlung der Ehe Brentano unterstellen:
Das älteste davon ist eine Tochter von 27 Jahr, welche in Frankfurt an den kurtrierischen Residenten Brentano verheuratet ist, ein liebenswertes Geschöpf von Geist und Herz, die am Vermögen ihres Mannes nichts zu klagen, aber am guten Bezeugen, an Ruhe und Zufriedenheit des Lebens wenig genießt. Und warum? O beste, geliebteste Fürstin! weil der einzige, der geliebteste Freund meines Manns sie mit der heftigsten Leidenschaft liebte und nur Mittel suchte, sie nach Frankfurt in der Nähe zu haben. Da mißbrauchte er das Vertrauen meines Manns und das meinige, spiegelte uns Glück für unser Kind vor. Wir glaubten und gaben das holde, süße Mädchen in die Hände eines nur durch den Busenfreund bekannten Manns und wissen sie jetzo seit zehn Jahren in manchem tausendfachem Gemütsleiden» (Maurer, M.: «Ich bin mehr Kopf als Herz-Sophie v. La Roche in Briefen» 1983 S. 256)

Äußerlich normalisierte sich zwar das Verhältnis zu Peter Anton Brentano wieder:

> Die Max ist noch immer der Engel der mit den simpelsten und werthesten Eigenschafften alle Herzen an sich zieht, und das Gefühl das ich für sie habe worinn ihr Mann nie Ursache zur Eifersucht finden wird, macht nun das Glück meines Lebens. Brentano ist ein würdiger Mann, eines offnen starcken Charackters, viel Schärfe des Verstands, und der tätigste zu seinem Geschäfft.[63]

Er trifft zwar Maximiliane noch beim Eislauf, im Konzert, in der Komödie – aber das Haus meidet er:

> Wenn Sie wüsten was in mir vorgegangen ist eh ich das Haus mied, Sie würden mich nicht rückzulocken dencken liebe Mama, ich habe in denen schröcklichen Augenblicken für alle Zukunft gelitten, ich bin ruhig und die Ruhe lasst mir. – Daß ich Sie nicht drinnen sehn würde, was die Leute sagen würden pp, das hab ich alles überstanden. Und Gott bewahr ihn vor dem einzigen Fall in dem ich die Schwelle betreten würde.[64]

an den schrecklichen Augenblicken für alle Zukunft gelitten... das hab ich alles überstanden...: Wie oft in seinem Leben ist Goethe in sein Werk geflüchtet und hat sich von seinen Leiden freigeschrieben.[65] Gerade in den schmerzvollsten Tagen – im Februar und März 1774 – schreibt Goethe den Roman, der – neben dem *Götz von Berlichingen* – seinen Ruf als Dichter begründete: *Die Leiden des jungen Werther*.

In Wetzlar hatte Goethe in seiner Liebe zu Charlotte Buff die Schmerzen und Gefahren der Liebe zu einer an einen anderen gebundenen Frau erlebt. Kaum war er dieser Verstrickung entflohen, vollzog sich dort das Schicksal des ihm bekannten jungen Karl Wilhelm Jerusalem: Überwältigt von der Liebe zu Elisabeth Herd, der Gattin eines Freundes, ließ er sich dazu hinreißen, ihr eine Liebeserklärung zu machen. Am nächsten Tage verbot ihm ihr Mann auf ihren Wunsch das Haus. Unter einem

---

63 Brief an Betty Jacobi. Anfang Februar 1774 (Br. I/217).
64 Briefe an Sophie v. La Roche v. 21.I. 1774 (WA IV 2,140).
65 In der «Zueignung» von 1784, die seinen Werken vorangestellt wird, läßt er die personifizierte Dichtung sagen:
   Erkennst du mich, die ich in manche Wunde
   Des Lebens dir den reinsten Balsam goß?...

und antworten:

   Ja! rief ich aus, indem ich selig nieder
   Zur Erde sank, lang habe ich dich gefühlt;
   Du gabst mir Ruh, wenn durch die jungen Glieder
   Die Leidenschaft sich rastlos durchgewühlt... (I/8)

Vorwand erbat sich Jerusalem von Kestner, dem Verlobten der Charlotte Buff, dessen Pistolen und erschoß sich in der folgenden Nacht. Und nun stand Goethe erneut in der gleichen Grundsituation:

> Jerusalems Tod, der durch die unglückliche Neigung zu der Gattin eines Freundes verursacht ward, schüttelte mich aus dem Traum, und weil ich nicht bloß mit Beschaulichkeit das, was ihm und mir begegnet, betrachtete, sondern das Ähnliche, was mir im Augenblicke selbst widerfuhr, mich in leidenschaftliche Bewegung setzte, so konnte es nicht fehlen, daß ich jener Produktion, die ich eben unternahm, alle die Glut einhauchte, welche keine Unterscheidung zwischen dem Dichterischen und dem Wirklichen zuläßt.[66]

Es verwoben sich die Geschehnisse, es verwoben sich ebenso die Gestalten. Wie er dem Albert im *Werther* Eigenschaften von Kestner und von Brentano gibt, so trägt Werthers Lotte Züge nicht nur von Charlotte Buff, sondern auch von Maximiliane – und nicht nur ihre *schwarzen Augen*[67]:

> Bei meiner Arbeit war mir nicht unbekannt, wie sehr begünstigt jener Künstler gewesen, dem man Gelegenheit gab, eine Venus aus mehreren Schönheiten herauszustudieren, und so nahm ich mir auch die Erlaubnis, an der Gestalt und den Eigenschaften mehrerer hübschen Kinder meine Lotte zu bilden, obgleich die Hauptzüge von der geliebtesten genommen waren.[68]

So flossen in Werthers Lotte Charlotte Buff und Maximiliane im *Doppelglanz der beiden Himmelslichter* zusammen. Und so ist man gerechtfertigt, wenn man wie bei der Mignon an das Mainzer Erlebnis mit dem Harfenspielerjungen, so bei Werthers Lotte auch an die in Mainz geborene Maximiliane denkt.

Maximiliane verschwindet nun immer mehr aus Goethes Gesichtskreis.[69]

In einem kurzen Zwischenspiel erscheint ihre auch in Mainz geborene Schwester Luise v. La Roche. Lavater kommt nach Frankfurt, ist Gast im Großen Hirschgraben und fährt am 28. Juni 1774 nach Bad Ems zur Kur. Goethe begleitet ihn. Einige Tage verehrt der leicht Entzündliche die ihm von früher bekannte Frau des Kammersekretärs Meyer aus

---

66 DuW X/641.
67 IV/400 und 416. (Wieland nannte sie «petite Sylphide aux yeux noirs» – Charlotte Buff hatte blaue Augen). Mit Recht hebt Beutler die Bedeutung gerade dieses Zuges hervor: «Was hat ein Liebender vor sich, wenn er an die Geliebte denkt, wenn es nicht vor allem ihr Blick, die Seele in ihrem Auge ist.»
68 DuW X/648.
69 Sie stirbt schon mit 37 Jahren, nachdem sie in ihrer kurzen Ehe 12 Kinder geboren hat, von denen zwei unsterblich wurden: Clemens und Bettina.

Hannover. Als das Paar bald darauf abreist, schreibt er übermütig an die Wand seines Hotelzimmers im Nassauischen Kurhaus:

> Ich kröne (= gräme) mich in meinem Sinn;
> Fort ist die gute Meyerin!
> Doch hoffen wir wieder Mayenfreud –
> ....
> Ich fahr zum schönen Liesel heut.[70]

Aber auf der Rheinreise (mit Lavater, Schmoll und Basedow) ist Luise – das *schöne Liesel* – in Ehrenbreitstein nicht anwesend. Goethe wandert zu Fuß bis Vallendar, wo er sie im Hause d'Ester trifft, doch ohne irgendwelche Folge. Damit tritt auch diese «Mainzerin» in Goethes Leben zurück.[71] Auch zu Sophie v. La Roche lockert sich die Verbindung. Kurz vor seiner Abreise nach Weimar verabschiedet er sich:

> Liebe Mama! Ich geh nach Weimar! Freut Sie das? Ich will sehn, ob's möglich ist, mit Wieland auszukommen und seinen alten Tagen was Freundlichs auch von meiner Seite zu bereiten.[72]

Dann nach fünf Jahren Schweigen ein Brief, den Besuch v. Knebels ankündigend, vier Jahre später noch ein kurzes Schreiben im Zusammenhang mit ihrem Bekanntwerden mit Frau v. Stein[73], so endet der Briefkontakt. Goethe, wie Herder, Schiller und sogar ihr früherer Verlobter Wieland haben sich weit von ihrer penetrant gewordenen Empfindsam-

---

70 Lavater Tagebuch Gespr. I/55; Bach (wie Fußn. 47) S. 216. Als bei der Rückkehr vom Niederrhein Goethe das gleiche Zimmer wieder bezog, fand er von fremder Hand unter seine Verse geschrieben: «Er, Hr. Verfasser, ist noch ein wilder Vogel, dem Gott ganz anders wird Pfeifen lernen».

71 1779 wird sie gegen ihren Willen an einen Hofrat Möhn verheiratet, Trunkenbold und veritables Scheusal – Luise selbst nennt ihn «Monsieur Caliban». Erheiternd, wie ihn Goethes Mutter schildert:
Gestern stellte Sie mir das Ungeheur vor – Großer Gott!!! Wenn mich der zur Königin der Erden /:Americka mit eingeschloßen:/ machen wollte; so – ja so – gebe ich Ihm einen Korb – Er sieht aus – wie der Teufel in der 7ten Bitte in Luthers kleinem Catesichmus – ist so dumm wie ein Heu Pferd – und zu allem seinem Unglück ist Er Hoffrath – Wann ich von all dem Zeug was begreife; so will ich zur Auster werden. Eine Frau wie die la Roche von einem gewiß nicht gemeinem Verstand, von zimlichen Glücksgütern, von Ansehn, Rang u.s.w. die es recht drauf anfängt Ihre Töchter unglücklich zu machen – und doch Sternheime und Frauenzimmer Briefe schreibt – mit einem Wort, mein Kopf ist wie in einer Mühle. (Brief v. 11.IV.1779 an die Herzogin-Mutter Anna-Amalia. Köster, A: «Die Briefe der Frau Rat Goethe» 1905 Bd. I/54).

72 Br. v. 11.X.1775 WA IV 2,299.

73 Briefe v. 1.IX.1780 (Br. I/517) und v. 20.VI. 1789 (WA IV 9,133).

keit entfernt. Ihr Plan eines Besuches in Weimar löst dort Schrecken aus. Für das Jahr 1794 kann Mutter Aja mit spitzbübischer List die Gefahr abwenden:

> Lieber Sohn!
> Die Bürgerkrone wäre nun verdient! Mama La Roche kommt nicht zu Euch....[74]

Als Goethe sie zu Beginn der dritten Schweizer Reise am 11. August 1797 in der *Grillenhütte*, ihrem Offenbacher Alterssitz, besucht, schreibt er an Schiller:

> ..sie hat mich mit ihren sentimentalen Sandsäcken so abgebläut, daß ich mit dem größten Mißbehagen wieder fortfuhr und beynah die herrliche Gegend darüber nicht angesehen hätte. Es ist erschrecklich was eine bloße Manier durch Zeit und Jahre immer leerer und unerträglicher wird.[75]

Im Juli 1799 ließ sich ihr Besuch in Weimar nicht mehr verhindern. Viermal sieht Goethe seine alte Freundin. Die Begegnung wird nicht ganz so schlimm wie befürchtet. An Schiller schreibt er, er habe

> sie eben gerade wie vor zwanzig Jahren gefunden. Sie gehört zu den nivellierenden Naturen, sie hebt das Gemeine herauf und zieht das Vorzügliche herunter und richtet das Ganze alsdenn mit ihrer Sauce, zu beliebigen Genuß an. Übrigens möchte man sagen, daß ihre Unterhaltung interessante Stellen hat.[76]

Bei einem weiteren Besuch der alten Dame in Weimar bleibt Goethe in Jena.

Damit endet die Beziehung Goethes auch zu diesem Mitglied der mit Mainz so vielfach verflochtenen Familien La Roche. Am 18.II.1807 stirbt Sophie in Offenbach.

Fast 15 Jahre nach dem Besuch in Weimar schildert Goethe im 13. Buch von *Dichtung und Wahrheit* ihr Wesen: – *Die Gesinnungen und die Denkweise der Frau von La Roche – und sie ist durch ein langes Leben und viele Schriften einem jeden Deutschen ehrwürdig bekannt geworden –.*

In der in seiner Biographie immer wieder zu bewundernden Weise vermischt sich Jugenderinnerung mit Alterserfahrung zu einem Gesamturteil:

> Sie war die wunderbarste Frau, und ich wüßte ihr keine andere zu vergleichen. Schlank und zart gebaut, eher groß als klein, hatte sie bis in die höheren Jahre eine gewisse Eleganz der Gestalt sowohl als des Betragens zu erhalten gewußt, die

---

74 Brief v. 1.IV.1794 (Köster a.a.O. Bd. I S. 254).
75 Briefentwurf v. 12.VIII.1797 (Zit. nach ST/III 619).
76 Brief v. 24.VII.1799 (Briefw. 731).

zwischen dem Benehmen einer Edeldame und einer würdigen bürgerlichen Frau gar anmutig schwebte. Im Anzuge war sie sich mehrere Jahre gleich geblieben. Ein nettes Flügelhäubchen stand dem kleinen Kopfe und dem feinen Gesichte gar wohl, und die braune oder graue Kleidung gab ihrer Gegenwart Ruhe und Würde. Sie sprach gut und wußte dem was sie sagte durch Empfindung immer Bedeutung zu geben. Ihr Betragen war gegen jedermann vollkommen gleich. Allein durch dieses alles ist noch nicht das Eigenste ihres Wesens ausgesprochen; es zu bezeichnen ist schwer. Sie schien an allem teil zu nehmen, aber im Grunde wirkte nichts auf sie. Sie war mild gegen alles und konnte alles dulden ohne zu leiden; den Scherz ihres Mannes, die Zärtlichkeit ihrer Freunde, die Anmut ihrer Kinder, alles erwiderte sie auf gleiche Weise, und so blieb sie immer sie selbst, ohne daß ihr in der Welt durch Gutes und Böses, oder in der Literatur durch Vortreffliches und Schwaches wäre beizukommen gewesen. Dieser Sinnesart verdankt sie ihre Selbständigkeit bis in ein hohes Alter, bei manchen traurigen, ja kümmerlichen Schicksalen.[77]

Goethe war im weiteren Verlauf seiner Rheinreise von Vallendar nach Düsseldorf, Elberfeld und Pempelfort gekommen, dem Landsitz der Jacobis. Ob des bedeutsamen Kapitels im Verhältnis Goethes zu Fritz Jacobi, das dort geschrieben wurde, findet wenig Beachtung, daß Goethe hier eine Person kennenlernte, die zu dieser Zeit zwar noch kein *Mainzer* in unserem Sinne war, es aber einige Zeit später wurde.

Am 16. Juni 1774 hatte Goethe an Sophie v. La Roche geschrieben, er habe vor der Messe ein *Meisterstück... eines Ungenannten* gelesen: *Laidion*.[78] Aber schon wenige Tage darauf kennt er den Verfasser:

> Heinse den Sie aus der Übersetzung des Petrons kennen werden, hat ein Ding herausgegeben eben des Titels: Laidion oder die eleusinischen Geheimnisse. Es ist mit der blühendsten Schwärmerei der geilen Grazien geschrieben, und läßt Wieland und Jacobi weit hinter sich...[79]

Nun lernte er den 3 Jahre Älteren bei Jacobi auch persönlich kennen: den Dichter und Ariostübersetzer Wilhelm Heinse. Dieser war – Protestant – an der katholischen kurmainzer Universität Erfurt von dem Protestanten Wieland gefördert worden, was nicht ohne Einfluß auf seine Entwicklung zum wichtigsten Vertreter eines ästhetischen Immoralismus blieb. Aus ärmlichen Verhältnissen stammend mußte er sich als Reisebegleiter und Hauslehrer durchschlagen. 1772 wirkte er als Magister in Halberstadt, wo er sich selbst den Spitznamen *Rost* zulegte. Unter

---

77 DuW X/613. Die «traurigen, ja kümmerlichen Schicksale»: Die ungerechte Entlassung ihres Mannes, die verfehlten Ehen ihrer Töchter, die Sorgen mit dem schwer erziehbaren, unsteten, Frau und Kinder im Stich lassenden Sohn Fritz, der frühe Tod ihres Lieblingssohnes Franz und der Tod ihrer Enkelin Sophie bei Wieland in Ossmannstedt.
78 Br. I/227).
79 Brief an Schönborn v. 4.7.1774 (Br. I/231).

diesem Pseudonym redigierte er zu der hier interessierenden Zeit Georg Jacobis Zeitschrift *Iris* (*Heftchen für Frauenzimmer*). Auch in Goethes Briefen und Gesprächen erschien er künftig unter diesem Namen. Die Tage von Düsseldorf, Schloß Bensberg und Pempelfort verliefen in ekstatischer Harmonie.[80] Dadurch wurde Goethes Kritik an Heinses Arbeiten überdeckt. Aber schon am Tage nach der Rückkehr trat sie wieder hervor:

> Ich wünschte Rost regalierte mich mit einem Mährgen dessen Stoff wäre wollüstig ohne geil zu seyn, dessen Ausdruck wäre ohne Wielandische Mythologie..., die ich sehr müd bin, und ohne Allusion auf alte Schriftsteller. Thät das Rost mich würds sehr freuen, sag's ihm doch....[81]

Ein biographischer Essay von ihm aus den nächsten Tagen wird auf Goethes Werk erheblichen Einfluß ausüben:

> Im Herbst 1774 hatte den Jüngling Heinses Aufsatz in der *Iris* ergriffen, der auf Grund von Mansos Biographie (1600) Tassos Leben schildert; seinen frühen europäischen Ruhm, seinen *Riesengeist, der mit den Adlerschwingen einer starken Phantasie über Wolken fliegt*, sein *allmächtiges Gefühl, das die Leidenschaften aus den Tiefen der Hölle und den Höhen des Himmels in den Kreis seines Herzens fordert*, seine feurige, unerfüllbare Liebe zur Prinzessin, seine Kämpfe mit dem gehässigen, intriganten Minister, die Tyrannei des Herzogs, seine wiederholte

---

80   Heinse ist von Goethe überwältigt.
     Brief Heinse an Gleim und Klamer Schmidt v. 13.IX.1774: «... ein schöner Junge von fünfundzwanzig Jahren, der vom Wirbel bis zur Zehe Genie und Kraft und Stärke ist; ein Herz voll Gefühl, ein Geist mit Adlerflügeln...» (Bode: I/68); Heinse an Gleim v. 13.X.1774: «Ich kenne keinen Menschen in der ganzen gelehrten Geschichte, der in solcher Jugend so rund und voll von eigenem Genie gewesen wäre wie er. Da ist kein Widerstand; er reißt alles mit sich fort...» (Bode. I/69) Brief Jacobi an Goethe v. 21.X.1774: «Vorgestern abend ließ ich Rosten sagen, er möchte herüberkommen; Werthers Leiden seien endlich da...
     Gleich bei den ersten Seiten ward ihm wunderlich. Sinn, Geist, Phantasie, Schreibart, alles war anders, als er geträumt hatte. Er äußerte Bewunderung, Freude; sehnte sich daß wir in die eigentliche Geschichte kämen, welches dann flugs geschah.
     Der arme Rost ward übermannt, geriet außer sich, sein Angesicht glühte, seine Augen taueten, seine Brust hob sich empor; Bewunderung, Entzücken erfüllte seine Seele; «Über alles, was Goethe bisher gemacht hat», sagt er, «ist dies göttliche Werk, ganz voll Kraft, ganz voll Leben, aber damit auch alle seine Kraft, all sein Leben: da steht er nun in seiner höchsten Größe, an der äußersten Grenze seiner Jünglingschaft». – Zuweilen hielt ich inne, sprach einige Worte, las dann weiter, und wund meinen Mann immer höher und höher, bis es endlich dahin kam, daß er in der lautersten Wahrheit seines Herzens zeugte, du seist der größte Mann, den die Welt hervorgebracht; kein altes, kein neues Volk habe ein solches Wunder aufzuweisen, als Werthers Leiden». (Briefe an G., HA.Bd. I S. 38).
81   Brief an Fritz Jacobi vom 21.8.1774 (Br. I/238).

Flucht, Irrfahrten, Verbannung jahrelange Einkerkerung ins Irrenhaus, seine endliche Anerkennung in Rom und seinen Tod mitten in den Vorbereitungen zur ruhmvollen Dichterkrönung auf dem Kapitol.[82]

Goethes Kritik an Heinse wird sich verschärfen, wenn wir diesen – auf Veranlassung der Gräfin Coudenhoven 1786 nach Mainz berufen – als Vorleser und 1787 Privatbibliothekar des Erzbischofs Erthal wiederfinden. Sie richtete sich besonders gegen seinen 1787 veröffentlichten erotisch sehr freien Künstlerroman *Ardinghello und die glücklichen Inseln.* (Erthal:*Sie haben Sauereien geschrieben, Heinse, aber recht schön, recht artig*). Goethe, gewiß nicht prüde, war dadurch *äußerst angewidert:*

> Nach meiner Rückkunft aus Italien, wo ich mich zu größerer Bestimmtheit und Reinheit in allen Kunstfächern auszubilden gesucht hatte, unbekümmert was während der Zeit in Deutschland vorgegangen, fand ich neuere und ältere Dichterwerke in großem Ansehen, von ausgebreiteter Wirkung, leider solche die mich äußerst anwiderten, ich nenne nur Heinses Ardinghello.... Jener war mir verhaßt, weil er Sinnlichkeit und abstruse Denkweisen durch bildende Kunst zu veredeln und aufzustutzen unternahm.[83]

Natürlich spiegelten sich die Verbindungen zwischen Frankfurt und Mainz auch in Prozessen, die dem jungen Advokaten Goethe übertragen wurden.

Als Beispiel mag der Rechtstreit dienen, den er als Vertreter einer Frau Aumann vor dem Schöffengericht Frankfurt gegen die Vermögensklage ihres Sohnes führte. Im Schriftsatz vom 28. Oktober 1774, der beginnt:

> Wohl- und Hoch-Edelgebohrne Gestrenge Vest und Hochgelahrte Hochfürsichtige und Hochweiße Herren; Grosgünstig Hochgebiethend und Hochgeehrteste Herren Gerichts Schultheyß und Schöffen!...

führt er aus, daß die Mutter den incorrigibel liederlichen Sohn, um ihn in ein regelmäßiges Gleis zu leiten

> .. zu dem Herrn Handelsmann Mappes nach Mayntz that, *wo er drey Jahre dergestalt zubrachte, daß er mich mit dem Lehrgelde 1500 fl. zustehen kame.*

82 Witkop, Ph. «Goethe – Leben und Werk» S. 216.
83 XII/620 (wörtlich nochmals XVI/865). Dies gilt ebenso von dem 1795/6 veröffentlichten zweiten Hauptwerk «Hildegard von Hohental», auf das die Xenie von Goethe zielt:
«Gerne hört man dir zu, wenn du mit Worten Musik machst,
Mischtest du nur nicht sogleich hundische Liebe darein». (Nr. 89 II/509).

41

Dann habe er nach vielerlei Übeln das größte ihr zugefügt, indem er mit dem Gedanken um zu heurathen sich an eine Person der niedrigen Denkungs-Art gewendet, und um den versagten mütterlichen Consens zu erzwingen

verklagte er micht bei dem Vicariate zu Mainz....[84]

84   WA I 38,273ff. Fischer-Lamberg, H.: «Der junge Goethe» 1968 Bd. IV S. 307ff. Weis-
     sel, O. «Der Advokat Goethe» S. 52ff.

IV. In Mainz mit den Prinzen aus Weimar (13.–15.XII 1774)

Viel bedeutsamer, ja entscheidend für den wichtigsten Einschnitt in Goethes Leben, sind die mit Mainz verflochtenen Geschehnisse vom Dezember 1774. Jedem Goethe-Liebhaber ist die Szene bekannt, die sich am Sonntag, den 11. Dezember im Halbdämmern *bei gesperrtem Licht* in Goethes Zimmer im Großen Hirschgraben ergab.[85] Es trat ein wohlgebildeter, schlanker Mann herein, der sich als von Knebel vorstellte und der nach einem literarischen Gespräch eröffnete, daß er in Weimar angestellt sei. Er begleite den Prinzen Konstantin, der mit seinem Bruder, Erbprinz Karl August, und dessen Erzieher, Graf Goertz, auf einer Kavalierstour und Bildungsreise begriffen sei, die zugleich ihrer Vorstellung an verschiedenen Fürstenhöfen diene. Daß dabei in erster Linie der Erzbischof von Mainz und Erzkanzler des Reichs besucht werde, verstand sich von selbst, ergab sich aber noch besonders daraus, daß es der kurmainzische Statthalter in Erfurt Karl Theodor v. Dalberg war, der die Prinzenreise der zuerst widerstrebenden Herzogin Anna Amalia dringend ans Herz gelegt hatte.

Es traf sich, daß Goethe über die Weimarer Verhältnisse durch manche Reisende, besonders aber durch seinen Freund, den Maler Georg Melchior Kraus[86], viel erfahren hatte. Auf seinen Wunsch, mit den dortigen Verhältnissen näher bekannt zu werden, eröffnete ihm Knebel, die beiden Prinzen wünschten ihn kennenzulernen. Man eilte in deren Hotel, das *Rothe Haus*, traf die Prinzen und den Grafen Goertz an, und es entspann sich eine literarische Unterhaltung. Ein glücklicher Zufall kam Goethe zu Hilfe. Es lag, noch unaufgeschnitten, Band I der *Patriotischen Phantasien* des Historikers Justus Möser auf dem Tisch. Goethe hatte sich schon 1771 auf Herders Hinweis mit dessen Aufsätzen befaßt.[87] Vor wenigen Tage waren ihm die von Mösers Tochter nun gesammelten Aufsätze zugegangen,[88] so daß er sich bestens orientiert zeigte.

---

85 DuW X/701ff.
86 Diesen hatte sein beruflicher Weg nach Nassau zu der Familie des Freiherrn v. Stein und über das Haus der Tochter, der Gräfin Werthern in Thüringen, auch nach Weimar geführt (DuW X/835/6). Über Kraus weiter zu den Fußn. 298–305.
87 DuW X/651. Sie waren erschienen in den «Osnabrücker Intelligenzblättern».
88 Vgl. den Dankbrief Goethes an Jenny v. Voigts geb. Möser v. 28.XII.1774 (Br. I/253). Siehe auch Goethe über Möser (den er nie kennenlernte) in «Kunst und Altertum» IV 2. Heft 1823 (XIV/323).

Bei Tafel wurden diese Gespräche fortgesetzt, und sie erregten für mich ein besseres Vorurteil als ich vielleicht verdiente. Denn anstatt daß ich diejenigen Arbeiten, die ich selbst zu liefern vermochte, zum Gegenstand des Gesprächs gemacht, für das Schauspiel, für den Roman eine ungeteilte Aufmerksamkeit gefordert hätte, so schien ich vielmehr in Mösern solche Schriftsteller vorzuziehen, deren Talent aus dem tätigen Leben ausging und in dasselbe unmittelbar nützlich sogleich wieder zurückkehrte, während eigentlich poetische Arbeiten, die über dem Sittlichen und Sinnlichen schweben, erst durch einen Umschweif und gleichsam nur zufällig nützen können. Bei diesen Gesprächen ging es nun wie bei den Märchen der Tausendundeinen Nacht: es schob sich eine bedeutende Materie in und über die andere, manches Thema klang nur an, ohne daß man es hätte verfolgen können: und so ward, weil der Aufenthalt der jungen Herrschaften in Frankfurt nur kurz sein konnte, mir das Versprechen abgenommen, daß ich nach Mainz folgen und dort einige Tage zubringen sollte, welches ich dann herzlich gern ablegte.[89]

Anfänglich widersetzte sich der Vater der Reise nach Mainz, da er eine Falle fürchtete wegen eines Mutwillens seines Sohnes gegenüber dem in Weimar so begünstigten Wieland.

Was war geschehen? In den Jahren 1767/8 hatte sich Goethe nicht nur mit Wielands achtbändiger Prosa-Shakespeare-Übersetzung beschäftigt, die bis in die Hamlet-Szene von *Wilhelm Meisters Lehrjahre* weiterwirkt, sondern auch mit den Werken *seiner zweiten glänzenden Epoche,*[90] namentlich *Agathon* und *Musarion*. Wie hoch er Wieland schätzte, zeigt ein Brief, in dem er zuerst von seinem verehrten Leipziger Zeichenlehrer Oeser spricht und dann schreibt:

Nach ihm und Schäckespearen ist Wieland noch der einzige, den ich für meinen ächten Lehrer erkennen kann... Wenn Sie diesem großen Autor, Ihrem Freunde schreiben, oder ihn sprechen, so haben Sie die Gütigkeit, ihm einen Menschen bekannt zu machen, der zwar nicht Mann's genung ist seine Verdienste zu schätzen, aber doch ein genung zärtliches Herz hat, sie zu verehren.[91]

Dann aber kam in Goethe Ärger auf, schon wegen kritischer Bemerkungen Wielands über Shakespeare, besonders aber weil Wieland aus der *Alkestis* des Euripides ein Singspiel gemacht hatte[92]:

...in den Briefen, die er über gedachte Oper in den Merkur einrückte schien er uns... sich an den vortrefflichen Alten und ihrem höhern Stil unverantwortlich zu

---

89 DuW X/704.
90 DuW X/390.
91 Brief an Philipp Erasmus Reich v. 20.II.1770 (Br. I/135).
92 Am 28.V.1773 in Weimar uraufgeführt.

versündigen... Diese Beschwerden hatten wir kaum in unserer kleinen Sozietät lei-
denschaftlich durchgesprochen, als die gewöhnliche Wut, alles zu dramatisieren
mich eines Sonntags nachmittags anwandelte, und ich bei einer Flasche guten Bur-
gunders, das ganze Stück wie es jetzt daliegt, in einer Sitzung niederschrieb.[93]

Es war die Farce *Götter, Helden und Wieland*, bereits im Namen eine
Verhöhnung, in der Wieland aus dem Schlaf als Schatten mit Nacht-
mütze in die Unterwelt zitiert und zur Rechenschaft gezogen wird.
Goethe dachte zuerst nicht an eine Veröffentlichung, gab aber dann seinem Freunde Lenz nach, der sie drucken ließ.[94]

Wieland reagierte gelassen, ja sogar Goethe beschämend. Er ließ sich
nicht abhalten, eine im *Deutschen Merkur* erschienene negative Besprechung des *Götz von Berlichingen* lobend richtigzustellen; er zeigte sogar
die gegen ihn gerichtete Farce in der gleichen Nummer wie folgt an:

> Der Herr Dr. Goethe, Verfasser dieses Werkleins, nachdem er uns in seinem *Götz*
> *von Berlichingen* gezeigt hat, daß er Shakespeare sein könnte, wenn er wollte, hat
> uns in dieser heroisch-komisch-farcialischen Pasquinade gewiesen, daß er, wenn
> er wolle, auch Aristophanes sein könne...

Immerhin: Die Bedenken des Vaters Goethe gegen die Reise nach Mainz
waren recht verständlich. Doch die Unterstützung der am Krankenbett
befragten mütterlichen Freundin Susanne von Klettenberg und der eigenen Mutter (Goethe nannte beide *Rat und Tat*) überwand den Widerstand. Mit Knebel, der von Goethe fasziniert in Frankfurt bei ihm zu-
rückgeblieben war,[95] fuhr man den Prinzen nach und gelangte *in sehr
kalter Jahreszeit zur bestimmten Stunde* nach Mainz. In dem traditionsreichen Gasthof *Zu den drey Reichskronen* nahm man Wohnung.[96]

93 DuW X/709.
94 Nach Ansicht von Friederike Brion in der Absicht, Goethe zu schaden (Vgl.«Biogra-
    phische Einzelheiten – Lenz» XII./609).
95 ...um den besten aller Menschen zu genießen (Br. v. Knebel an seine Schwester
    Henriette v. 13.XII.1774 – Br. I/249).
96 Die «Drei Reichskronen» (früher «Hof zum Clemann», später Postgebäude auf dem
    Brand, im letzten Krieg zerstört) waren schon damals berühmt. Zusätzliche literari-
    sche Berühmtheit erhielten sie nach 1822, als Wilhelm Hauff seine spukhaften «Mit-
    teilungen aus den Memoiren des Satan» so beginnen ließ:
    «Wer, wie der Herausgeber und Übersetzer merkwürdiger Aktenstücke, in den letz-
    ten Tagen des Septembers 1822 in Mainz war und in dem schönen Gasthof zu den
    drei Reichskronen logierte, wird gewiß diese Tage nicht unter die verlorenen seines
    Lebens rechnen.
    Es vereinigte sich damals alles, um das Gasthofleben, sonst nicht gerade das ange-
    nehmste, das man führen kann, angenehm zu machen. Feine Weine, gute Tafel,
    schöne Zimmer hätte man auch sonst wohl dort gefunden, seltener, gewiß sehr selten
    so ausgesuchte Gesellschaft.»

Hôtel des trois Couronnes à Mayence

Das Hotel «Zu den drei Reichskronen»

Kein Zweifel, daß die Mainzer Tage (Dienstag, den 13. bis Freitag, den 16. Dezember 1774) mitentscheidend wurden für die wichtigste Wende in Goethes Leben: seinen Weg von Frankfurt nach Weimar. Goethe

> ... wurde von den jungen Herrschaften und ihren Begleitern, der Einladung gemäß, gar freundlich aufgenommen. Der in Frankfurt geführten Gespräche erinnerte man sich, die begonnenen wurden fortgesetzt, und als von der neuesten deutschen Literatur und von ihren Kühnheiten die Rede war, fügte es sich ganz natürlich, daß auch jenes famose Stück, Götter, Helden und Wieland, zur Sprache kam, wobei ich gleich anfangs mit Vergnügen bemerkte, daß man die Sache heiter und lustig betrachtete.... Nach manchen Hin- und Widerreden über diesen Gegenstand ward ich endlich veranlaßt, Wielanden einen freundlichen Brief zu schreiben, wozu ich die Gelegenheit sehr gern ergriff, da er sich schon im Merkur über diesen Jugendstreich sehr liberal erklärt... hatte.[97]

Goethes Mainzer Brief, leider nicht erhalten, wurde von Wieland nach einigen Zweifeln freundlich aufgenommen.[98] Der künftigen Freundschaft stand nichts mehr im Wege. Erstaunlicherweise ist nichts von den Gesprächen überliefert, die zur Verfestigung der jungen Beziehung zu Karl August führten. Nicht mehr wird mitgeteilt als:

> Die wenigen Tage des Mainzer Aufenthalts verstrichen sehr angenehm: denn wenn die neuen Gönner durch Visiten und Gastmähler außer dem Hause gehalten wurden, blieb ich bei den Ihrigen, porträtierte manchen und fuhr auch wohl Schlittschuh, wozu die eingefrorenen Festungsgraben die beste Gelegenheit verschafften. Voll von dem Guten was mir dort begegnet war, kehrte ich nach Hause zurück.[99]

Geht man den Gründen für diese *weiße Stelle* in *Dichtung und Wahrheit* nach, so stößt man erneut auf einen erstaunlichen Fakt. Man sollte annehmen, daß sich die Vorgänge, die zur entscheidenden Wende in Goethes Leben führten, ihm unvergeßlich eingeprägt hätten. Dies ist nicht der Fall. Als Goethe nicht ganz 40 Jahre später die Begebenheiten in seiner Biographie schildern will, ruft er (wie auch vielfach sonst[100]) die Erinnerung anderer beteiligter Personen zu Hilfe. So wendet er sich hier an Knebel. Zuerst mündlich:

---

97 DuW X/708, 710.
98 Zu der Weiterentwicklung des Verhältnisses zwischen Goethe und Wieland. Siehe zu Fußn. 111ff.
99 DuW X/710. Goethe war seit dem Winter 1771 ein begeisterter Schlittschuhläufer. Vergl. vom selben Autor: «Goethe als Eisläufer» – demnächst im gleichen Verlag.
100 Hauptbeispiel: die Bitte an Bettina Brentano, aus ihren Gesprächen mit seiner Mutter Kindheitsgeschehnisse aufzuzeichnen (Br. v. 25.X.1810 Br. II/620). Siehe auch Fußn. 168.

Abends bei Herrn v. Knebel, Details unserer ersten Zusammenkunft im Jahre 1774.[101]

Zweimal erinnert Goethe ihn brieflich:

Meine Biographie bedenk ich jetzt täglich und werde ich wieder zu dictiren anfangen, recht ausführliche Schemata aufsetzen und mir eine große Masse Stoff zubereiten. Alsdann geht die Ausführung leichter von Statten. Du hattest mir zugesagt, auch etwas über dein Leben aufzusetzen. Versäum es nicht, denn ich bedarf mancherley Anregung: denn leider sind mir schon in den nächsten Epochen die Gegenstände nicht so deutlich und mit solchem Detail gegenwärtig wie in der ersten.

Und:

Daß du nicht gerade Lust hast, deine Gedanken ins ehemalige Leben zurückzuwenden, kann ich dir keinesweges verargen; ich fühle selbst, wie wunderlich die Aufgabe ist, aber doch um eins wollte ich dich recht schön ersuchen, um eine detaillirte Nachricht von unserm ersten Zusammentreffen und was damals in Weimar und Maynz vorgefallen. Über diese so wie einige andere Epochen hat der Fluß Lethe so ziemlich seine Gewalt ausgeübt. Ich bin eben an der Stelle und möchte nicht gern stocken bleiben.[102]

So ist anzunehmen, daß die Mainzer Tage in *Dichtung und Wahrheit* weitgehend die Erinnerung Knebels wiedergeben.

In dem von Knebel und Goethe gemeinsam an Knebels Schwester geschriebenen Brief ist von Knebels Hand zu lesen, daß man am ersten Abend in die Comödie gehen wird. Goethe bittet Henriette: *Vergelten Sie Ihrem Bruder, was er an mir getan hat.* Knebel fügt zu, *daß der Verfasser der Leiden des jungen Werthers der liebenswürdigste auf der Welt ist ... Übermorgen gehen wir gerade zu, wie ich hoffe, nach Carlsruh...* Und Goethe schließt: *Ew. Gnaden mögen sich nicht an die Form gegenwärtigen Schreibens stosen, es ist alles herzlich gut gemeynt.*[103]

Der Abschied von Mainz fiel Goethe schwer:

.. Mir wars ganz seltsam als ich so unter dem Thor der drey Kronen stund als es anfing zu tagen. Recht wie vom Vogel Greif in eine fremde Welt unter alle die Sterne und Kreuze hinunter geführt, und dadrein so mit ganz offnem Herzen herumgewebt und auf einmal alles verschwunden....[104]

---

101 Tgb. WA III 4,340.
102 Briefe v. 10.III. und 27.III. 1813 (WA IV 23,296 und 304). Knebel erfüllte Goethes Wunsch zwar nicht schriftlich, aber offenbar mündlich bei einer Fahrt nach Weimar am 12.IV.1813 (Trunz, E.: «Weimarer Goethe-Studien» – Schriften der Goethe-Gesellschaft Bd. 61 S. 255).
103 Brief wie Fußn. 95).
104 Br. an Knebel v. 28.XII.1774 (WA IV 2,221).

Bei der Heimkunft nach Frankfurt traf ihn eine böse Nachricht, die sich für immer mit der Erinnerung an die Mainzer Tage verband.

> Voll von dem Guten was mir dort begegnet war, kehrte ich nach Hause zurück und stand im Begriff beim Eintreten mir durch umständliche Erzählung das Herz erleichtern; aber ich sah nur verstörte Gesichter, und es blieb mir nicht lange verborgen, daß unsere Freundin Klettenberg von uns geschieden sei. Ich war hierüber sehr betroffen, weil ich ihrer gerade in meiner gegenwärtigen Lage mehr als jemals bedurfte. [105]

Goethe war von seiner *edlen Freundin* vielfach beeinflußt worden: durch ihre Frömmigkeit pietistischer Färbung, durch ihr Interesse an den Mystikern und der Magie, durch ihre Teilnahme an seinen alchemistischen Versuchen. Er hat ihr in *Dichtung und Wahrheit*[106] und besonders durch das Sechste Buch von *Wilhelm Meisters Lehrjahren* (*Bekenntnisse einer schönen Seele*) gehuldigt.[107]

---

105 DuW X/710. Man möchte glauben, daß sich von hier aus das Rätsel löst, warum Goethe keine eigene Erinnerung an die so wichtigen Mainzer Tage hatte. Von seiner Mutter erfahren wir von einem Gespräch, das sie mit der erkrankten Susanne von Klettenberg am Tag vor der Abreise Goethes nach Mainz hatte:
«...Meinen Doktor meinen Sie? Sie nickt mit dem Kopfe. Ach, sagte ich, der glaubt so wenig, daß Sie sterben, daß er mir aufgetragen hat, Ihnen zu sagen, wie er morgen mit dem Prinzen von Weimar nach Mainz reisen werde – dreimal hab ich schon angefangen, ihn auf Ihren Tod vorzubereiten, es ist alles vergebens. Sie stirbt nicht! sagt er immer, das kann nicht sein, sie stirbt nicht! – Sie lachte. Sag ihm adieu, ich hab ihn sehr lieb gehabt.» (Gespr. I/70)
Man erkennt, daß hier Schuldgefühle in Goethe entstanden und er infolgedessen die Erinnerung an die Mainzer Tage verdrängte.
106 X/372ff. und 691ff.
107 VII/385ff.

V. Weimar: Wieland – Dalberg – Klinger

Es sollte noch etwa ein Jahr vergehen, bis Goethe nach Weimar auf-brach. Es war das Jahr 1775, das Lili-Jahr. Durch einen Überraschungs-akt, fast einen Theater-Coup, hatte eine Freundin aus Heidelberg, die Demoiselle Delph, eine voreilige Verlobung gestiftet.[108] Große Zweifel kamen in Goethe auf, ob eine solche Bindung, gegen die mehrere Gründe sprachen, das Richtige war.

> Um diese Zeit meldeten sich die Grafen Stolberg an, die, auf einer Schweizerreise begriffen, bei uns einsprechen wollten...[109]

und Goethe schloß sich ihnen an.

Folgt man der Schilderung, die Graf Friedrich Leopold v. Stolberg gibt, als er später (August 1791) in Mainz weilte, so wäre Goethe mit seinen Besuchern vor der ersten Schweizer Reise am 11. Mai 1775 noch einmal in Mainz gewesen:

> An einem schönen Abend ließen wir uns an die Ingelheimer Aue rudern. Ich be-suchte diese Insel aus Dankbarkeit für einige angenehme Stunden, die ich vor sech-zehn Jahren in meines Bruders, Goethes, Haugwitzens und Klingers Gesellschaft dort zubrachte.

Schon Börckel hat geklärt, daß diese Notiz Stolbergs auf einem Ge-dächtnisfehler beruht. So oft Goethe auch im Jahre 1775 in Mainz gewe-sen sein mag, an diesem Tage jedenfalls nicht.

> Die hier erwähnte Beteiligung Goethes muß aber auf einem Gedächtnißfehler Stolbergs beruhen, denn am 12. Mai 1775 schrieb derselbe Stolberg noch, ohne Goethe zu nennen: «Gestern waren wir mit Haugwitz und Klinger in Mainz... Wir fuhren auf eine Insel im Rhein; den Rhein und diese Insel kann ich nun nicht be-schreiben, es war über alles göttlich. Auch die Aufzeichnungen von Goethe selbst – er schrieb zudem unterm 11. Mai aus Frankfurt an den Buchhändler Reich in Leipzig – enthalten davon kein Wort. Dennoch hat neuerdings Gustav Nick in sei-nen Goethe-Erinnerungen in Hessen» (Heß. Quartalblätter. Darmstadt 1900) die-sen angeblichen Aufenthalt Goethes in Mainz angeführt...[110]

---

108 DuW X/767.
109 Das. X/784 und 786. Siehe auch zu Fußn. 152, 153.
110 Börckel S. 9. Man kann noch zufügen, daß Goethe am 11. Mai 1775 nach dem Ausga-benbüchlein seines Dieners Seidel außer dem Brief an Reich (WA IV 2,263) auch Briefe an Brinckmann und Jacobi geschrieben und ein Paket an Lavater – wahr-scheinlich ebenfalls mit Brief – gesandt hat.

Am 7. November 1775 traf Goethe in Weimar ein. Geplant war ein Besuch. Es sollte sich daraus die endgültige Begründung eines neuen und endgültigen Lebensmittelpunktes in dieser Stadt und am dortigen Hof ergeben.

Zu drei Personen, die ihrerseits Verbindung zu Mainz hatten und ihn an diese Stadt erinnern mußten, kam er alsbald in Verbindung. Es waren Wieland, Dalberg und Klinger.

Schon am Abend des Ankunftstages, als er im Hause v. Kalb aufgenommen war, lernte er Wieland persönlich kennen. Dieser war als Stadtschreiber von Biberach mit dem im benachbarten Schloß Warthausen residierenden Grafen Stadion in näheren Kontakt gekommen.

> Die mechanischen Amtsgeschäfte eines Vorstehers der Kanzlei raubten ihm zwar Zeit, aber nicht Lust und Mut, und damit ja sein Geist in so engen Verhältnissen nicht verkümmerte, wurde er dem in der Nähe begüterten Grafen Stadion, kurfürstlich-mainzischem Minister, bekannt. In diesem angesehenen wohleingerichteten Hause wehte ihn zuerst die Welt- und Hofluft an; innere und äußere Staatsverhältnisse blieben ihm nicht fremd, und ein Gönner für das ganze Leben ward ihm der Graf.[111]

Durch ihn lernte er nicht nur die einflußreichsten Personen am Mainzer Hof, die Freiherrn von Groschlag und Karl Theodor v. Dalberg, sondern bei einer Reise nach Mainz auch den Kurfürsten Emmerich-Joseph kennen. Als dieser daran ging, die Akademie von Erfurt[112] wieder zu beleben, berief er Wieland 1769 als Professor der Philosophie dorthin.[113] Schon 1772 wurde er – von Dalberg empfohlen – durch die Herzogin Anna Amalia zum Erzieher des Erbprinzen Karl August bestellt, wozu er sich durch die Darstellung seines Ideals eines Fürsten in dem Roman *Der goldene Spiegel* empfohlen hatte.

Seit dem ersten Sehen war Wieland von Goethe hingerissen. Zeugnisse seiner Begeisterung sind sein Gedicht *An Psyche* und eine große Zahl von Äußerungen in Briefen und Gesprächen, wie: *Seit dem heutigen*

---

111 XII/696. Auf Schloß Warthausen spielt auch die Jugendliebe und Verlobung mit seiner Kusine Sophie Guntermann (später v. La Roche).

112 Erfurt war seit der mittelalterlichen Ostkolonisation Mainzer Besitz. Der Erzbischof von Mainz ließ sich in der Exklave durch einen Statthalter vertreten.

113 Als Protestanten auf den Lehrstuhl der katholischen Universität. Nicht ohne Widerstand in Kurmainz auszulösen: Vom 21.6.1769 – drei Wochen nach Wielands Berufung – datierte die Predigt eines Jesuiten in Mainz: «Ehemals wurde unter heidnischen Kaisern ein schlüpfriger Ovidius wegen seiner Schandgedichte ins Elend verwiesen, und jetzt werden dergleichen Sittenverderber noch zu Lehrstellen befördert.»

Morgen ist meine Seele so voll von Goethe wie ein Tautropfen von der Morgensonne.[114] – Goethe antwortete mit herzlicher Zuneigung. Als nach fast vierzig Jahren am 21.1.1813 Wielands Tod der Freundschaft ein Ende setzte, hat Goethe ihm in dem berühmten Gespräch mit Falk (über die Monadenlehre und die Fortdauer nach dem Tode) und durch seine Rede bei der Trauerloge ein unvergängliches Denkmal gesetzt.[115]

Besondere Beziehungen ergaben sich im Leben Goethes zu dem Mainzer Statthalter in Erfurt, dem Reichsfreiherrn Karl Theodor Anna Maria Cämmerer von Worms genannt Dalberg. Er stammte aus einem uralten Adelsgeschlecht, das 1239 den Rang der Kämmerer der Bischöfe von Worms erhalten und diese Tätigkeitsbezeichnung 1274 zum Geschlechtsnamen erhoben hatte. Im 14. Jahrhundert gingen die Wormser Kämmerer eine Verbindung mit der Familie Dalberg (residierend auf der Dalburg bei Kreuznach) ein. Diesen Namen übernahmen sie zusätzlich in den Geschlechtsnamen. Die Bedeutung, die das Geschlecht der Dalberg errang, spiegelt sich am deutlichsten in einem Vorrecht, das ihm ab 1494 eingeräumt wurde: Bei jeder Kaiserkrönung seit Maximilian I. mußte der Herold die berühmte Frage stellen: *Ist kein Dalberg da?*, damit dieser stets den ersten Ritterschlag erhielt.[116] Mit Mainz waren die Dalbergs durch die Jahrhunderte immer eng verbunden.[117]

Goethe hat diesem Adelsgeschlecht in einer allerdings nicht leicht erkennbaren Weise sublim gehuldigt. Wer würde, wenn er im *Westöstlichen Divan* den Vorspruch zum *Buch des Sängers* liest:

> Zwanzig Jahre ließ ich gehn
> Und genoß was mir beschieden;
> Eine Reihe völlig schön
> Wie die Zeit der Barmekiden.

114 Brief an Jacobi v. 10.XI.1775 (Bode I 145).
115 Gespr. I/672ff. und «Zum brüderlichen Angedenken Wielands» XII/693.
116 Vgl. hierzu und dem Folgenden: Rob. K.: – «Karl Theodor v. Dalberg» 1984 S. 37ff; Vulpius, W: «Goethe und Karl Theodor v. Dalberg» Goethe – Jahrb. 1973 S. 212ff.
117 Das Stammschloß der Dalberg lag in Herrnsheim bei Worms. Ihre dauernde Betätigung am Mainzer Hof bedingte jedoch einen Sitz in Mainz. Hier besaßen sie zuerst zwei Kurien. In den Jahren 1609 bis 1614 wurde ihr erster Adelshof, der alte Dalbergerhof am Ballplatz, erbaut (heute Institut der Englischen Fräulein). Schon 50 Jahre später besaßen sie eine neue «adeliche behausung» in der Klarastraße mit dem Namen «zum Seukopf». Auf diesem Gelände ließen sie dann den neuen Dalbergerhof errichten, der den Namen «Saukopf» oder «Zu den drei Sauköpfen» behielt. Bei der Belagerung von Mainz im Jahre 1793 brannte er aus; wieder aufgebaut wurde er später Justizpalast und ist heute, nach dem Auszug des Polizeipräsidiums, überwiegend vom Peter Cornelius Konservatorium genutzt.

bei *Barmekiden* an die Dalberg denken?
Goethe selbst hat allerdings einen Hinweis gegeben:

> Die Familie der Barmekiden ..., die so lange als einflußreiche Staatsdiener glänzten, bis sie zuletzt, wie ein ungefähr ähnliches Geschlecht dieser Art zu unseren Zeiten, ausgerottet und vertrieben worden.[118]

Welches Geschlecht seiner Zeit mit ähnlichem Schicksal konnte Goethe in den *Barmekiden* gespiegelt haben? Es mußte in den Leistungen vergleichbar sein, wie sie Goethe in den *Noten* unter dem Abschnitt *Kalifen* geschildert hatte:

> Daher bleibt noch immer als die glänzendste Epoche berühmt die Zeit, wo die Barmekiden Einfluß hatten zu Bagdad. Diese, von Balch abstammend, nicht sowohl selbst Mönche als Patrone und Beschützer großer Klöster und Bildungsanstalten, bewahrten unter sich das heilige Feuer der Dicht- und Redekunst und behaupteten durch ihre Weltklugheit und Charaktergröße einen hohen Rang auch in der politischen Sphäre. Die Zeit der Barmekiden heißt daher sprichwörtlich: eine Zeit lokalen, lebendigen Wesens und Wirkens, von der man, wenn sie vorüber ist, nur hoffen kann, daß sie erst nach geraumen Jahren an fremden Orten unter ähnlichen Umständen vielleicht wieder aufquellen werde.[119]

Lange haben die besten Interpreten gerätselt: Vater und Sohn Moser glaubte man zu erkennen, die beiden Pitt in England, die Napoleoniden, die Familie Dolgoruki, die Este in Ferrara – bis die Untersuchungen von Ursula Wertheim das Rätsel lösten: Die Goethe vorschwebenden *deutschen Barmekiden* waren das mit Mainz eng verbundene Geschlecht der Dalberg.[120]

Von den drei zu Goethes Zeit lebenden Brüdern Dalberg haben die beiden jüngeren eine geringere Rolle in seinem Leben gespielt. Der mit ihm fast gleichaltrige mittlere Bruder Wolfgang Heribert hatte 1778 von dem Kurfürsten Karl Theodor von der Pfalz den Auftrag erhalten, ein deutsches Nationaltheater in Mannheim zu errichten. Er wurde Intendant dieses Theaters und behielt diese Funktion 25 Jahre lang.

Auf seiner zweiten Schweizer-Reise kam Goethe mit dem Herzog Karl August am 21.XII.1779 nach Mannheim. Am gleichen Abend besuchte

---

118 In den «Noten und Abhandlungen zu besserem Verständnis des West–Östlichen Divans», Abschnitt «Ältere Perser». III/427.
119 III/436.
120 Wertheim, U.: «Noch einmal: Die Barmekiden im West-Östlichen Divan» Goethe-Jahrb. 1965 S. 45ff. Die Auffindungen der Autorin und ihre kenntnisreichen und geistvollen Deduktionen darzustellen, würde den hier gegebenen Rahmen sprengen. (Ihre Lösung ist «unwiderleglich»: Vulpius, wie Fußn. 116).

er das Theater. Am Tag darauf gab Dalberg den *Clavigo*, zu Ehren Goethes mit freiem Eintritt für jedermann.[121]

Zu Anfang des Jahres 1732 kam es zu einer Korrespondenz zwischen diesem Dalberg und Goethe über eine Aufführung seines Jugenddramas *Die Mitschuldigen*.[122] Der Plan wurde fallengelassen. Zur gleichen Zeit (am 13.1.1782) kam es unter Dalberg zu der berühmten Uraufführung der *Räuber*, wodurch dem vor dem Herzog von Württemberg geflohenen Schiller der Weg zum Theater eröffnet wurde. Mehr als 10 Jahre sind es noch bis zu dem *Glücklichen Ereignis* (der Begegnung Goethes mit Schiller in Jena), das den Anstoß zu der sternenhaften Freundschaft gab: Goethe stand den Räubern damals noch völlig ablehnend gegenüber:

> ... fand ich neuere und ältere Dichterwerke in großem Ansehn, von ausgebreiteter Wirkung, leider solche, die mich äußerst anwiderten: ich nenne nur...Schillers-Räuber...mir verhaßt... weil ein kraftvolles, aber unreifes Talent gerade die ethischen und theatralischen Paradoxen, von denen ich mich zu reinigen gestrebt, recht im vollen hinreißenden Strome über das Vaterland ausgegossen hatte..[123]

Hierin mag ein Grund dafür liegen, daß Goethe in der Folge kaum mehr Berührung mit Wolfgang Heribert v. Dalberg hatte. Immerhin war er unter den Personen, denen Goethe ein Freiexemplar des ersten Teiles von *Wilhelm Meisters Lehrjahren* zusandte. Offenbar enttäuschte ihn seine Reaktion ebenso wie die der anderen Empfänger.[124] Die Verbindung riß völlig ab. Dalberg starb 1806.

Noch weniger bedeutungsvoll war die Berührung mit dem jüngsten der Brüder, Johann Friedrich Hugo v. Dalberg, Domkapitular zu Worms, Trier und Speyer, der sich häufig und lange in Erfurt aufhielt. Er arbeitete über Musiktheorie und Ästhetik und über orientalische Religionen, übersetzte das altindische Epos *Gita-Govinda*, trat als Klaviervirtuose auf und vertonte auch Goethe-Lieder. Das Verhältnis zu ihm wurde jedoch durch ein Geschehnis gestört, das Goethe veranlaßte, sich scharf gegen ihn zu äußern. Dalberg hatte Herder zu einer gemeinsamen Romreise eingeladen. Als Herder – Generalsuperintendent – mit ihm in Augsburg zur Abreise zusammentraf, mußte er empört erleben, daß Dalberg seine Geliebte zu der Fahrt in gemeinsamer Kutsche mit-

---

121 Iffland spielte den Carlos. Gespr. I/127.
122 Brief Goethes an Dalberg v. 2.III.1780 Br. I/486.
123 XII/620.
124 «Die Beantwortung war nur teilweise erfreulich, im ganzen keineswegs förderlich... die meisten... se defendendo gegen die geheime Gewalt des Werkes sich in Positur setzend.» (Tag- u. Jahreshefte 1795 XI/647).

nahm.[125] Der entstandene Ärger führte dazu, daß Dalberg Herder durch Abstriche an den zugesagten Reisekosten in finanzielle Schwierigkeiten brachte. Goethe stärkte Herder mehrfach energisch den Rücken:

> Danks ihm im Grunde der Teufel, du brauchst ihm gar kein gut Wort dafür zu geben; es ist in jedem Betracht schurkisch; denn es ist kein Spaß, einen dahin zu locken, wo er nicht sieht, wie er zurück kann.[126]

Diese Verärgerung war der Anlaß, daß Goethes Verbindung zu Hugo v. Dalberg für mehr als 20 Jahre abriß. Erst im Jahre 1811 kam es zu einem letzten Kontakt. Am 5. September übersandte Dalberg seine Schrift *Über Meteorkultus der Alten*. Das Werk fand zwar Goethes Interesse, aber die Verstimmung wirkte nach. Erst nach einem Vierteljahr, nicht direkt, in einem aus anderem Anlaß geschriebenen Brief ließ er die Zusendung bestätigen:

> Möchte doch Herr von Dalberg durch Sie erfahren, daß ich ihm für das übersendete Werk sehr dankbar bin. Seine Nachforschung und Zusammenstellung so interessanter Gegenstände war mir sehr erwünscht und belehrend. Es ist gar schön, wenn angeregt durch neue oder wiederbemerkte Naturphänomene Jemand ins Alterthum zurückgehen mag und dasjenige zu vereinigen sucht, was man sonst darüber erfahren, gedacht und gewähnt habe. Durch Ihre Vermittlung wird mir Herr von Dalberg gewiß mein bisheriges Schweigen verzeihen, und meinen Dank aus Ihrem Munde günstiger aufnehmen.[127]

Sehr viel weitgehender, ja von außerordentlichem Gewicht sind die Beziehungen Goethes zu dem bedeutendsten der Dalberg-Brüder, Karl Theodor v. Dalberg. Man erkennt dies schlaglichtartig daran, daß Goethe noch 10 Jahre nach Dalbergs Tod von ihm als Lebensgenosse spricht.[128] Goethe lernte ihn wahrscheinlich schon am dritten Tage in Weimar bei Hofe kennen. Dalberg war seit drei Jahren kurmainzer Statthalter in Erfurt, damit zugleich Gesandter von Kurmainz an den Höfen von Weimar und Gotha. In Weimar war er mehr: er war Freund und Berater der herzoglichen Familie. So hatte er durch seine Empfehlung

---

125 Es war Sophie v. Seckendorf geb. Kalb, die Schwester des Kammerrats v. Kalb, der Goethe (verspätet) in Frankfurt abgeholt und nach Weimar gebracht hatte. Sie war im Hause v. Kalb die erste weibliche Person, die ihm in Weimar entgegentrat. Sie hatte 1779 den Kammerherrn v. Seckendorf geheiratet, den man der Weimarer Adelsfronde gegen Goethe zurechnen muß. Er war 1785 gestorben.
126 Brief v. 22.IX.1788 (Br. II/122), und weiter Gespr. I/175, Brief an Karoline Herder zwischen 2. u. 8.III.1789 (WA IV 9,95).
127 Brief an Karoline v. Wolzogen, Schillers Schwägerin, v. 10.XII.1811 (WA IV 22/211).
128 XVII/94.

den Widerstand der Herzogin Anna Amalia gegen die Prinzenreise überwunden und hatte damit unbewußt für Goethe Schicksal gespielt.[129]

So vermittelte er alsbald nach der Ankunft Goethes in Weimar im Streit um den Grafen Goertz und griff damit erneut entscheidend in Goethes Leben ein: führte doch die von ihm veranlaßte Lösung dazu, daß Goethe durch Karl August in den *Großen Conseil* berufen und Weimarer Minister wurde.[130]

Goethe und Dalberg waren vom ersten Augenblick an voneinander fasziniert. Dalberg war eine beeindruckende und durch seinen Charme bezaubernde Persönlichkeit, ein Schöngeist, hochsensibel, schwärmerisch, vielseitig gebildet,[131] gütig und immer hilfsbereit.[132] Er hing besonders an der Utopie einer brüderlichen Wiedervereinigung der Konfessionen[133] und träumte von einer Restitution des sich immer mehr zerrüttenden Reiches. Mit beidem sollte er scheitern, im politischen Bereich namentlich durch seine illusionäre Hoffnung auf Napoleon, von dem er, wie viele seiner Zeitgenossen, eine Wiederherstellung des Reiches Karls des Großen erwartet hatte.

129 Goethe war dies gewiß bekannt.
130 Graf Eustache v. Schlitz gen. v. Goertz hatte zur Kronprinzenzeit von Karl August einen Staatsstreich erwogen, um seinen Zögling vorzeitig zur Regierung und sich in die Position des Vorsitzenden des «Grand Conseil» zu bringen. Karl August hatte damit nichts zu schaffen, der Plan mußte aufgegeben werden. Als Karl August Herzog wurde, versuchte Goertz ihn zu Revirements zu seinen Gunsten zu bewegen. Die Herzoginmutter widersetzte sich. Er wurde entlassen, jedoch von der jungen Herzogin Luise als Hofmeister angestellt. (Tümmler, H.: «Carl August von Weimar – Goethes Freund» 1978 S. 17; Rob, K.: Wie Fußn. 116, S. 112). Daß Goertz seitdem zu Goethes Feinden gehörte, ist begreiflich. (Vgl. aus den Briefen an seine Frau v. 26. und 29.III.1775: «Dieser Goethe ist ein gemeiner Kerl...» und «Das ist sicher: Goethe und ich werden uns nie in demselben Zimmer befinden»).
131 Er hatte Sprachstudien in Mainz getrieben, Kunst- und philosophische Vorlesungen in Würzburg, juristische (und nicht nur des kanonischen Rechts) in Heidelberg gehört. Höchst modern anmutende Schriften zum Strafprozeß («Reformanträge zur Abschaffung der Carolina» mit der Tendenz zu einer menschlicheren Prozedur), «Entwurf eines Gesetzbuches in Criminalsachen», worin der Rachegedanken bei der Strafe verworfen, die Tortur abgelehnt, die Öffentlichkeit des Verfahrens gefordert und eine Entschädigung für zu Unrecht Angeklagte vorgeschlagen wurde) zeigen ihn seiner Zeit weit voraus.
132 Er hatte in Erfurt schon gleich alle Herzen gewonnen, weil er auf alle Einzugsfeierlichkeiten verzichtete und, als er am 2.X.1772 nachts ankam, bei der Bekämpfung einer Feuersbrunst tatkräftig zugriff.
133 Am 21.X.1780 übersandte er Herder seinen «Entwurf zur Religionsvereinigung» – es blieb eines seiner Hauptanliegen bis zum Ende des Jahrhunderts. Vgl. Goethes Notiz in den Paralipomena zu DuW «Carl v. Dalberg, gleichsam der Hoffnungstern der damaligen catholischen Welt» (WA I 53,383).

Karl Theodor v. Dalberg

Wenige Tage nachdem sie sich kennengelernt hatten, stattete Goethe ihm einen Gegenbesuch in Erfurt ab. Schon bei dieser zweiten Begegnung gewann Goethe Dalberg für sein Vorhaben, Herder nach Weimar zu holen. Gemeinsam bearbeiteten sie das Weimarer Ministerium mit Empfehlungen und Eingaben – mit Erfolg: Am 20.X.1776 hielt Herder seine Antrittspredigt in der Weimarer Hofkirche.

Enge Freundschaft verband die beiden durch Kontakte verschiedenster Art. Das direkt neben dem Palais des Mainzer Statthalters in Erfurt gelegene Weimarer *Geleitshaus* wurde bei zahlreichen Dienst- und Inspektionsreisen für Goethe so etwas wie ein zweites Zuhause. Trotz des Altersunterschiedes wurde Dalberg in das Weimarer *Genietreiben* integriert. Man ließ sich nicht durch sein Erscheinen stören, wenn man gerade *Blindekuh* spielte; Goethes Tagebuch erzählt von nächtlichem Zusammensein in Ilmenau, von gemeinsamem Einfahren in die Kammerberger Kohlenwerke, von nächtlichen Gesprächen über *Zeichnung, Gefühl der Anfärbung, Dichtkunst, Composition* und aus Stützerbach schreibt Goethe an Fritsch:

> ...der Stadthalter von Erfurt war einige Tage bey uns und ist auch nicht ohne Erdgeruch entlassen worden.[134]

Goethes Tagebücher sind voll von Gesprächsvermerken, meist in der Form, daß *geschwätzt* wurde.[135] Welchen Nutzen Goethe aus diesen Gesprächen zog, erhellen zwei Briefe an Frau v. Stein:

> Der Stadthalter war vergnügt. Wir haben schon was rechts geschwäzzt, für mich ist sein Umgang von viel Nuzzen. Durch die Erzählungen aus seinem mannigfaltigen politischen Treiben, hebt er meinen Geist aus dem einfachen Gewebe in das ich mich einspinne... Er hat eine treffliche Gewandtheit in bürgerlichen und Politischen Dingen, und eine beneidenswerte Leichtigkeit...

und

> Der Stadthalter hat schon wieder mit mir ein unendliches Gespräch angefangen. Das eigne Wesen eines Menschen das ganz fremde Würckungen aus sich hervorbringt ist mir sehr merckwürdig.[136]

Was hier so leichthin als *geschwätzt* bezeichnet wird, hatte für Goethe größte Attraktion. Dalberg war Liebhaber und Kenner der Wissenschaften und schönen Künste. Außergewöhnlich war das Spektrum seiner Interessen. Er schrieb Essays und Untersuchungen nicht nur zu ästhetischen, philosophischen und historischen Themen, sondern auch über

134 Brief Iselin an Frey v. 13.V.1776 (Bode: I/181). Goethe: ErgBd. Tagebücher S. 21; Brief an Fritsch v. 3.VIII.1776 (Br. I/341).
135 Z.B.: 1.X.76: «Viel geschwazt auf dem Birschgang mit dem Stadthalter und folgl. nichts geschossen» – 3.VII.77: «Kam Dalberg... den Morgen verwäzt» – 4.VII.77. «Dornburg... Nachts auf der Streue mit Herzog, Prinzen, Dalberg u. 2 Einsiedels» – 23.VIII.78: «Abend politische Disk. mit dem Stadthalter» – 2.V.80: «Erfurt... Abends zum Stadthalter... wir durchschwazten viel politische philosophische und poetische Dinge» – und oft.
136 Briefe v. 5.V.1780 und 15.IX.1781 (Br. I/495 und 614).

Baukunst und Werkstoffe, verfaßte Traktate über naturwissenschaftliche und mathematischtechnische Probleme, über Meteorologie, Hydrodynamik und Astronomie. Sein technisches Glanzstück ist der Konstruktionsentwurf eines Zeppelins – nach Meinung von Sachkennern durchaus ernst zu nehmen.

Kein Wunder, daß Goethe Dalberg als kompetenten Gesprächspartner über seine wissenschaftlichen Arbeiten ansah. Das Fazit der Beziehungen in diesem Sektor enthält Goethes zurückblickende Schilderung der Geschichte seiner botanischen Studien aus dem Jahre 1817:

> Einen Freund und Gönner jedoch, welcher während der Arbeit sowie nach deren Vollendung treulich eingewirkt, muß ich an dieser Stelle rühmen. Karl von Dalberg war es, ein Mann, der wohl verdient hätte, das ihm angeborne und zugedachte Glück in friedlicher Zeit zu erreichen, die höchsten Stellen durch unermüdete Wirksamkeit zu schmücken und den Vorteil derselben mit den Seinigen bequem zu genießen. Man traf ihn stets rührig, teilnehmend, fördernd, und wenn man sich auch seine Vorstellungsart im ganzen nicht zueignen konnte, so fand man ihn doch im einzelnen jederzeit geistreich überhelfend. Bei aller wissenschaftlichen Arbeit bin ich ihm viel schuldig geworden, weil er das mir eigentümliche Hinstarren auf die Natur zu bewegen, zu beleben wußte. Denn er hatte den Mut, durch gewisse gelenke Wortformeln, das Angeschaute zu vermitteln, an den Verstand heran zu bringen. [137]

So sandte ihm Goethe etwa 1792 seine *Beiträge zur Optik*, [138] die Dalberg mit einer eigenen Abhandlung *Gedanken über die Optik* beantwortete. Zwei Jahre darauf reagierte Dalberg begeistert über den *Versuch, die Elemente der Farbenlehre zu entdecken*:

> Ihr Versuch freut mich unaussprechlich, ich kenne im Reich der Wissenschaften noch keine so liebevolle Darstellung eines tief liegenden Gegenstandes...

und versah sie mit Anmerkungen, die Goethe als *fürtrefflich* bezeichnete und bei künftiger Bearbeitung zu berücksichtigen erklärte. [139] In der *Farbenlehre* erinnerte sich Goethe hieran:

> Der Fürst Primas, damals in Erfurt, schenkte meinen ersten und allen folgenden Versuchen eine ununterbrochene Aufmerksamkeit, ja er begnadigte einen umständlichen Aufsatz mit durchgehenden Randbemerkungen von eigner Hand, den ich noch als eine höchst schätzbare Erinnerung unter meinen Papieren verwahre. [140]

Eine weitere Beziehung ergab sich, nachdem Goethe 1791 die Leitung des Weimarischen Hoftheaters übernommen hatte. Da dieses im Som-

---

137 XVII/94.
138 XVI/767.
139 Dalbergs Brief v. 11.3.1794 zit. nach Vulpius (wie Fußn. 116) S. 218 – Goethes Brief v. 19.3.1794 WA IV 10/147.
140 XVI/712.

merhalbjahr geschlossen blieb, versuchte Goethe durch Gastspiele zusätzliche Einnahmen zu erzielen. Im Frühsommer wurde in Bad Lauchstädt, im August und September in Erfurt gespielt. Dalberg protegierte das Unternehmen. Dafür wurden seine Wünsche berücksichtigt.[141] Im Jahre 1795 mußte das Erfurter Unternehmen jedoch aufgegeben werden, weil die Einnahmen zu gering waren.

Daß es gelegentlich zu Differenzen zwischen Erfurt und Weimar kam, war nur natürlich. Da bestand der Herzog auf seinem ererbten *Obergeleitsrecht* auch für das Erfurter Gebiet. Jedem Warentransport ein bewaffnetes Geleit zu stellen war längst unnötig geworden, aber die Geleitsgebühren wurden weiter erhoben.[142] Durch das gute Verhältnis Goethes zu Dalberg wurde ein Ausufern der Streitigkeiten vermieden. – Da entstand 1775/6 Streit um den Obergeleitsmann Redeker, der in Weimar entlassen und von Dalberg als persönlicher Sekretär angestellt wurde. Goethe vermittelte und wandte die angedrohte Beschwerde des Karl Augusts beim Kurfürsten ab. Dalberg bedankte sich für die *edle, wirklich erhabene Art*, mit der Goethe den Konflikt gelöst hatte.[143] – Da machten 1784 die *Wildschweine vom Ettersberg* Ärger, die Karl August zu Jagdzwecken hatte aussetzen lassen. Von allen Seiten – so auch von Dalberg, dessen Felder an Ettersburg grenzten, – wandte man sich an Goethe als den Einzigen, dem man in dieser prekären Sache Einfluß auf Karl August zutrauen konnte. Goethe reagierte mit einem Brief an den Herzog, der als ein Meisterstück der Diplomatie berühmt wurde:

.. die Jagdlust gönn ich Ihnen von Herzen und nähre die Hoffnung, daß Sie dagegen nach Ihrer Rückkunft die Ihrigen von der Sorge eines drohenden Übels befreyen werden. Ich meine die wühlenden Bewohner des Ettersbergs. Ungern erwähn ich dieser Thiere weil ich gleich Anfangs gegen deren Einquartirung protestirt und es einer Rechthaberey ähnlich sehen könnte daß ich nun wieder gegen sie zu Felde ziehe. Nur die allgemeine Aufforderung kann mich bewegen ein fast gelobtes Stillschweigen zu brechen und ich schreibe lieber, denn es wird eine der ersten Sachen seyn die Ihnen bey Ihrer Rückkunft vorgebracht werden. Von dem Schaden selbst und dem Verhältniß einer solchen Heerde zu unsrer Gegend sag ich nichts, ich rede nur von dem Eindrucke den es auf die Menschen macht. Noch habe ich nichts so allgemein mißbilligen sehn, es ist darüber nur Eine Stimme. Gutsbesitzer, Päch-

141 So wurde zum Abschluß der ersten Spielzeit auf seinen Wunsch «Don Carlos» in Schillers Bühnenbearbeitung gegeben. Im Oktober 1793 wurde eine Vorstellung vereinbart, deren Erlös den vor der Jakobinerherrschaft geflüchteten Mainzern zugute kommen sollte (siehe zu Fußn. 367f.).
142 Daher auch der Name für die Weimarer Residenz in Erfurt: «Geleitshaus». – Vulpius (wie Fußn. 116) S. 221; Tümmler, H. (wie Fußn. 130) S. 130.
143 Vulpius (wie Fußn. 116) S. 222.

ter, Unterthanen, Dienerschafft, die Jägerey selbst alles vereinigt sich in dem Wunsche diese Gäste vertilgt zu sehn. Von der Regierung zu Erfurt ist ein Communicat deswegen an die unsrige ergangen.

Was mir dabey aufgefallen ist und was ich Ihnen gern sage, sind die Gesinnungen der Menschen gegen Sie die sich dabey offenbaaren. Die meisten sind nur wie erstaunt als wenn die Thiere wie Hagel vom Himmel fielen, die Menge schreibt Ihnen nicht das Übel zu, andere gleichsam nur ungern und Alle vereinigen sich darinne daß die Schuld an denen liege die statt Vorstellungen dagegen zu machen, Sie durch gefälliges Vorspiegeln verhinderten das Unheil das dadurch angerichtet werde einzusehn. Niemand kann sich dencken daß Sie durch eine Leidenschafft in einen solchen Irrthum geführt werden könnten um etwas zu beschliesen und vorzunehmen was Ihrer übrigen Denckens und Handlens Art, Ihren bekannten Absichten und Wünschen geradezu widerspricht.

Der Landkommissair hat mir gerade ins Gesicht gesagt daß es unmöglich sey, und ich glaube er hätte mir die Existenz dieser Creaturen völlig geläugnet wenn sie ihm nicht bey Lützendorf eine Reihe frisch gesetzter Bäume gleich die Nacht drauf zusammt den Pfälen ausgehoben und umgelegt hätten.

Könnten meine Wünsche erfüllt werden; so würden diese Erbfeinde der Cultur, ohne Jagdgeräusch, in der Stille nach und nach der Tafel aufgeopfert, daß mit der zurückkehrenden Frühlingssonne die Umwohner des Etter(s)bergs wieder mit frohem Gemüth ihre Felder ansehen könnten.

Man beschreibt den Zustand des Landmanns kläglich und er ists gewiß, mit welchen Übeln hat er zu kämpfen – Ich mag nichts hinzusetzen was Sie selbst wissen. Ich habe Sie so manchem entsagen sehn und hoffe Sie werden mit dieser Leidenschafft den Ihrigen ein Neujahrsgeschenck machen, und halte mir für die Beunruhigung des Gemüths, die mir die Colonie seit ihrer Entstehung verursacht, nur den Schädel der gemeinsamen Mutter des verhassten Geschlechtes aus, um ihn in meinem Cabinete mit doppelter Freude aufzustellen.

Möge das Blat was ich eben endige Ihnen zur guten Stunde in die Hand kommen...[144]

Als im Jahre 1792 450 Jenenser Studenten auszogen, um gegen die Entsendung von Husaren und Jägern nach Jena zu protestieren, und im Erfurter Dorf Nohra ein Feldlager bezogen, ließ Dalberg sie wissen, daß sie in Erfurt mit offenen Armen empfangen würden. Dieser Abwerbungsversuch in der Konkurrenz der beiden Universitäten machte natur-

144 Brief v. 26.XII.1784. Br. I/827 Der Psychoanalytiker Eissler K.R. «Goethe – Eine psychoanalytische Studie» (Bd. II S. 1370) schreibt hierzu:
«Der Brief mag als Beweis dafür gelten, welche Meisterschaft Goethe erworben hatte, mit komplizierten menschlichen Situationen umzugehen. Da er auf gesellschaftlicher Ebene die Position eines Hofmanns innehatte, war die Gefahr manchmal groß, die Würde zu verlieren. Das folgende Dokument zeigt aber, daß sein Charakter fest und stolz genug war und sein Verständnis menschlicher Schwächen und Eitelkeiten ausreichte, sozialpolitische Notwendigkeiten mit Freundschaft und Pflicht zu verbinden, ohne sich selbst zu demütigen und ohne Schmeicheleien oder Widerwillen gegenüber dem Herzog zu zeigen».

gemäß böses Blut. Erneut stellte ein diplomatischer Brief Goethes an Dalberg den Frieden wieder her.[145] Die Studenten kehrten nach einigen Zugeständnissen Weimars nach Jena zurück.

Auf Goethes Beziehung zu Dalberg in einem spezifischen Zusammenhang mit Mainz wird noch einmal zurückzukommen sein.[146]

Am 24. Juni 1776 traf ein Mann bei Goethe in Weimar ein, den die Entwicklung seines Verhältnisses zu Goethe in Beziehungen zu Mainz bringen sollte. Es war der Schriftsteller Friedrich Maximilian Klinger, ein Landsmann Goethes, in Frankfurt am 17.2.1752 geboren. Seine Mutter mußte sich mit drei kleinen Kindern kümmerlich durchbringen. Sie half im Elternhaus Goethes als Wäscherin, der Knabe mußte schon früh zur Hand gehen. Ob sich schon in dieser Jugendzeit Beziehungen zu dem zweieinhalb Jahre älteren Goethe ergeben hatten, ist zweifelhaft.[147] Als Klinger längst in Rußland seinen Daueraufenthalt gefunden hatte, sandte ihm Goethe eine Zeichnung des Brunnens im Hof des Elternhauses mit einem Gedicht, das beginnt:

> An diesem Brunnen hast auch du gespielt,
> Im engen Raum die Weite vorgeführt....[148]

Klinger ließ sich in Gießen immatrikulieren, um Jura zu studieren, wo ihn Goethe einführte mit der Empfehlung: *Er hat viel Talent, eine gute Seele, seine häuslichen Umstände sind nicht die besten.*[149] Darüber hinaus unterstützte er ihn finanziell. Im Oktober 1774 schreibt Klinger an Lenz:

> Nun wollte ich auf Akademien gehn, hatte keine hundert Gulden. Ich ward mit Goethe bekannt. Das war die erste frohe Stunde meiner Jugend. Er bot mir seine Hilfe an. Ich sagte nicht alles und ging so, weil ich lieber sterben wollte, als unverdient was annehmen. Die hundert Gulden waren bald all. Der große Goethe drang in mich, machte mir Vorwürfe und nun leb' ich schon ein ganzes Jahr von seiner

---

145 Brief v. 19.VII 1792 WA IV 9,321. Vgl. Vulpius (wie Fußn. 116) S. 222; Rob. (wie Fußn. 116) S. 116.
146 Siehe zu Fußn. 174ff.
147 Ueding, G.: «Friedrich Maximilian Klinger – Ein verbannter Göttersohn» 1981 S. 17 (Zeittafel) datiert den Beginn der Freundschaft auf «ca. 1770», St. I/643 auf «Vor Anfang April 1774».
148 Brief v. 30.I.1826 (Br. III/676). Das Gedicht ist abgedruckt in II/149. – Der Brunnen im Hof des Goethe-Hauses ist erhalten.
149 Zit. nach Voelcker, H.: «Die Stadt Goethes» (1932 – neu 1982) S. 160.

Güte – o Lenz, bin ich Ihnen nicht verächtlich?... Aber Goethe, oh wenn ich seiner wert würde, wenn ichs ihm erstatten könnte, um froh zu sterben![150]

Klinger wurde in den engsten Kreis um Goethe integriert. Er war von Goethe hingerissen:

> ..ein wunderbarer Mensch. Der erste von den Menschen, die ich je gesehen. Der alleinige, mit dem ich sein kann. Der trägt Sachen in seinem Busen. Die Nachkommen werden staunen, daß je so ein Mensch war.[151]

Als Anfang Mai 1775 die Grafen Stolberg und Graf Haugwitz, auf einer Reise in die Schweiz begriffen, bei Goethe vorsprachen[152] und Goethe sich entschloß, mit ihnen zu reisen, war auch Klinger anwesend. Gemeinsam mit den drei Grafen unternahm er eine Fahrt nach Mainz:

> Goethe zum Freunde, zum vertrauten Freunde schon zu haben, mit ihm nun zu reisen, denn er geht mit uns zum wenigsten bis sechzig Stunden hinter Karlsruh, eine neue Freundschaft mit einem jungen Menschen, Klinger, der ein treffliches Herz hat und ein herrlicher Dichter ist und sich in unsre Stuben einlogiert hat, alles das läßt noch manche Freude in mein Herz. Gestern waren wir mit Haugwitz und Klinger in Mainz, Da sahen wir den Main in den Rhein fließen. Wir fuhren auf eine Insel im Rhein; den Rhein und diese Insel kann ich nun nicht beschreiben, es war über alles göttlich.[153]

Auch nach der Rückkehr Goethes aus der Schweiz blieb Klinger mit ihm in engem Kontakt:

> Ich und Ernst (Schleiermacher) haben uns Werthers Uniform machen lassen, haben alles so gleich, daß man einen mit dem andern verwechseln möchte. Auch hat mir den Herbst Goethe gelbe West und Hose gegeben, die er in der Schweiz trug, das mich all kindisch freut.[154]

und

> Den Herbst brachte ich wieder bei meinem besten Goethe zu und seh den Ostern mit Verlangen entgegen.[155]

---

150 Gespr. I/67. Im Sommer dieses Jahres hatte Goethe sein «Fastnachtsspiel vom Pater Brey» (IV/171) und sein «Jahrmarktsfest zu Plundersweilern» (IV/160) Klinger überlassen, der es zur Herbstmesse drucken ließ und den Erlös behalten durfte.
151 Oktober 1774 – Gespr. I/69.
152 Vgl. X/784.
153 Brief Friedrich Leopold v. Stolberg an seine Schwester Katharina v. 12.V.1775 (Biedermann: I/139). Siehe auch zu Fußn. 109, 110.
154 Datum und Empfänger unbekannt (Biedermann I/161).
155 Brief an Boie v. 5.XII.1775 (Biedermann das.).

Aber Goethe kehrte aus Weimar nicht zurück. Klinger brach seine Studien ab und fuhr nach Weimar, wo er sich eine Anstellung erhoffte. Von Juni bis Ende September dauerte der Besuch, der sich zuerst vielversprechend anließ:

> Montag kam ich hier an – lag an Goethes Hals und er umfaßte mich innig mit aller Liebe: Närrischer Junge! Und kriegte Küsse von ihm: Toller Junge! und immer mehr Liebe.[156]
> Montag abend noch umarmte ich Goethe und er mich mit aller Liebe. Hier sah ich und seh ich täglich, daß wirklich über Goethe sich so wenig sagen läßt, als man eigentlich über den Sohn Gottes sagen sollte, wenn man ihn glaubt. Und so will ich auch schweigen... Goethe spricht von bleiben.[157]

Zu dieser Zeit erschien Klingers bekanntestes dramatisches Werk, das er *Wirrwarr* nannte und in dem sich das wilde Kraftgenie mit seiner Hauptgestalt, dem *Wild*, weitgehend identifizierte.[158] Nach dem Vorschlag seines Freundes Kaufmann taufte er es um in *Sturm und Drang*, was zum Namen der gesamten literarischen Bewegung werden sollte. Aber Klinger konnte sich in die Weimarer Gesellschaft nicht einfügen. Insbesondere zerrüttete sich sein Verhältnis zu Goethe. Am 24. Juli 1776 schon schrieb Goethe an Merck:

> Klinger kann nicht mit mir wandeln, er drückt mich, ich habs ihm gesagt, darüber er außer sich war unds nicht verstund und ich's nicht erklären konnte, noch mochte.

und am 16. September an Lavater:

> Klinger wie ein Splitter im Fleisch, er schwürt, und wird sich herausschwüren leider.[159]

Ein Schlaglicht wirft eine spätere Notiz von Falk:

---

156 Gespr. I/104. 10.VI.1776. Goethes Tagebuch weist zum 24.VI.aus: «Nachts Klinger» (ErgBd. S. 19).
157 Gespr. I/104. Fast 50 Jahre später wird Goethe ihn noch an gute gemeinsame Tage dieser Zeit erinnern:
    «Daß mir, indem ich so manche Jahre im Gedächtnis wieder aufnahm, gar wunderbare Gedanken entgegen stiegen, läßt sich wohl denken, wobei mir jedoch am bedeutendsten erscheinen mußte, daß ich noch immer in demselben Ilmentale mich hin- und herbewege, in welchem wir manchen guten Tag zusammen verlebten.» (Br. v. 20.XII.1818 Br. III/314).
158 Hans Jürgen Geerdts: «Klingers Werke» Bd. I/17 – Schon die ersten Worte von «Wild» an «Le Feu» (!) charakterisieren das Werk: «...Tolles Herz! du sollst mirs danken. Ha! tobe und spanne dich dann aus, – labe dich im Wirrwarr!»
159 Br. I/340 und 350.

Eines Morgens (so erzählte mir einst, als von Klinger, seinen Schriften, seinem Aufenthalte in Weimar und seinem Abgange nach Petersburg die Rede war, ein Freund) sei Klinger zu Goethe gekommen, habe ein großes Paket mit Manuskripten aus der Tasche gezogen und ihm daraus vorgelesen. Eine Weile habe ers ausgehalten, dann aber sei er mit dem Ausruf: Was für verfluchtes Zeug ists, was du da wieder einmal geschrieben hast! Das halte der Teufel aus! von seinem Stuhle aufgesprungen und davongelaufen.[160]

Was letztlich den Ausschlag gegen Klingers Bleiben gab, ist nicht erwiesen. Überwiegend wird angenommen, daß Kaufmann durch eine Verleumdung Goethe gegen ihn aufgebracht habe.[161] Klinger verließ Ende September 1776 Weimar.

Dieser Eklat wurde der Anlaß zu Klingers Beziehung zu Mainz. Er schloß sich der Seylerschen Theatergruppe in Leipzig an und ging mit dieser nach Mainz, wo er von 1777 bis 1778 als Theaterdichter, Intendant und Schauspieler tätig war. Im Jahre 1780 wurde er Vorleser des späteren Zaren, Paul I.[162], wurde Oberst, Generalmajor, Direktor des Kadettenkorps und Kurator der deutschen Universität Dorpat. Deutschland hat er nicht mehr betreten.

Aus seinen Werken ist hier sein Roman *Fausts Leben, Thaten und Höllenfahrt* (1791) von Interesse.[163] Die Heimatstadt des Faust ist darin Mainz. Dort hat er mit Hilfe der Magie die *merkwürdige Erfindung der Buchdruckerei* gemacht, (die Ähnlichkeit des Namens mit dem Mainzer Buchdrucker Fust spielt hier herein), worüber man in der Hölle ein Freudenfest feiert. Sieht doch Satan in den Büchern *die Fortpflanzer des Wahnsinns, der Irrthümer, der Lügen und Gräuel, die Quelle des Stolzes und die Mutter peinlicher Zweifel.* Er beauftragt Leviathan, Fausts Seele zu gewinnen. Mit dessen Hilfe verführt Faust in Frankfurt, wo er dem erlauchten Rat seine neugedruckte Bibel verkauft, die Bürgermeisterin und dann in Mainz die Nonne Klara, deren Zelle ihm sogar die Äbtissin öffnet. Ein Religionsstreit vertreibt ihn aus Mainz und es

---

160 Gespr. II/823. Undatiert. Letzte Lebensjahre.

161 Das Gerücht, man habe sich im Schießen geübt, dabei Porträts verwendet und Klinger habe nach Goethes Porträt geschossen, ist nicht ernst zu nehmen (Vgl. Leitzmann, A.: Goethe-Jahrb.1944 S. 181ff.).

162 Goethes Schwager Schlosser hatte ihm eine Verbindung zu dem Hof von Mömpelgard (heute Montbéliard) zu dem Bruder des Herzogs Karl-Eugen von Württemberg vermittelt. Zar Paul I. war mit der württembergischen Prinzessin Sophie Dorothea verheiratet. So kam Klingers Berufung nach Rußland zustande.

163 Zwei weitere Fassungen 1794 und 1799. Klinger war der erste, der die Faust-Sage in Romanform bearbeitete. – Vgl. Kaiser, H: «Zur Struktur von Klingers Faust». Jahrb. d. Fr. Dt. Hochstifts 1970/S. 59ff.

beginnt seine mit wilden Exzessen gespickte Reise, die ihn zum Ende – vor seiner Höllenfahrt – wieder nach Mainz führt. Dort findet er «sein Werk», die Ergebnisse seines dortigen Tuns: Sein Weib und seine zwei jüngsten Kinder, die er verlassen, in Lumpen und bettelnd vor dem Franziskanerkloster, seinen Ältesten (in Worms) am Galgen, die verführte Nonne Klara tot: verurteilt nach der Niederkunft im Kerker den Hungertod zu sterben, hatte sie in ihrer Verzweiflung sich die letzte Zeit vor dem Tod an Fleisch und Blut ihres – seines – Kindes gesättigt. – Klingers Mainzer Zeit hat vielfach die Folie zu diesem Werk geliefert. Mit guten Gründen hat Petzsch[164] die Auffassung vertreten, daß Klingers Faustroman für Goethe den Anstoß zur Wiederaufnahme des Fauststoffes gegeben habe und daß Goethes *Zueignung* zum Faust I (*Ihr naht euch wieder schwankende Gestalten*) eine geheime, persönliche Zueignung an Klinger sei.[165]

In den folgenden Jahren lebte die alte Beziehung zwischen Goethe und Klinger wieder auf.[166] Goethe schickte ihm im Jahre 1811 das erste Buch von *Dichtung und Wahrheit*:

> Hier haben Sie unser altes Frankfurt, in welchem Sie sich gewiß wieder erkennen werden, und mit Lust. Das ist der erste Teil, und im dritten erlauben Sie mir, daß ich Sie auch vorführe. Das räuchrige Zimmerchen neben der Klingeltüre war ein gutes Nest, wo manches brütete. Ich freue mich darauf, daß es Ihnen Spaß machen wird, wie ich mich aller der Eigentümlichkeiten erinnere, aus denen so viel ausgegangen ist. Ihr immer noch wunderliches Siegel bürgt mir dafür. Möchten Sie dem beiliegenden Blättchen eine recht freundliche Aufnahme gönnen![167]

Die *Vorführung* Klingers, sehr sorgfältig eingehend auf sein Äußeres, sein Wesen, seine Produktionen und die Freundschaft, erfolgte dann

---

164 Privatdruck 1963; ergänzend Goethe-Jahrb. 1966 S. 318: «Wenn es noch lebt, irrt in der Welt zerstreut».

165 Für die Vermutung, daß sich ein Einfluß aus Klingers historischem Roman «Geschichte Giafars des Barmeciden» auf die Barmekiden-Verse im West-Östlichen Divan ergebe, ist kein Beleg zu finden. – An dieses Werk schließt sich eine Goethe-Anekdote an, die er selbst – stets Freund von Mystifikationen – aus Karlsbad Schiller berichtet:
...sagte mir ein allerliebstes Weibchen: sie habe meine letzten Schriften mit dem größten Vergnügen gelesen, besonders habe sie «Giaffar der Barmecide» über alle Maßen interessiert. Sie können dencken daß ich mit der größten Bescheidenheit mich in Freund Klingers hinterlaßne arabische Garderobe einhüllte und so meiner Gönnerinn in dem vortheilhaftesten Licht erschien... (Br. v. 8.7.1795 WA IV 10,276).

166 Das Bestandsverzeichnis des Goethe- und Schiller-Archivs weist von 1801 bis 1826 17 Briefe Klingers an Goethe aus (S. 106).

167 Brief v. 8.XII.1811 Br. II/646.

allerdings erst im vierten Teil (14. Buch) von *Dichtung und Wahrheit*. [168]
Die Brieffreundschaft dauerte ungetrübt bis zu Klingers Tod im Jahre 1831.

Eine ähnliche indirekte Verbindung zwischen Goethe und Mainz mag noch erwähnt werden. Auch Kotzebue ging (1788 mit 27 Jahren) als Dramaturg nach Mainz, was jedoch für Goethe nur eine geringe Rolle gespielt hat. Kotzebue war niemals Goethes Freund, später sogar sein intriganter Gegner (was Goethe aber nicht hinderte, 84 Theaterstücke des erfolgreichen Vielschreibers in Weimar aufzuführen).

168   X/659 bis 662, wofür Goethe, um sich in die alten Zeiten zu versetzen, auch Klingers Werke neu studierte. (Tag- und Jahreshefte 1813 – XI/863). Klinger war auch unter den Personen, die Goethe zur Stützung seines Gedächtnisses um Schilderung der damaligen Vorgänge zur Verwendung in Dichtung und Wahrheit bat. Vgl. zu Fußn. 100.

VI. Als Politiker und in Italien (Coadjutorwahl) – Johannes v. Müller

Im Jahre 1779 ergab sich eine neue Verbindung mit Mainz.

Goethe war in den Geheimen Conseil berufen und als politischer Berater des Herzogs tätig geworden. Der Tod des Kurfürsten Max Joseph von Bayern schien dem Kaiser Joseph II. die beste Gelegenheit, den Verlust Schlesiens wettzumachen. Kurfürst Karl Theodor war nicht abgeneigt, Bayern gegen den für Österreich fernen Außenposten der niederländischen Besitzungen einzutauschen. Dieser Tausch, der einen erheblichen Machtzuwachs für den Kaiser bedeutet hätte, rief Friedrich II. auf den Plan, der versuchte, die kleinen deutschen Staaten gegen den Kaiser einzuspannen. Diese, und nicht zuletzt Weimar, mußten befürchten, zwischen den beiden Großmächten zerrieben zu werden. Goethe, der anfangs des Jahres 1779 auch die Leitung der Kriegskommission übernommen hatte, gibt die prekäre Lage in seinem Tagebuch lapidar wieder:

> Zwischen zwey übeln im wehrlosen zustand. Wir haben noch einige Steine zu ziehen, dann sind wir matt.[169]

Preußen verlangte, Rekruten auf weimarischem Gebiet ausheben zu dürfen. Ein Zugeständnis hätte unabsehbare Reaktionen Österreichs zur Folge haben können. Am 9. Februar fanden unter Vorsitz des Herzogs[170] eine Sitzung des Geheimen Conseils statt. Im Zusammenhang mit dieser Sitzung erstellte Goethe ein ausführliches Votum: in Form eines Briefes an den Herzog:

> Zuerst wird man an Hanover, Maynz, Gotha, die übrigen Sächsischen Höfe schreiben, und ihnen vorlegen, dass es Ew. Durchl. bey gegenwärtigen Umständen, Pflicht, Gesinnung und Wunsch sey, Ihre Lande und Untherthanen vor den Beschweerden des benachbaarten Kriegs auf das möglichste zu schüzzen, und an denen öffentlichen Angelegenheiten keinen Theil als gesammt mit den übrigen Ständen des Reichs zu nehmen. Sie seyen es gewiss dass an iedem Hofe eben solche Gesinnungen herschten, und um desto mehr sey es zu bedauern, dass ohnerachtet dieser innerlichen Übereinstimmung man sich bisher nach einem gemeinschafftli-

---

169 Tagebuch v. 14.–25. Januar ErgBd. S. 72.
170 Karl August, zwar von der Seite seiner Mutter Großneffe Friedrichs II., worauf man von preußischer Seite Bezug zu nehmen natürlich nicht versäumte, war zu dieser Zeit durchaus nicht preußenfreundlich gesinnt. Erst 1785 wird er Weimar dem Fürstenbund Friedrichs II. zuführen und 1788 nach dem Thronwechsel in Preußen preußischer Generalmajor und Chef des Kürassierregiments in Aschersleben werden.

chen Plan zu handeln noch nicht habe verstehen können. Durchl. seyen iezzo durch einen Vorgang bewogen mehr als iemals ein näheres Band mit den übrigen Fürsten zu wünschen und eine neue Überlegung der so nothwendigen Vereinigung unter sich zu veranlassen, da man preusischer Seits die Werbung in Ihren Landen neuerdings verlangt habe. So wenig Sie im Falle seyen diese Fordrung wenn sie durchgesezzt werden wollte mit Nachdruck abzuweisen, so sehr wünschten Sie durch eine Verbindung mit wohlgesinnten Mitständen, deren Länder diesen, oder ähnlichen Unannehmlichkeiten ausgesezt seyen, solchen Zumutungen sich standhafft widersezzen zu können....[171]

Es mag dahinstehen, ob der Gedanke, durch einen Fürstenbund der kleinen Staaten eine dritte Kraft zu bilden, ursprünglich von Goethe ins Spiel gebracht worden war. Fest steht jedenfalls, daß dies der wichtigste Richtpunkt seiner außenpolitischen Auffassung war und es auch blieb, als eine Änderung der politischen Situation in Europa Weimar einer Antwort auf das preußische Verlangen enthob: hatte er doch bereits in dem Votum seine Auffassung für alle Fälle niedergelegt, in denen die kleinen Länder *diesen oder ähnlichen Unannehmlichkeiten ausgesetzt seien.* Kurmainz war von da ab eine wichtige Figur in seinem Spiel. Erst als sich Karl August in den nächsten Jahren immer mehr Preußen näherte (was Goethe als verhängnisvoll ansah und was sich für Weimar in der napoleonischen Zeit als höchst verhängnisvoll erweisen sollte), mußte er einsehen, daß er sich mit seiner Politik nicht durchsetzen konnte. Diese schmerzvolle Erkenntnis spielte unter den verschiedenen Gründen für seine Italienreise 1786/8 eine mitentscheidende Rolle.

Für das Jahr 1782 bliebe noch anzumerken, daß ein Gespräch über Mainzer Verhältnisse dokumentiert ist: Am 8. April war Goethe von Barchfeld nach der Probstei Zella in erfurtisch-mainzer Gebiet geritten und hatte sich dort bei dem Probst melden lassen *um einmal fremde Menschen zu sehen und von fremden Verhältnissen reden zu hören.* Es war dies ein Herr v. Warnsdorf,

> jung, erst ein Jahr an diesem Platz.. gefällig, offen, unbefangen und unverfänglich ...Einen katholischen National- und Familienschnitt.. Unsere Diskurse führten uns nach Fulda, Würzburg, Bamberg, M a i n z. Die Verfassung dieser Provinzen bildet ganz andere Menschen als die unsrige..[172]

---

171 WA IV 4,6, datiert «Ende Januar». Stimmt diese Datierung, so hat es Goethe zur Vorbereitung der Sitzung erstellt. Tümmler, (wie Fußn. 130) S. 51 glaubt, daß es erst im Anschluß an die Sitzung geschrieben wurde und folgert, daß «dieses Schriftstück eher eine freilich äußerst klare Zusammenfassung jener Conseil-Beratungen... als ein völlig originales Produkt Goethescher Staatsweisheit war».
172 An Frau v. Stein v. 9.IV.1782. Br. I/654.

Das Jahr 1786 brachte einen wichtigen Einschnitt in Goethes Leben: Seine erste (die große) Italienreise. Sie war eine Flucht.[173] Goethe floh nicht nur aus dem Verhältnis zu Frau von Stein, das steril zu werden drohte. Er floh aus dem Übermaß von Amtsgeschäften, das seine Schaffenskraft als Dichter lähmte. Er floh nicht zuletzt aus der Politik, mit der er durch die Hinwendung des Herzogs zu Preußen Schiffbruch erlitten hatte. Er floh ins Private. Aber am Ende der Reise holte ihn die Politik in Italien ein, dies im engen Zusammenhang mit den zwischenzeitlichen Geschehnissen in Mainz.

Dort stand die Wahl des Coadjutors und damit des designierten Nachfolgers des Kurfürsten an. Wer den Stuhl des Erzbischofs von Mainz und Erzkanzlers des Reiches besetzen würde, war für beide Großmächte von großer Wichtigkeit. Es ging nicht nur um die Mainzer Stimme im Reichstag und bei der Kaiserwahl, es ging besonders um die Ratifizierung oder Ablehnung des Fürstenbundvertrages. Erthals Wunschkandidat war der schwächliche Domherr v. Dienheim, Österreich sandte den Grafen Trautmannsdorff als *Minenhund*, um den Domdechanten v. Fechenbach zu propagieren, Preußen agierte durch seinen Sondergesandten Freiherrn Johann Friedrich vom Stein (den älteren Bruder des Reformministers) und besonders durch den Herzog Karl August für Dalberg.[174]

Seiner Wahl standen jedoch große Schwierigkeiten entgegen. Es galt zunächst Erthal umzustimmen, dessen Verhältnis zu seinem Erfurter Statthalter zerrüttet war. Es gelang Karl August, Erthals Nichte (und wahrscheinlich mehr als das) Frau von Coudenhoven,[175] als Einzige, die auf ihn Einfluß hatte, für Dalberg zu gewinnen, und diese rang Erthal die Zustimmung zur Wahl Dalbergs ab.

Es bedurfte jedoch noch des doppelten Einverständnisses der Kurie: der Papst mußte grundsätzlich der Coadjutorwahl zustimmen, daneben benötigte der Kandidat den päpstlichen Konsens zu seiner Person (das *Breve eligibilitabilis*). Nun war aber das Verhältnis von Rom zu Kur-Mainz wie zu Dalberg persönlich stark getrübt.[176] Zwar wurde Dalberg

173 «Den 3. September 1786. – Früh drei Uhr schlich ich mich aus Karlsbad, weil man mich sonst nicht fortgelassen hätte», so beginnt die «Italienische Reise» (XI/9).
174 Es ist nicht möglich, aber auch nicht notwendig, die unübersehbaren Intrigen und das «Treibhausklima» in Mainz zu schildern. Vgl. die 40 Seiten hierüber bei Rob (Wie Fußn. 116) S. 168–208.
175 Des Näheren zu ihr: Siehe zu Fußn. 220 und bes. 249ff.
176 Grund war der sog. Nuntiaturstreit. Seit Jahrzehnten hatte sich Kur-Mainz wie auch besonders Dalberg gegen die Übergriffe der päpstlichen Nuntien zur Wehr gesetzt. Der Widerstand gipfelte in den *Emser Punktationen*. Die Kurie sah die Gefahr einer romfreien katholischen Nationalkirche in Deutschland.

vom Domkapitel am 1. April 1787 gewählt, es galt jedoch die päpstliche Zustimmung nachzubringen. Von Mainz wurde der Historiker Johannes v. Müller – damals hier Bibliothekar –[177] mit diesem Auftrag nach Rom geschickt. Der Herzog Karl August veranlaßte, daß mit gleicher Mission Preußen den Marquis Lucchesini entsandte.

Verständlich, daß in Wien die Aktivitäten des Herzogs Karl August und die Intervention in Rom mit Argusaugen verfolgt wurden. Verständlich, daß am Ballhausplatz niemand daran glaubte, der Weimarische Minister Goethe halte sich zur gleichen Zeit – noch dazu unter fremdem Namen –[178] rein privat in Rom auf.

So erhielt der österreichische Gesandte am Vatikan, der Kardinal Graf zu Herzan und Harrach, den Auftrag, diesen verdächtigen Herrn Goethe im Auge zu behalten, zu überwachen, ja zu bespitzeln. Graf Herzan bediente sich hierzu in erster Linie seines deutschen Sekretärs und berichtete:

> Rom, 3.März 1787
> Herr Goethe hat sich zwei Monate hier aufgehalten. Er trachtete, unbekannt zu bleiben, und änderte deswegen seinen Namen in jenen Müller, unter welcher Aufschrift auch seine Briefe an ihn gekommen. Er soll wenige Gesellschaften besuchet haben; einige Male war er bei dem jungen Fürsten von Liechtenstein, und mein deutscher Sekretär, welcher in einem Gasthofe mit ihm bekannt geworden, sagte mir, daß er vermute, seine Absicht sei, eine Reisebeschreibung zu machen, und daß er ihm einige Stücke aus seinem Tagebuche vorgelesen, wo er über die Inquisition, die gegenwärtige Regierung und das große Elend Roms sehr scharfe und bissige Anmerkungen macht. Er wohnte hier bei dem deutschen Maler Tischbein, und mit ebendiesem ist er nach Neapel gereiset. Ich habe meinen Sekretär, auf dessen Rechtschaffenheit ich mich verlassen kann, aufgetragen, daß er bei seiner Zurückkunft, die wahrscheinlich bald erfolgen dürfte, sich mit jenen in einen näheren Umgang setzen soll, um hiedurch imstande zu sein, mit Sicherheit ein wachsames Auge auf seine Aufführung und allfällig geheime Absichten tragen zu können.

Goethes Post, die ausgehende wie die eingehende, wurde überwacht. Ja man schreckte sogar vor dem Diebstahl eines Briefes seiner Mutter nicht zurück,[179] und Graf Herzan berichtete weiter:

> Was ich inzwischen von dem Herrn Goethe in Erfahrung gebracht, ist, daß die Briefe, die er an seinen Fürsten geschrieben, unter seiner eigenen Aufschrift waren, nämlich: *An Herrn Goethe, Geheimer Rat des Herrn Herzogs von Sachsen-*

---

177 Auf ihn ist zurückzukommen: Siehe zu Fußn. 184–203.
178 Goethe hielt in Rom sein Incognito lange aufrecht. Die Überwacher hatten eruiert, daß er in der Wohnliste der Pfarrei S. Maria del Popolo eingetragen war als «Filippo Miller, tedesco, pittore, Casa Moscatelli, Strada del Corso Nr. 5».
179 Der Brief wird noch heute im Wiener Archiv verwahrt (Tümmler – wie Fußn. 130 – S. 85).

Weimar. Er hatte auch einen starken Briefwechsel mit verschiedenen Gelehrten und seiner Mutter in Frankfurt, von welch letzterer mein deutscher Sekretarius einen Brief in seine Hände bekommen und ich hier beilege. Die Ursache, die er angegeben, warum er niemand wolle vorgestellet noch in eine Gesellschaft eingeführet werden, wäre, weil er keine Garderobe mit sich führe, noch sich eine anschaffen wolle; dann, weil er beschlossen, sich ein Studium aus dem zu machen, was Rom einem Gelehrten, der zugleich so sehr Kunstliebhaber ist, darbietet... Sein Umgang hier war fast einzig mit deutschen Künstlern, in deren Gesellschaft er die hiesigen Galerien, Antiquitäten und übrigen Merkwürdigkeiten wiederholt und jedesmal mit großer Aufmerksamkeit besah. Er machte die Bekanntschaft des schon seit einer geraumen Zeit hier anwesenden Berliner Professors Moritz, in dessen Gesellschaft er die umliegenden Örter besuchte. Der Maler Tischbein hatte ihn bei seinem großen Freund und Gönner, dem Herrn Russischen Rat Reiffenstein, eingeführt, bei dem er öfters speiste und sehr vertraulich war. Und der Antiquarius Hirt, welcher öfters im Hause des jungen Herrn Fürsten Lichtenstein ist, hatte ihn überredet, sich bei diesem, jedoch mit ausdrücklicher Verbietung aller Etikette, vorstellen zu lassen, wo er dann nachher auch öfters hinkam, zu Mittag speiste und vom gedachten Herrn Fürsten in die hiesige Arkadische Versammlung eingeführt und als Mitglied unter dem Namen Megallio akklamiert wurde, von welcher Zeit an er sich auch Herr Goethe oder Geheimrat Goethe nennen ließ. Er verfertigte mit eigener Hand mehrere Zeichnungen, arbeitete an einer neuen Ausgabe seiner Werke in acht Bänden und vollendete sein angefangenes Trauerspiel «Iphigenia», welches Herr Abbate Tacchi, Ajo des jungen Herrn Fürsten von Lichtenstein, nun in das Italienische übersetzt, um es auf einem der hiesigen Theater vorstellen zu lassen. Er wird mit Ende dieses Monats oder Anfang des künftigen von Neapel zurückerwartet und sich dann über das Petersfest hier aufhalten, in welcher Zwischenzeit er sehr wünschet, eine Gesellschaft zu finden, mit der er eine zweite Reise nach Neapel und von da nach Sizilien machen könnte. Dann wollte er mit Anfang des Julius seine Rückreise nach dem Vaterland entweder durch die Schweiz und sodann nach Frankfurt und Mainz, um seine Mutter und Freunde zu sehen, oder aber, wozu er mehr Lust zu haben scheint über Wien antreten.

Man interessierte sich ersichtlich für jedes Detail. Vom gleichen Tage datiert noch ein weiterer Bericht:

Rom, 24. März 1787
Die Personen, welche in das von dem preußischen Hof in Absicht habende Wahlgeschäft zu Mainz einen Einfluß haben dürften, sind: der preußische Resident, Abbate Ciafani, der mainzische Advokat Farnia, der bei dem spanischen Botschafter Grafen Mahoni in Dienst gestandene Abbate Sgrilli...., der Herr Goethe und vielleicht der Herr Marchese Antici...

Selbst als die Bemühungen von Lucchesini Erfolg gehabt hatten,[180] das päpstliche Breve in Mainz eingegangen war und Dalberg am 5. Juni 1787 endgültig gewählt werden konnte, wurde die Beobachtung Goethes nicht

---

180 Der Kompromiß gelang letztenendes, nachdem Erthal als Vorleistung auf die Durchführung der Emser Beschlüsse verzichtet hatte.

beendet. Noch die Tatsache, daß er aus Rom abreise, wurde nach Wien berichtet:

Rom, 16.April 1788
Herr Goethe wird künftigen Sonnabend seine Rückreise von hier nach Weimar antreten.[181]

In der Tat verließ Goethe zwar nicht am genannten Tage, aber kurz darauf, am 24. April 1788, Rom. Er war an dem politischen Spiel völlig unbeteiligt geblieben und hatte nur durch sporadische Mitteilungen des Herzogs von den Geschehnissen in Mainz erfahren. Aus Neapel hatte er ihm wenige Tage vor Dalbergs endgültiger Wahl geschrieben:

Ihre lieben und werten drei Briefe habe ich vor einigen Tagen auf einmal von Rom erhalten, wie die drei ersten zu ihrer Zeit auch alle richtig eingelaufen waren. Nun verlangt mich um so mehr nach Rom, um von Lucchesini die Begebenheiten zu erfahren, an denen Sie soviel Teil haben. Möge alles auch zu Ihrem Glück und Freude ausschlagen.[182]

Aber dann erfuhr er, daß Lucchesini nach Neapel kommen würde und verschob seine Rückreise nach Rom, um sich von ihm informieren zu lassen:

Die Ankunft des Marquis Lucchesini hat meine Abreise auf einige Tage weiter geschoben, ich habe viel Freude gehabt ihn kennen zu lernen. Er scheint mir einer von denen Menschen zu sein die einen guten moralischen Magen haben, um an dem großen Welttische immer mitgenießen zu können. Anstatt daß unser einer, wie ein wiederkäuendes Tier ist, das sich zu Zeiten überfüllt und dann nichts wieder zu sich nehmen kann, bis es seine wiederholte Kauung und Verdauung geendigt hat.[183]

Schon vor seiner ersten Italienreise hatte Goethe einen Mann kennengelernt, der in Mainz noch eine bedeutende Rolle spielen sollte.[184] Es war der schweizer Historiker Johannes von Müller, Edler zu Sylvelden, der, 1786 Bibliothekar und kurfürstlicher Staatsrat in Mainz, theoretisch und aktiv mit der Politik Erthals verbunden sein wird.

Johannes v. Müller war schon 1772 – mit 20 Jahren – in seiner Vaterstadt Schaffhausen Professor für Griechisch am dortigen Collegium humanitatis geworden. 1780 erschien seine *Geschichte der Schweiz*. Von

---

181 Die hier zitierten Berichte des Grafen zu Herzan und Harrach sind abgedruckt bei Bode I S. 330, 332, 334, 350.
182 Brief v. 27.–29. Mai 1787 (Br. II/76).
183 Brief an Frau v. Stein Neapel, 1. Juni (Br. II/81), gleichlautend «Italienischen Reise» (XI/374).
184 Just und Mathy: «Die Universität Mainz» 1965 S. 32.

1781 bis 1783 wirkte er als Professor in Kassel. Von dort besuchte er Goethe in Weimar zum ersten Mal im März 1782. Er war von ihm beeindruckt. («Goethe hat mich durch seinen Verstand und viele Spuren einer großen Seele gewonnen», schreibt er am 25. März an Gleim).

In seiner Kasseler Zeit veröffentlichte er sein zweites bedeutendes Werk *Reisen der Päpste*, worin er deren Eingreifen durch persönliches Auftreten außerhalb von Rom als segensreich darstellte. Die – von protestantischer Seite angefochtene – anonym erschienene Schrift sandte er Goethe zu und dieser bedankte sich in einem diplomatischen Brief vom 26.07.1782:

> Noch habe ich Ihnen nicht für die Schrift gedankt, worin Sie Sich des dreifach gekrönten Obermönchs annehmen, dessen Vorfahren, ohne es sonderlich zu verdienen, von der Welt angebetet wurden, und der nun, ohne es verschuldet zu haben, seinen eigenen Kindern zum Gespötte wird. So wenig wir uns dem Strome der Zeit entgegenstellen können, so ist es doch immer um der einzelnen willen gut, wenn eine Stimme dem Beifall widerspricht, den das Menschengeschlecht oft Handlungen und Begebenheiten zujauchzt, die sie ins Verderben führen.[185]

Müller hatte schon vorher Goethes Meinung im Klartext erfahren. Caroline Herder, nicht selten als Zwischenträgerin tätig, hatte ihm im Mai 1782 geschrieben:

> Wir haben die Reisen der Päpste mit Ihrem Brief, zugleich aber ohne Brief erhalten. Es ist ein köstlich geschriebenes Büchlein; mein Mann hats dem Haubold Einsiedel und mir vorgelesen, und wir haben Augen und Ohren aufgetan. Mein Mann sagt, es sei herrlich aus der Geschichte genommen, ganz wahr und so sonderbar für den Papst – Goethe kam dazu, dem will das Büchlein nicht gefallen – sein Urteil zu sagen, ist hier zu weitläufig.[186]

Die *für sein Leben so wichtige*[187] Berufung nach Mainz war für Müller hochwillkommen:

> ...Beinahe in der Welt ist kein Ort, welcher mir wie Mainz gefiele; er ist in Deutschland, bei der Nation, deren Sprache ich schreibe; er ist nicht in Morast und Sand, sondern unter einem freundlichen Himmel; er ist nicht unter militärischem Zwang, sondern er hat eine Verfassung, für die ich eine gewisse Liebe schon gezeigt habe...[188]

185 Br. I/678.
186 Biedermann I/318.
187 XIV/230.
188 Zitiert nach Just-Mathy (wie Fußn. 184) S. 37, die allerdings fortfahren: «Nachher las man es allerdings auch bei Müller anders, als es mit dem geplanten Bibliotheks-neubau nicht voran ging, und die von ihm verfochtene Idee des europäischen Gleichgewichts durch den Ansturm der französischen Revolutionsheere an den Rhein zu zerbrechen drohte.» – Zu v. Müllers Rolle im Coadjutorstreit s. zu Fußn. 177.)

Zu einer zweiten kurzen Begegnung mit Goethe kam es am 12. Oktober 1788, als Müller auf der Heimreise von Potsdam einen halben Tag in Weimar Station machte:

> Hier überraschte ich die Herderin mitten im Essen...es wurde... viel gesprochen; bis der kleine Gottfried – an den Hof ging Goethe zu holen, und dann mich bei die gotische Kirche in des Herzogs Garten brachte, da denn der Mann erschien, und wir eintraten in alle Politik des heiligen Reichs, bis plötzlich geklatscht wurde, und die Postpferde trabten...[189]

Im Jahre 1792 verließ Johannes v. Müller Mainz und ging als kaiserlicher Hofrat nach Wien, wo er jedoch als Protestant und wegen seines literarischen Eintretens für die «Freiheiten und Rechte» seiner Schweizer Landsleute zunehmend Schwierigkeiten bekam.

Am 20. September 1797 traf Goethe auf seiner dritten Schweizer Reise in Zürich Müller zufällig an der Abendtafel des Gasthofs zum Schwert. Auf diese «frohe Zusammenkunft» nahm er in seinem Brief vom 4. September 1803 Bezug, mit dem er Müller als Rezensent für die neu gegründete «Jenaer Allgemeine Literatur-Zeitung» (das ursprüngliche Blatt war nach Halle abgewandert) zu gewinnen suchte.[190]

Von Wien im Jahre 1804 mit einem diplomatischen Auftrag zu Karl August gesandt, verstand es Müller, seine Beziehungen zu diesem aus der Zeit der Mainzer Coadjutorwahl ausnutzend, seine Berufung nach Berlin als Historiograph zu erreichen.[191] Den Aufenthalt in Weimar benutzte er zu Besuchen bei Goethe[192] Dieser schreibt, Müller habe *manches Interessante gebracht* und bezeichnete ihn (mit Frau von Staël) als *zwei der interessantesten Personen unserer Zeit.*[193]

Frau von Staël und Benjamin Constant waren anwesend,

> späterhin langte noch Johannes von Müller an und es konnte an höchst bedeutender Unterhaltung nicht fehlen, da auch der Herzog, mein gnädigster Herr, an solchen engen Abendkreisen teil zu nehmen geneigt war. Freilich waren alsdann die wichtigen Ereignisse und Verhängnisse des Augenblicks unaufhaltsam an der Tagesordnung, und um hiervon zu zerstreuen, kam die von mir angelegte, gerade damals leidenschaftlich vermehrte Medaillensammlung aus der zweiten Hälfte des

---

189 Brief an seinen Bruder. Biedermann I/450.
190 WA IV 16,291, – Müller sagte in dem (erst neuerdings aufgefundenen) Brief vom 21.IX.1803 «con amore» zu. (Pape, M. Jahrb. d. Fr. Dt. Hochstifte 1986 S. 170ff.). Es erschienen zahlreiche Rezensionen Müller, gezeichnet «Ths» (=Thukydides).
191 Tümmler (wie Fußn. 130): S. 145.
192 Bezeugt für 24.I. und 12.II.: Erg. Bd. Tgb. S. 259.
193 Brief an Karoline v.Humboldt v. 25.I.1804 Br.II/455; Brief an W. v. Wolzogen v. 4.II. 1804 Br. II/458.

fünfzehnten Jahrhunderts glücklich zu Hülfe, indem die Gesellschaft sich dadurch veranlaßt sah, aus dem Bedenklich-Politischen, aus dem Allgemein-Philosophischen in das Besondere, Historisch-Menschliche hinüberzugehen. Hier war nun Johannes Müller an seiner Stelle, indem er die Geschichte eines jeden, mehr oder weniger bedeutenden vor unsern Augen in Erz abgebildeten Mannes vollkommen gegenwärtig hatte und dabei gar manches Biographisch-Erheiternde zur Sprache brachte.[194]

Im Jahre 1806 erschien Müllers Autobiographie.[195] Goethe veröffentlichte hierzu eine Rezension, in der er neben manchem Lob kritisch blieb:

> Es gibt zweierlei Arten die Geschichte zu schreiben, eine für die Wissenden, die andere für die Nichtwissenden. Bei der ersten setzt man voraus, daß dem Leser das Einzelne bis zum Überdruß bekannt sei. Man denkt nur darauf, ihn auf eine geistreiche Weise, durch Zusammenstellung und Andeutungen an das zu erinnern, was er weiß, und ihm für das zerstreut Bekannte eine große Einheit der Ansicht zu überliefern oder einzuprägen. Die andere Art ist die, wo wir, selbst bei der Absicht eine große Einheit darzustellen, auch das Einzelne unnachläßlich zu überliefern verpflichtet sind.
>
> Sollten zu unserer Zeit Männer, die über vierzig oder funfzig Jahre im Leben stehen und wirken, ihre Biographie schreiben, so würden wir ihnen raten, die letzte Art ins Auge zu fassen. Denn außerdem daß man sich gerade um das Nächstvorhergehende am wenigsten bekümmert, so ist unsere Zeit so reich an Taten, so entschieden an besonderem Streben, daß die Jugend und das mittlere Alter, für die man denn doch eigentlich schreibt, kaum einen Begriff hat von dem, was vor dreißig oder vierzig Jahren eigentlich da gewesen ist. Alles was sich also in eines Menschen Leben dorther schreibt oder dorthin bezieht, muß aufs neue gegeben werden.
>
> Wir leugnen gar nicht, daß wir in diesem Sinne selbst unseres trefflichen Müllers Biographie gewissermaßen tadelhaft finden, und bekennen es um so freier und so lieber, als es noch Zeit ist, und wir ihn ersuchen können, dasjenige, was er hier teils in einer Skizze, teils in gehaltvollen Resultaten, in wenigen Bogen aufgestellt hat, künftig mehr ausgeführt, in einem tüchtigen Alphabete, wo nicht für uns, doch für die Nachkommen niederzulegen..[196]

Schon wenige Monate später trat sein Urteil offen zutage, als er mit dem Historiker Heinrich Luden ein berühmt gewordenes Gespräch über Geschichte und Geschichtsschreibung führte.[197] Dieser bekannte, daß Johannes v. Müller großen Einfluß auf ihn gehabt habe. Goethe rät ihm:

194 XII/630.
195 In «Bildnisse jetzt lebender Berliner Gelehrten», herausgegeben von dem Zeichner und Kupferstecher S. M. Lowe in Berlin.
196 In «Jenaische Allg.Literaturzeitung» v. 26.II.1806 (XIV/228–231).
197 Gespr. I/402 – Luden war gerade mit 26 Jahren auf den Lehrstuhl für Geschichte nach Jena berufen worden.

... Forschen Sie mit Anstrengung aller Kräfte in den Jahrbüchern der Völker; teilen Sie ehrlich und redlich mit, ohne alle Nebenabsicht, was Sie durch Ihre Forschung als wahr erkannt zu haben glauben, in Wort und Schrift; in Ihrer Darstellung aber machen Sie sich frei von jedem Vorbilde, und geben Sie namentlich jede Hämmerung und Verrenkung auf, die an Johannes Müller, der selbst nur ein Nachahmer von Tacitus ist, erinnern könnte.

Goethes kritische Einstellung hinderte nicht die Fortführung persönlich freundschaftlicher Beziehungen. Müller übersandte seine Arbeiten. Goethe schreibt ihm am 1. Januar 1807:

Sie haben mir, verehrter Mann, im vergangenen Jahre soviel Gutes erzeigt, durch Ihre Schweizergeschichte, Ihren Cid, durch Anzeigen und Urteile... Nun soll ein heitrer Neujahrsmorgen Ihnen die ausdrückliche Versicherung meiner fortdauernden Anhänglichkeit, meines unzerstörlichen Anteils an allem was Sie leisten, mit den lebhaftesten Wünschen hinüber senden.[198]

Im gleichen Jahr, für das ein drittes Weimarer Treffen bezeugt ist, erwies Goethe Müller einen besonderen Freundschaftsdienst:

Gedenken muß ich auch noch einer ebenfalls aus freundschaftlichem Sinne unternommenen Arbeit. Johannes von Müller hatte mit Anfang des Jahres zum Andenken König Friedrichs des Zweiten eine akademische Rede geschrieben, und wurde deshalb heftig angefochten... Ich dachte ihm etwas Gefälliges zu erzeigen. Ein freundlicher Widerhall durch eine harmlose Übersetzung schien mir das Geeignetste; sie trat im Morgenblatt hervor, und er wußte mirs Dank.[199]

Im Jahre 1808 wurde Müller, (wie auch Goethe) zu Napoleon gerufen. Er war durch sein *Genie und seine unbefangene Güte völlig gefangen.*[200] Aus dem ehemaligen Gegner wurde ein Verehrer. Auf Napoleons Betreiben wurde er Generaldirektor des öffentlichen Unterrichtswesens im Dienste König Jérômes in Westfalen. Zwei Jahre später verlangte er seine Entlassung und starb kurz danach in seelischer und finanzieller Not.[201]

198 Br. II/487. «Schweizergeschichte»: An seinen «Geschichten schweizerischer Eidgenossenschaften» in 5 Bänden arbeitete Müller fast 40 Jahre mit Unterbrechungen. Sie wurden beim Erscheinen als Meisterwerk bewundert. Spätere Historiker stehen ihnen kritisch gegenüber.
199 Tag- und Jahreshefte 1807 XI/822. Die Rede Müllers «La gloire de Frédéric», gehalten an der preußischen Akademie am 29.I.1807, erschien in Goethes Übersetzung in der «Jenaischen Allg. Literaturzeitung» v. 28.II.1807 (XIV/244ff.).
200 Zit. nach Schnyder-Seidel,B.: «Goethes letzte Schweizer Reise» S. 354.
201 Über seinem Grab ließ 1852 König Ludwig v. Bayern ein Monument errichten mit der Inschrift: «Was Thukydides Hellas, Tacitus Rom, das war Müller seinem Vaterland.»

Goethe kam nach dem Tode Johannes v. Müllers mehrfach auf ihn zurück, durchweg jedoch kritisch. Bei einer Unterhaltung mit Kanzler v. Müller über Raumers *Geschichte der Hohenstaufen* äußerte er, er ziehe Raumern hundertmal dem Johannes v. Müller vor.[202] Im Jahre 1830 äußerte er sich über die Persönlichkeit des Junggesellen und Homophilen, wobei sich eine der nicht seltenen Äußerungen Goethes über die Knabenliebe ergab:

> Nun fiel das Gespräch auf griechische Liebe und auf Johannes Müller.
> Er entwickelte, wie diese Verirrung eigentlich daher komme, daß nach rein ästhetischem Maßstab der Mann immerhin weit schöner, vorzüglicher, vollendeter wie die Frau sei. Ein solches einmal entstandenes Gefühl schwenke dann leicht ins Tierische, grob Materielle hinüber. Die Knabenliebe sei so alt wie die Menschheit, und man könne daher sagen, sie liege in der Natur, ob sie gleich gegen die Natur sei.[203]

Im Jahre 1789 kam es zu einer indirekten Berührung Goethes mit Mainz. Frau v. Stein, verzweifelt über die Zuwendung Goethes an Christiane, entschloß sich auf ärztliches Anraten zu einer Kur. Vorgesehen waren Wiesbaden oder Ems. Am 5. Mai trat sie die Reise an. In Weimar ließ sie einen langen Brief zurück, *wohl ein Ultimatum mit der Forderung, Christiane aufzugeben.*[204] Sie besuchte in Frankfurt die Mutter Goethes. Dann fuhr sie nach Mainz, wo sie den Rhein und die *mit Blüten überschütteten Bäume* bewunderte.[205] Die erwartete Antwort von Goethe kam nicht.[206] Am 12. Mai begab sie sich nach Wiesbaden,[207] von wo sie Mainz verschiedene Male wieder besuchte. Kurz vor ihrer Abreise nach Ems am 2. Juni schrieb sie an Knebel:

> Ich war einige Male in Mainz, in Biebrich und besuche, wo ich kann, den schönen Rhein, den ich bis jetzt wie einen Weisen, ungetrübt und ungestürmt, still hinfließen sah.[208]

---

202 Gespräch v. 11.X.1824 Gespr. II/364.
203 Zu Kanzler v. Müller am 7.IV.1830 Gespr. II/686.
204 Der Brief ist nicht erhalten.
205 Nach Bode, W.: «Charlotte von Stein» 1912 S. 292 hat der Koadjutor Dalberg sie betreut und ihr zwei Begleiter mitgegeben, um ihr alles Schöne in Mainz zu zeigen.
206 Goethes Antwort datiert erst vom 1. Juni. Nach Bode a.a.O. S. 293 zögerte er, weil er «gern sein Bedürfnis, aufrichtig zu sein, mit dem Wunsche, der alten Freundin Schmerzen zu ersparen, vereinigt hätte.» Man darf aber nicht übersehen, daß Goethe gerade um diese Zeit erfahren haben wird, daß Christiane ein Kind erwartete (St. III/26).
207 Die Verhältnisse in Wiesbaden waren damals noch ziemlich trostlos. Die Bäder waren unappetitlich, im Gasthof Adler, wo sie abstieg, schlief sie in der ersten Nacht auf dem Fußboden wegen der zahlreichen Wanzen.
208 Zit. nach Bach (wie Fußn. 47) S. 312.

Für das folgende Jahr 1790 ist festzuhalten, daß Goethe durch einen Brief seiner Mutter an Fritz v. Stein eine erfreuliche Nachricht von Mainz erhielt:

> Ferner berichten Sie ihm, daß sein «Römisches Karneval» auf dem Hofball in Mainz mit aller Pracht ist aufgeführt worden, – dieses läßt ihm Mama Laroche ...vermelden.[209]

209 Brief v. 1.III.1790 (Bode I/412).

VII. Zwei muntere Abende in Mainz (Kampagne 1792)

Die Jahre 1792 und 1793 brachten Höhepunkte der Beziehungen Goethes zu Mainz. Die dortigen Geschehnisse hat er selbst in biographischen Werken festgehalten: *Kampagne in Frankreich* und *Belagerung von Mainz*. Beide Schriften sind fast 30 Jahre nach den Ereignissen verfaßt. Sie sollten *Dichtung und Wahrheit*, wovon zu dieser Zeit die drei ersten Teile vorlagen (nach der *Italienischen Reise* als Teil IV) als fünfter Teil eingegliedert werden.[210] Bei beiden Werken wird man die gleiche Vorsicht walten lassen müssen[211] wie bei *Dichtung und Wahrheit*. Der Zeitabstand zwischen Erleben und Niederlegung bedingt Irrtümer (so datiert die Kampagne den ersten Tag in Mainz auf 23. August – an diesem Tag war Goethe bereits in Trier). Auch mit Veränderung von Fakten aus verschiedenen Gründen – und nicht nur aus *Dichtung* – muß gerechnet werden.

Am 17. August 1791 kam es zwischen Kaiser Leopold II. von Österreich, dem preußischen König Friedrich Wilhelm II. und dem Grafen von Artois, dem späteren französischen König Karl X., zur sogenannten Pillnitzer Konvention, worin die Fürsten militärisches Eingreifen gegen das revolutionäre Frankreich vorsahen. Dies gab den Girondisten den Anlaß, am 20. April 1792 vorbeugend Österreich den Krieg zu erklären. Preußen trat Österreich an die Seite. So kam es zu dem I. Koalitionskrieg (1792-97). Die hier interessierenden Vorgänge liegen im Anfang dieses Krieges. Herzog Karl August von Weimar war mit Preußen engstens verbunden. Er war preußischer General, Chef des Kürassierregiments Nr. 6 in Aschersleben, das seinen Namen trug, und Inspekteur der Magdeburger Kavallerie-Inspektion.[212] Zwar war er alles andere als kriegslüstern – er hatte ausdrücklich den Wunsch geäußert, Deutschland möge sich nicht in die französischen Verhältnisse einmischen. Noch am 29.

---

210 Die Arbeit beschäftigte Goethe von Januar 1820 bis März 1822. Im gleichen Jahr erschienen sie mit dem Titel:«Aus meinem Leben, Zweiter Abteilung Fünfter Teil». Die Untertitel lauteten: «Campagne in Frankreich» und «Belagerung von Mainz». Erst in der «Ausgabe letzter Hand» wurden diese zu Haupttiteln.
211 Es ist daher unerläßlich, stets auch Zeugnisse aus der Zeit, insbesondere Goethes Briefe hinzuzuziehen. Insgesamt wird man aber Thiele (Mainzer Zeitschr. 1963 S. 76) zustimmen müssen, daß die «Fehler, die man Goethe nachwies... nur unbedeutende Kleinigkeiten betreffen».
212 Tümmler (Wie Fußn. 130) S. 93.

April 1792 schrieb er an seine Mutter Anna Amalia, der Himmel möge
den Frieden erhalten. Er

> ...glaubte nicht an einen militärischen Spaziergang... befürchtete vielmehr einen
> langen, blutigen Krieg und scheint die militärische Potenz des Gegners keineswegs
> so verhängnisvoll unterschätzt zu haben, wie das sonst fast allgemein der Fall
> war.[213]

Ausschließen aber konnte er sich nicht. Im Juni brach er mit seinem
Regiment zum Vereinigungspunkt der Interventionsarmee in Koblenz
auf. Er hatte den Wunsch, Goethe bei sich zu haben, und der Wunsch
des Fürsten war diesem Befehl![214] Goethe kam das Fernsein von Weimar
keineswegs gelegen. Gerade war er in das Haus am Frauenplan eingezogen
und der Umbau sollte beginnen. Dazu kam, daß er der Unternehmung
politisch ganz ferne stand. Aus einem Brief an Karoline Herder
vom 13. Juli wird seine Stimmung evident:

> Da sich des Königs von Preußen Majestät in Gnaden entschlossen hat Frankreich
> in einen Aschenhaufen zu verwandeln, so hat ihn sein Weg über Erfurth und Gotha
> gebracht. Mich haben ihm entgegen die unsterblichen Götter nach Erfurth getragen,
> um ihm daselbst aufzuwarten, und zu seiner Rechten zu sitzen, wie der Herr
> Christus zur Rechten des allmächtigen Vaters des Himmels und der Erde.[215]

Wenigsten ergab sich die Möglichkeit, die Heimatstadt, die Mutter und
verschiedene Freunde wiederzusehen. Er schreibt vor der Abreise an
Forster und an Sömmering (*ich habe Hoffnung Sie bald zu sehen, worauf
ich mich sehr freue*).[216]

Am 9. August reiste Goethe in Begleitung seines Dieners Götze aus
Weimar ab. Am 12. August traf er in Frankfurt ein, zum ersten Mal
wieder seit über zwölf Jahren.

Dort hatte in der Zwischenzeit – am 14. Juli, nicht ohne Absicht gerade
am Jahrestag der Erstürmung der Bastille – die Kaiserkrönung von
Franz II. stattgefunden. Noch einmal hatte Kurfürst Erthal in glanzvoller
Repräsentation den Reichtum von Kur-Mainz dokumentiert. Im Anschluß
daran gab er allem, was Rang und Namen hatte, in seinem Mainzer
Lustschloß Favorite ein dreitägiges Fest. Kaiser Franz II., König
Friedrich Wilhelm II., Ferdinand V. von Neapel, Prinz August von England,
die Erzherzöge Karl und Joseph von Österreich, die deutschen Für-

213 Das. S. 99.
214 Noch in seiner Schenkungsurkunde vom 18.XII.1801 vermerkt Karl August dankbar,
     daß Goethe «auf mein Verlangen mich auf dem Feldzug in Frankreich begleitete,
     aus wahrer, persönlicher Anhänglichkeit an meine Person.» Zit. nach St. III/172.
215 WA IV 9,320.
216 Briefe v. 25.VI. und 2.VII.1792 (Br. II/187, 191).

sten, voran der Herzog von Braunschweig, die Kurfürsten von Köln und Trier, die Gesandten von Rußland, Dänemark, Schweden, der päpstliche Nuntius Maury und hochadelige französische Emigranten in großer Zahl nahmen teil – alle im Glauben, daß dem revolutionären Spuk in Paris durch eine Strafexpedition alsbald ein Ende bereitet werde. Keiner der Festgäste hätte sich träumen lassen, daß in weniger als drei Monaten hier die Franzosen herrschen könnten oder gar, daß dieses herrliche Lustschloß weitere vier Monate später dem Erdboden gleichgemacht, seine berühmte Gärten eingeebnet, die Bildsäulen zerstört sein würden, um für die französischen Verteidiger der Stadt Schußfeld zu schaffen.[217]

In Frankfurt besuchte Goethe seine Mutter und seinen Oheim Johann Jost Textor. Er schreibt an Friedrich Jacobi:

> Ich gehe Montags den 20. nach Mainz und von da gleich wieder zur Armee. Gegen mein mütterlich Haus, Bette, Küche und Keller wird Zelt und Marketenderei übel abstechen, besonders da mir weder am Tode der aristokratischen noch demokratischen Sünder im mindesten etwas gelegen ist.[218]

Am 20. August reiste er über Hattersheim nach Mainz.

> Gleich nach meiner Ankunft in Mainz besuchte ich Herrn von Stein den älteren, Königlich Preußischen Kammerherrn und Oberforstmeister, der eine Art Residentenstelle daselbst versah und sich im Haß gegen alles Revolutionäre gewaltsam auszeichnete. Er schilderte mir mit flüchtigen Zügen die bisherigen Fortschritte der verbündeten Heere und versah mich mit einem Auszug des topographischen Atlas von Deutschland, welchen Jäger zu Frankfurt, unter dem Titel: Kriegstheater veranstaltet.[219]

Es handelt sich um den älteren Reichsfreiherrn Johann Friedrich von und zum Stein, den früheren Interessenwahrer Preußens bei der Mainzer Koadjutorwahl, außerordentlicher preußischer Gesandter am Hofe des Kurfürsten.[220]

---

217 Treitschke nennt das Fest das «Henkersmahl des Heiligen Reiches».
218 Brief vom 18.VIII.1792 Br. II/193.
219 XII/239.
220 1778 war er als Obrist in preußische Dienste getreten, 1786 wurde er preußischer Hof- und Landjägermeister. Er wohnte im kurfürstlichen Oberstallmeistergebäude (dem «Eltzer Hof», neben dem kurfürstlichen Marstall-Bauhofstraße Ecke Große Bleiche, heute Landesmuseum Mainz; dort in der stadtgeschichtlichen Abtlg. ein Modell des Marstalls und der Eltzer Höfe). Den Haushalt führte ihm die Freifrau v. Coudenhoven – nicht ohne engere Beziehungen, worüber man in Mainz unverhohlen sprach. (Siehe zu ihr: zu Fußn. 175, 249ff. zu Stein: zu Fußn. 174, 271, 272).

Der Jägerische Atlas[221], den Goethe von ihm erhielt, sollte ihm in der Kampagne verschiedentlich dienlich werden. Er erwähnt ihn am 31. August, als Verdun vergeblich zur Übergabe aufgefordert war:

Als nun die Festung, wie natürlich, auf die erste Forderung sich zu ergeben abgeschlagen, mußte man mit Anstalten zum Bombardement vorschreiten. Der Tag ging hin, indessen besorgt ich noch ein kleines Geschäft, dessen gute Folgen sich mir bis auf den heutigen Tag erstrecken. In Mainz hatte mich Herr von Stein mit dem Jägerischen Atlas versorgt, welcher den gegenwärtigen, hoffentlich auch den nächstkünftigen Kriegsschauplatz in mehreren Blättern darstellte. Ich nahm das eine hervor, das achtundvierzigste, in dessen Bezirk ich bei Longwy hereingetreten war, und da unter des Herzogs Leuten sich gerade ein Boßler befand, so ward es zerschnitten und aufgezogen und dient mir noch zur Wiedererinnerung jener für die Welt und mich so bedeutenden Tage.[222]

Am 2. September taucht dieses Mainzer Geschenk zum zweiten Male auf:

Nach dieser so schnellen Eroberung von Verdun zweifelte niemand mehr, daß wir bald darüber hinausgelangen und in Chalons und Epernay uns von den bisherigen Leiden an gutem Weine bestens erholen sollten. Ich ließ daher ungesäumt die Jägerischen Karten welche den Weg nach Paris bezeichneten, zerschneiden und sorgfältig aufziehen, auch auf die Rückseite weißes Papier kleben, wie ich es schon bei der ersten getan, um kurze Tagesbemerkungen flüchtig aufzuzeichnen.[223]

Als Goethe bei der Schilderung einer ganz bedrohlichen Situation zum dritten Mal auf diese Karte zu reden kommt, wird erkennbar, daß er sie während des ganzen Feldzugs studiert hatte:

Wir hielten auf der Chaussee von Chalons an einem Wegweiser der nach Paris deutete.
Diese Hauptstadt also hatten wir im Rücken, das französische Heer aber zwischen uns und dem Vaterland. Stärkere Riegel waren vielleicht nie vorgeschoben, demjenigen höchst apprehensiv, der eine genaue Karte des Kriegstheaters nun seit vier Wochen unablässig studierte.[224]

Dies also – im Vorgriff – die spätere Bedeutung des Mainzer Geschenkes.
Goethe, in Mainz von dem Freiherrn vom Stein so freundlich aufgenommen, wurde zum Essen eingeladen:

Mittags bei ihm zur Tafel fand ich mehrere französische Frauenzimmer, die ich mit Aufmerksamkeit zu betrachten Ursache hatte; die eine (man sagte, es sei die

---

221 Der Karthograf war Johann Wilhelm Jäger, Kapitänleutnant der Artillerie und Zeugmeister, Verlagsbuchhändler in Frankfurt.
222 XII/256.
223 XII/263.
224 XII/286.

Geliebte des Herzogs von Orléans) eine stattliche Frau, stolzen Betragens und schon von gewissen Jahren, mit rabenschwarzen Augen, Augenbrauen und Haar; übrigens im Gespräch mit Schicklichkeit freundlich. Eine Tochter, die Mutter jugendlich darstellend, sprach kein Wort. Desto munterer und reizender zeigte sich die Fürstin Monaco, entschiedene Freundin des Prinzen von Condé, die Zierde von Chantilly in guten Tagen. Anmutiger war nichts zu sehen als diese schlanke Blondine; jung, heiter, possenhaft; kein Mann, auf den sie es anlegte, hätte sich verwahren können. Ich beobachtete sie mit freiem Gemüt und wunderte mich Philinen, die ich hier nicht zu finden glaubte, so frisch und munter ihr Wesen treibend mir abermals begegnen zu sehen.[225]

Von größerer Bedeutung waren die Abende des gleichen und des nächsten Tages – 20. und 21. August –, die Goethe im Kreise von Mainzer Freunden verlebte:

Sodann verbracht' ich mit Sömmerings, Huber, Forsters und anderen Freunden zwei muntere Abende: hier fühl' ich mich schon wieder in vaterländischer Luft: Meist schon frühere Bekannte, Studiengenossen, in dem benachbarten Frankfurt wie zu Hause (Sömmerings Gattin war eine Frankfurterin), sämtlich mit meiner Mutter vertraut, ihre genialen Eigenheiten schätzend, manches ihrer glücklichen Worte wiederholend, meine große Ähnlichkeit mit ihr in heiterem Betragen und lebhaften Reden mehr als einmal beteuernd, was gab es da nicht für Anlässe, Anklänge, in einem natürlichen, angeborenen und angewöhnten Vertrauen! Die Freiheit eines wohlwollenden Scherzes auf dem Boden der Wissenschaft und Einsicht verlieh uns die heiterste Stimmung. Von politischen Dingen war die Rede nicht, man fühlte, daß man sich wechselseitig zu schonen habe: denn wenn sie republikanische Gesinnungen nicht ganz verleugneten, so eilte ich offenbar mit einer Armee zu ziehen, die eben diesen Gesinnungen und ihrer Wirkung ein entscheidendes Ende machen sollte.[226]

Samuel Thomas Sömmering, sechs Jahre jünger als Goethe, Arzt, Anatom, Physiologe, Physiker, war Professor der Chirurgie und Anatomie in Kassel, als ihn Goethe im Oktober 1783 dort kennenlernte. Goethe

<hr/>

225 XII/239. Die Fürstin Marie Catherine v. Monaco war die Geliebte und spätere Ehefrau des Prinzen v. Condé, des französischen Heeresführers, der seit 1790 in Worms den emigrierten Kriegsadel um sich sammelte. In ihr fand Goethe seine Philine aus dem «Wilhelm Meister» wieder, die «zierliche Sünderin» – «jene reizvollste Gestalt des Romans, in der sich der Geist des erfüllten Augenblicks eine anmutige Verkörperung erlaubt» (Henkel, A.: «Goethe-Erfahrungen» S. 108) – ein schönes Beispiel dafür, wie Goethe typologisch von ihm geschaffene Figuren in der Wirklichkeit erkennt und sie sich ihm bestätigen.

226 XII/240. Vgl. aber in Goethes Tages- und Jahresheften 1792 (XI/630):
«Bei meinem Besuch in Mainz... konnte ich bemerken daß meine alten Freunde mich nicht recht wieder erkennen wollten, wovon uns in Hubers Schriften ein Wahrzeichen übriggeblieben.» Und in den Paralipomena zur «Kampagne» (WA I 33,363): «Große republikanische Spannung der Gemüter. Mir ward unwohl in der Gesellschaft.»

besichtigte damals seine Sammlungen, besuchte seine Anatomie und wohnte auch seinem mißglückten Versuch mit der Mongolfière bei. Es entstand ein lebhafter Briefwechsel über wissenschaftliche Fragen, Skelette und Knochen wurden ausgetauscht, und Goethe erhielt insbesondere einen Elefantenschädel, der für seine Forschungen wertvoll war.[227] Am 31. August 1784 teilte Sömmering mit, daß er als Professor der Medizin nach Mainz gehen werde, Goethe antwortete mit einem Brief, der ein gutes Beispiel für ihre wissenschaftlichen Beziehungen bietet:

> Ich wünsche Ihnen zu der Veränderung Ihres Aufenthaltes Glück, ob ich Sie gleich ungern aus der Nachbarschaft verliere, und also noch weniger hoffen kann Sie manchmal wieder zu sehen. Doch in einer jeden Entfernung bleiben diejenigen verbunden, welche für die Wissenschaften eine wahre Anhänglichkeit haben, und ich kann hoffen, daß Sie auch an den schönen Ufern des Rheins gern meiner gedenken werden.
>
> Der Elephantenschädel ist von vorn und von der Seite gezeichnet, die untere und hintere Seiten sollen nach ihrem Verlangen sogleich vorgenommen werden, und ich will ihn sodann nicht weiter aufhalten. Finde ich einen Durchschnitt noch sehr unterrichtend und ich habe Zeit mich damit zu beschäftigen, so bediene ich mich der mir gegebenen Freiheit. Haben Sie nur die Güte mir zu schreiben, um welche Zeit Sie von Cassel abgehen.
>
> Wollten Sie mir von denen verzeichneten Köpfen die Güte haben folgende zu schicken, so würden Sie mir viel Vergnügen machen.
>
> Wilde Katze, Löwe, junger Bär, Incognitum, Ameisenbär, Kameel, Dromedar, Seelöwe.[228]

Im Oktober war Sömmering nach Mainz übergesiedelt. Sein Ruf breitete sich immer mehr aus. Von weit her kamen Fremde, um seine Vorlesungen zu hören und seine Sammlungen zu sehen.[229]

Man kann sich die *Anklänge in natürlichem Vertrauen* bei diesem Wiedersehen vorstellen, zumal Sömmerings Ehefrau Margaretha Elisabeth eine Freundin der Mutter Goethes war.

Anwesend an beiden Abenden war weiter das Ehepaar Forster. Johann Georg Forster, fünf Jahre jünger als Goethe, hatte als Siebzehnjähriger mit seinem Vater an Cooks zweiter Entdeckungsreise (1772–1775) teilgenommen und war durch die Beschreibung dieser Reise berühmt

---

227 Vgl. Goethes Dankesbrief v. 9.VI.1784 (Br. I/774).
228 Brief v. 16.IX.1784 (WA IV 6,356).
229 Seine Sammlungen umfaßten mehr als tausend medizinische Präparate (Dumont, F.: «Sömmerings Mainzer Jahre». «Mainzer – Vierteljahreshefte 1985 H.1 S. 134ff. – auch zum Folgenden). Sömmerings Porträt (von Friedrich Caspar Vogel) im Landesmuseum – StA.

geworden. Auch er lehrte in Kassel, und dort fand auch seine erste Begegnung mit Goethe statt.[230]. Forster war sehr beeindruckt von ihm:

> Sie kennen ihn und wissen, was es für ein Gefühl sein kann, ihn kaum eine Stunde lang zu sehen, nur ein paar Minuten lang allein zu sprechen und als ein Meteor wieder zu verlieren. Sagen läßt sich das nicht.

Als sein Freund Sömmering nach Mainz ging, folgte Forster einem Ruf als Professor der Naturwissenschaften nach Wilna. Auf einer Reise dorthin machte er mit seiner Frau in Weimar Station:

> Der iüngere Forster war hier mit seinem iungen Weibgen, einer gebohrnen Heyne von Göttingen, sie asen Abends bey mir mit Herders, Wieland und Amalie Seidler, die von Gotha aus eine Vertraute der ietzigen Forster ist.[231]

1788 wurde Forster Bibliothekar in Mainz. Von dort sandte er Goethe ein Werk, das diesen sehr beeindruckte: Seine Übersetzung der *Sakontala* des indischen Dichters Kalidasa (aus dem 5. Jahrhundert n. Chr.). Dazu schreibt Goethe in der *Italienischen Reise:*

> Wer hat es nicht erfahren, daß die flüchtige Lesung eines Buchs, das ihn unwiderstehlich fortriß, auf sein ganzes Leben den größten Einfluß hatte und schon die Wirkung entschied, zu der Wiederlesen und ernstliches Betrachten kaum in der Folge mehr hinzutun konnte. So ging es mir einst mit Sakontala.[232]

Über den gemeinsamen Freund Fritz Jacobi bedankt er sich mit einem begeisterten Epigramm:

---

230 An diese erste Begegnung knüpft sich eine Anekdote. Karl August, Goethe und v. Wedel waren auf ihrer Schweizer Reise incognito nach Kassel gekommen. Für den 14.IX.1779 vermerkt Goethes Tagebuch und ein gemeinsamer Brief Karl Augusts und Goethes v. 15.IX.«Abends zu Forstern, ihn zu Tisch mitgenommen» und «Der Junge Forster hat mit uns gegessen und ist viel ausgefragt worden, wies in der Südsee aussieht.» (Tgb. S. 88; Br. I/440). In welcher Situation Forster dabei war, zeigt sein Brief an Friedrich Jacobi:
   Vor vier Wochen war Goethe nebst dem Kammerherrn von Wedel und dem Oberforstmeister von Wedel bei mir. Ich soupierte mit ihnen, ohne zu wissen, daß der Letztgenannte der Herzog von Weimar wäre. Zum Glück bewahrete mich mein guter Genius, daß ich ihm keine Sottise sagte, wiewohl ich von großen Herren überhaupt mit großer Freimütigkeit sprach. Ich wette, es hat Goethen Mühe gekostet, bei einigen Gelegenheiten über meine Treuherzigkeit nicht loszupruschen... Da sich Goethe anfangs nicht genannt hatte, so kannte ich ihn nicht und – erkundigte mich nach ihm – bei mir selbst.
231 Goethe an Frau v. Stein v. 16.IX.1785 (Br. I/872).
232 1.III.1787 (XI/205). – Hier irrt sich Goethe allerdings: Zur Zeit der Italienischen Reise kannte er «Sakontala» noch nicht. Er lernte das Werk erst aus Forsters Übersetzung im Jahre 1791 kennen (Beutler XI/1026).

Will ich die Blumen des frühen, die Früchte des spätern Jahres,
Will ich was reizt und entzückt, will ich was sättigt und nährt,
Will ich den Himmel die Erde mit einem Namen begreifen;
Nenn ich Sakontala dich und so ist alles gesagt.[233]

Aber kurz vor der Begegnung in Mainz trübt sich das Verhältnis zwischen Goethe und Forster, was dann die *wechselseitige Schonung* bedingte. Am 1. April 1792 hatte Goethe sein Lustspiel *Der Groß-Cophta*, in dem er die ihn bedrückende Halsbandaffaire als Posse behandelte, an Forster übersandt. Forster, mit den Girondisten sympathisierend, war entsetzt:

> Ich habe neulich einen Todesschrecken über Goethes neustes Werk, der «Großkophta», gehabt... Ist doch in dem ganzen Stück keine Zeile, die man behalten oder wiederholen möchte.[234]

Aber auch der letzte Brief Goethes vor dem Mainzer Treffen klingt sehr zurückhaltend. Neben der Rücksendung von Sakontala unter Beifügung von Beiträgen zur Farbenlehre dankt Goethe für den zweiten Teil von Forsters *Ansichten vom Niederrhein*:

> Für den zweiten Teil Ihrer Ansichten danke ich recht sehr. Sie haben mir dadurch viel Vergnügen gemacht. Die Geschichte der brabantischen Unruhen scheint mir fürtrefflich geschrieben und für einen Mann von entschiedener Denkungsart noch immer unparteiisch genug...[235]

Noch immer unparteiisch genug – man hört die Kritik an Forsters Objektivität in seiner Geschichtsschreibung heraus.

Als beteiligt an den beiden *munteren Abenden* in Mainz spricht Goethe von *Forsters*, schließt also Forsters Ehefrau Therese ein. Deren Geburtsname – Heyne – mußte bei Goethe alte Erinnerungen wecken: war sie doch die Tochter eines der beiden Professoren, durch die die Universität Göttingen auf den angehenden Studenten eine so große Anziehung ausgeübt hatte.[236] Der Zufall wollte, daß auch die Tochter des anderen verehrten Göttinger Professors, des Orientalisten Michaelis, bei

---

233 Anlage zum Brief v. 1.VI.1791 (Br. II/182). – Noch im Aufsatz «Indische Dichtungen» (1821?) findet sich eine Würdigung von «Sakontala», die beginnt: «Vor allem wird Sakontala von uns genannt, in deren Bewunderung wir uns jahrelang versenkten...» Das Vorspiel zu diesem Drama (Gespräch des Theaterdirektors mit einer Schauspielerin) hat Goethe bei dem «Vorspiel» zum Faust mindestens stark beeinflußt (Vgl. Binder, A.: «Das Vorspiel auf dem Theater» 1969, dort auch ein Abdruck der Forsterschen Übersetzung).

234 Brief an Christian Friedrich Voss v. 14.IV.1792 (Bode I/436).

235 Brief v. 25.VI.1792 (Br. II/187).

236 Siehe Fußn. 34.

den Mainzer Abenden anwesend war: Caroline, verwitwete Böhmer. Im Frühjahr 1790 hatte sie Therese besucht, und diese hatte ihr geraten, nach Mainz überzusiedeln. Im Dezember 1791 hatte sie sich für Mainz entschlossen:

> Ich wage mich mit getrostem Mut dahin... Vielleicht werd ich Theresen nützlich, und das wird mir viel Freude machen... Außerdem ist Mainz eine Stadt, wo ich unbekannt leben und neben einer gewissen Einsamkeit Vergnügen des Geistes und der Sinne genießen kann.[237]

Es kann kein Zweifel sein, daß Caroline an den Mainzer Abenden beteiligt war, ebensowenig, daß Goethe sich daran erinnerte.[238] Warum Goethe sie nicht namentlich aufführt, ja sie unter dem Plural *und anderen Freunden* versteckt (eine Mystifikation, denn die anderen Beteiligten – Petra Forkel und Caroline Hüter – waren für Goethe ohne Bedeutung), ist nicht erklärlich.[239] Endlich war an den munteren Abenden beteiligt der Schriftsteller und Übersetzer Ludwig Ferdinand Huber, kursächsischer Ministerresident in Mainz, den Goethe bei dieser Gelegenheit kennenlernte. Er schreibt hierüber an Körner:

> Endlich habe ich Goethe kennen gelernt, er war diese Woche zwei Tage hier (in Mainz), und ich habe zwei Abende mit ihm zugebracht. Er war gesellschaftlich lustig, und ich bin in dieser Rücksicht sehr von ihm erbaut gewesen.
> Den ersten Abend wurden wir alle durch guten Wein gestimmt, er hatte Einfälle mit Raisonnement vermischt, und war würklich lebhaft; in Augenblicken machte es mir vielen Spaß, seine Mutter ganz in ihm wieder zu finden, und das war dann, wenn er launig-kräftig etwas auseinandersetzte, worin eben ihre Originalität vorzüglich liegt. Den zweiten Abend tranken wir Bier, wobei denn für die allgemeine Konversation viel verloren ging, aber er erzählte sehr niedlich und launig manches von Italien, und war durchaus leicht und gutmütig. Ich habe übrigens nicht ein einziges besonderes Wort mit ihm gesprochen, obgleich den ersten Abend ziemlich viel in der allgemeinen Unterredung. Er will sich hier wieder aufhalten, wenn er von der Armee wieder kömmt..[240]

Festgehalten mag noch werden, wo die beiden munteren Abende stattfanden. Sömmering wohnte in einem der neu eingerichteten Professo-

---

237 Zit. nach Kleßmann, E.: «Caroline» 1979 S. 81f. Im Februar 1792 traf sie mit ihrer Tochter Auguste in Mainz ein und bezog eine Dachwohnung in der Welschen Nonnengasse, fünf Minuten vom Forsterschen Domizil entfernt.
238 Im Schema von 1810 nennt Goethe sie ausdrücklich als beteiligt (WA I 33,363).
239 Sollte bei Abfassung der «Kampagne» – fast 30 Jahre nach den Geschehnissen und mehr als ein Jahrzehnt nach Carolinens Tod – immer noch der Verleumdung, Caroline habe Forsters Ehe zerstört, und weitere Nachreden es Goethe nahegelegt haben, an diese unerfreulichen Dinge nicht mehr zu erinnern?
240 Brief v. 24.VIII.1792 (Biedermann I/517).

renhäuser.[241] Dort hatte er Forster bei sich aufgenommen, der aber bald eines der Häuser (Nr.5) als Universitätsbibliothekar zugewiesen erhielt. Man liest gelegentlich, die Abende hätten im Hause Forster stattgefunden. Das ist – zum mindesten in dieser Form – nicht haltbar. Goethe erwähnt in der *Belagerung*, als er über das Wiedersehen mit Sömmerings schlimm zugerichtetem Quartier berichtet:

> Es waren dieselbigen Zimmer, wo wir vorm Jahr so heiter und traulich zu wechselseitigem Scherz und Belehrung freundschaftlich beisammen gesessen.[242]

Am 22. August 1792 reiste Goethe von Mainz ab, um an dem Interventionsfeldzug teilzunehmen. Am 20. September brach dieser in der Kanonade von Valmy zusammen.

> Die größte Bestürzung verbreitete sich über die Armee. Noch am Morgen hatte man nicht anders gedacht als die sämtlichen Franzosen anzuspießen und aufzuspeisen, ja mich selbst hatte das unbedingte Vertrauen auf ein solches Heer, auf den Herzog von Braunschweig, zur Teilnahme an dieser gefährlichen Expedition gelockt; nun aber ging jeder vor sich hin, man sah sich nicht an, oder wenn es geschah so war es um zu fluchen, oder zu verwünschen. Wir hatten, eben als es Nacht werden wollte, zufällig einen Kreis geschlossen, in dessen Mitte nicht einmal wie gewöhnlich ein Feuer konnte angezündet werden, die meisten schwiegen, einige sprachen, und es fehlte doch eigentlich einem jeden Besinnung und Urteil. Endlich rief man mich auf, was ich dazu denke, denn ich hatte die Schar gewöhnlich mit kurzen Sprüchen erheitert und erquickt; diesmal sagte ich: «Von hier und heute geht eine neue Epoche der Weltgeschichte aus und ihr könnt sagen, ihr seid dabei gewesen.»[243]

Auf diesen berühmt gewordenen Ausspruch Goethes ist im Zusammenhang mit der Belagerung von Mainz alsbald zurückzukommen.

Unter ständigem Regen, durch Schlamm und Morast, von Krankheiten verfolgt, durch Mangel an Nahrung und Wasser gepeinigt, Kranke und Verwundete hilflos zurücklassend, vollzog sich der Rückzug. Lange

---

241 1781 waren von Erthal die drei Klöster Altmünster, Kartaus und Reichenklaren aufgehoben worden, um die finanzielle Lage der Mainzer Universität zu verbessern. Aus Teilen dieser Vermögenszuwendung wurden vom Universitätsfond kurz vor der französischen Revolution (1785/6) die zwischen Schillerstraße (früher Thiermarktstraße) und Münsterstraße gelegenen Grundstücke bebaut, von denen drei – von ursprünglich acht – in der heutigen «Neuen Universitätsstraße» erhalten sind (Vgl. Arens, F.: «Die Professorenhäuser in Mainz» in Mainzer Zeitschr. 1974 S. 291ff.) – Goethe nennt den ganzen Komplex «Akademiegebäude».
242 XII/457. Es bleibt die vage Möglichkeit, daß der zweite Abend (nach Huber: der Abend mit Bier) im Haus Forster stattfand. Ein Beleg hierfür existiert nicht.
243 XII/289.

hoffte Goethe, den Rückweg über Mainz und Frankfurt nehmen zu können.[244] Doch bald beschlichen ihn böse Ahnungen:

> Trauriger Blick nach Maynz.
> Untergang einer der ersten und ältesten Städte von Deutschland vorauszusehen.[245]

Am 29. Oktober erreicht ihn in Trier

> die Nachricht von Custinens verwegenen und glücklichen Unternehmungen. Das große Magazin zu Speyer war in seine Hände geraten, er hatte darauf gewußt eine Übergabe von Mainz zu bewirken.[246]

So fuhr er in Boot und Kahn Mosel und Rhein hinab nach Düsseldorf, wo er bei Fritz Jacobi herzlich aufgenommen wurde. Dort traf er Heinse wieder (der zwischenzeitlich Bibliothekar des Kurfürsten Erthal geworden war).[247] Er hatte aus Mainz fliehend bei Jacobi Unterkunft gefunden. Es herrschte in relativer Sicherheit eine gelöste Stimmung:

> Heinse, mit zur Familie gehörig, verstand Scherze jeder Art zu erwidern; es gab Abende wo man nicht aus dem Lachen kam.[248]

Unter den Emigrierten, die Düsseldorf füllten, war noch eine weitere *Mainzerin*: die Gräfin Sophie v. Coudenhoven, eine Nichte zweiten Grades des Kurfürsten Erthal.[249]

244 Vgl. Huber zu Fußn. 240, sowie die Briefe an Christiane v. 27.IX. (WA IV 10,25), an Voigt v. 15.X. (Br. II/202) und an Herders v. 16.X.1792 (WA IV 10,36):
   Ich eile nach meinen mütterlichen Fleischtöpfen, um dort wie von einem bösen Traum zu erwachen, der mich zwischen Koth und Noth, Mangel und Sorge, Gefahr und Qual, zwischen Trümmern, Leichen, Äsern und Scheishaufen gefangen hielt.
245 Paralipomena WA I 33,369 – In die «Kampagne» nicht übernommen.
246 XII/346.
247 Wieder hier wie vor 18 Jahren. Vgl zu Fußn. 79ff.
248 XII/375.
249 Über ihre Rolle bei der Koadjutorwahl siehe zu Fußn. 175, in Beziehung zu Stein: Fußn. 220. Die Mutter Erthals und der Großvater der Frau v. Coudenhoven waren Geschwister. Schon im Jahre seiner Wahl zum Kurfürsten hatte Erthal sie mit ihrer Familie an seinen Hof gezogen. Der Ehemann wurde Feldmarschall der berittenen Leibgarde. Er starb 1786 und ließ seine Frau als 39jährige Witwe zurück. Frau v. Coudenhoven gewann großen Einfluß auf den Kurfürsten, wobei die Gerüchte nicht verstummen wollen, daß sie mehr als seine Nichte und Beraterin gewesen sei.

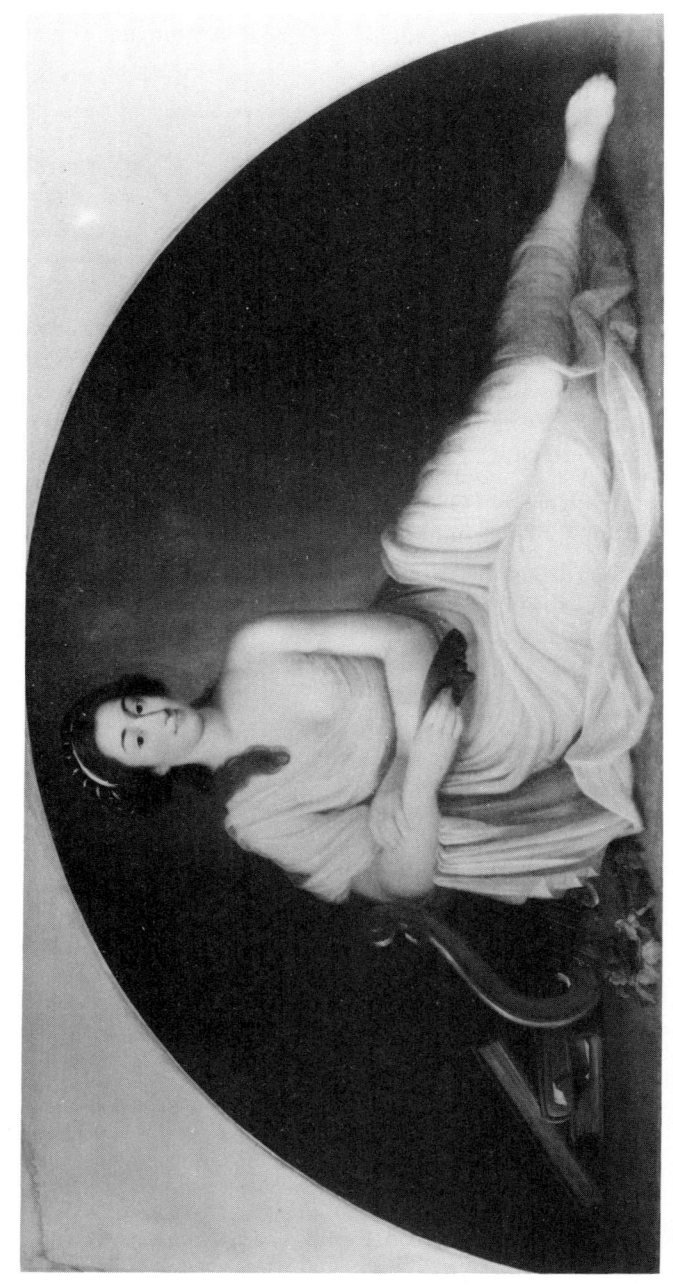

Caspar Schneider: Frau v. Coudenhoven

Frau von Coudenhoven, eine schöne geistreiche Dame, sonst die Zierde des Mainzer Hofes hatte sich auch h.erher geflüchtet.[250]

Sie hatte ebenfalls im Hause des Freundes Jacobi Zuflucht gefunden. Von einer heiteren Unterhaltung dort berichtet Goethe:

> So erinnere ich mich, daß ar dem Abendtische der Frankfurter Bürger mit Ehren gedacht ward, sie sollten sich gegen Custine männlich und gut betragen haben; ihre Aufführung und Gesinrung, hieß es, steche gar sehr ab gegen die unerlaubte Weise, wie sich die Mainzer betragen und noch betrügen. Frau von Coudenhoven, in dem Enthusiasmus der sie sehr gut kleidete, rief aus: sie gäbe viel darum eine Frankfurter Bürgerin zu sein. Ich erwiderte: das sei etwas Leichtes, ich wisse ein Mittel, werde es aber als Geheimnis für mich behalten. Da man nun heftig und heftiger in mich drang, erklärte ich zuletzt, die treffliche Dame dürfe mich nur heiraten, wodurch sie augenblicklich zur Frankfurter Bürgerin umgeschaffen werde. Allgemeines Gelächter![251]

Als die Lage auch in Düsseldorf bedenklich wurde, da das Fortschreiten der Franzosen in den Niederlanden und ihr Einrücken in Aachen bekannt wurde, kehrte Goethe nach Zwischenaufenthalten in Münster bei der Gräfin Gallitzin und in Kassel, am 16. Dezember nach Weimar zurück.

250 XII/377. Ein Porträt von ihr aus dem Jahr 1784 von Caspar Schneider im Landesmuseum zeigt sie auf einer Ottomane ruhend. – Eine reizende Anekdote wird über sie kolportiert. Als der französische Botschafter Graf v. Okelly seinen Antrittsbesuch machte, soll Erthal, auf sein Lustschloß stolz, gefragt haben: «Avez-vous vu déjà ma Favorite?» Und der Gesandte habe geantwortet: «Ah oui, j'ai diné avec elle hier soir».

251 XII/378. – «Mainzer Betragen»: Die Stadt Mainz hatte sich den einrückenden Revolutionstruppen unter Custine ohne Widerstand ergeben. Nach einem Bericht des Schauspielers Christ sollen die französischen Soldaten vor dem Einrücken auf einem Bleichplatz nördlich der heutigen Kaiserstraße die Frauen aufgefordert haben, doch erst ihre Wäsche abzuhängen, sie könne möglicherweise beim Sturm Flecken bekommen. Goethe erwähnt Frau v. Ccudenhoven dann noch einmal unter den Emigranten aus den Rhein- und Maingegenden des Jahres 1797: Sie war nach Eisenach geflüchtet (Tag- und Jahreshefte 1797 XI/661f.)

VIII. Vor und in Mainz 1793 (Belagerung)

Am Schluß der *Kampagne in Frankreich* lesen wir als Verbindung zur *Belagerung von Mainz* schon die Vorschau:

> Frankfurt war wieder in deutschen Händen, die möglichsten Vorbereitungen Mainz wieder zu erobern wurden eifrigst besorgt. Man hatte sich Mainz genähert und Hochheim besetzt: Königstein mußte sich ergeben. Nun aber war vor allen Dingen nötig, durch einen vorläufigen Feldzug auf dem linken Rheinufer sich den Rücken frei zu machen. Man zog daher am Taunusgebirge hin auf Idstein über das Benediktinerkloster Schönau nach Kaub, sodann über eine wohlerrichtete Schiffbrücke nach Bacharach; von da an gab es fast ununterbrochene Vorpostengefechte, welche den Feind zum Rückzug nötigten. Man ließ den eigentlichen Hunsrück rechts, zog nach Stromberg, wo General Neuwinger gefangen wurde. Man gewann Kreuznach und reinigte den Winkel zwischen der Nahe und dem Rhein; und so bewegte man sich mit Sicherheit gegen diesen Fluß. Die Kaiserlichen waren bei Speyer über den Rhein gegangen und man konnte die Umzingelung von Mainz den 14. April abschließen, wenigstens vorerst die Einwohner mit Mangel, als dem Vorläufer größerer Not, in Angst setzen.
>
> Diese Nachricht vernahm ich zugleich mit der Aufforderung mich an Ort und Stelle zu zeigen, um, wie früher an einem beweglichen Übel, so nun an einem stationären teil zu nehmen. Die Umzingelung war vollbracht, die Belagerung konnte nicht ausbleiben; wie ungern ich mich dem Kriegstheater abermals näherte, überzeuge sich wer etwa die zweite nach meinen Skizzen radierte Tafel in die Hand nimmt. Sie ist einem sehr genauen Federumriß nachgebildet, den ich wenige Tage vor meiner Abreise sorgfältig auf Papier gebracht hatte. Mit welchem Gefühl, sagen die wenigen dazu gedichteten Reimzeilen:

> Hier sind wir denn vorerst ganz still zu Haus,
> Von Tür zu Türe sieht es lieblich aus;
> Der Künstler froh die stillen Blicke hegt,
> Wo Leben sich zum Leben freundlich regt,
> Und wie wir auch durch ferne Lande ziehn,
> Da kommt es her, da kehrt es wieder hin;
> Wir wenden uns, wie auch die Welt entzücke,
> Der Enge zu, die uns allein beglücke.[252]

Mit seinem Brief vom 18. Februar 1793 bereitete ihn der Herzog auf die bevorstehende Teilnahme an dem neuen Kriegstheater vor:

> Bekommen wir ein schönes Frühjahr, so glaube ich, du thätest wohl, das erste Grün in deiner Vaterstadt zu sehn; du könntest von da aus gantz bequem einen der wichtigsten Vorfälle, der Belagerung von Mainz beywohnen.[253]

---

252 XII/424.
253 St. III/239.

Am 5. April berichtet Caroline Herder:

> Es hat den Anschein, daß uns Goethe bald wieder verlassen und zum Herzog gehen wird. Bedauern Sie ihn und uns! Doch scheint er lieber in jene Gegenden zu gehn, als wir ihn lassen. Er hat uns diesen Winter manch frohe Stunde gemacht mit einem poetischen Werk, wovon er Ihnen wohl wird geschrieben haben (Reineke Fuchs). Sie ist eben ganz einzig, diese deutsche Epopöe, und Sie werden auch Freude daran haben. Die guten Götter mögen ihn dafür behüten und bewahren bei seinem zweiten Feldzug.[254]

Schon im Vorjahr war Goethe das niederdeutsche Tierepos *Historie van reynaert de vos* und Gottscheds Prosa-Übersetzung des *Reinke de vos* begegnet. Den Stoff kannte er allerdings schon von Jugend an. Die Arbeit hatte ihn von den Schreckensmeldungen aus Paris und später in der Kampagne abgelenkt.

> Aber auch aus diesem gräßlichen Unheil suchte ich mich zu retten, indem ich die ganze Welt für nichtswürdig erklärte, wobei mir denn durch eine besondere Fügung Reineke Fuchs in die Hände kam. Hatte ich mich bisher an Straßen-, Markt- und Pöbelauftritten bis zum Abscheu übersättigen müssen, so war es nun wirklich erheiternd in das Hof- und Regentenspiegel zu blicken: denn wann auch hier das Menschengeschlecht sich in seiner ungeheuchelten Tierheit ganz natürlich vorträgt, so geht doch alles, wo nicht musterhaft, doch heiter zu, und nirgends fühlt sich der gute Humor gestört.
>
> Um nun das köstliche Werk recht innig zu genießen, begann ich alsobald eine treue Nachbildung.[255]

Die Arbeit begann Ende Januar 1793. Schon am 1. Februar konnte er im Hause Herder Proben davon geben, am 15. April der Herzogin Mutter die letzten Gesänge vortragen. Er wird die Arbeit zu weiterer Verfeinerung zur Belagerung von Mainz mitnehmen.[256]

Am 12. Mai 1793 reiste Goethe aus Weimar ab, von seinem Diener Goetze begleitet. Caroline Herder schreibt an diesem Tage an Fritz Jacobi:

> Goethe ist endlich heute doch noch zum Herzog abgereist, mit unsern Wünschen und unserer Liebe begleitet. Die guten Götter bringen ihn glücklich und mit dieser Reise zufrieden wieder zu uns![257]

Die Fahrt ging über Erfurt, wo er Dalberg sah, und über Gotha, Eisenach, Fulda, Hanau nach Frankfurt. Am 17. Mai kam er dort an, blieb über Pfingsten und schrieb am 21. Mai an Bertuch:

254 An Fritz Jacobi (Biedermann I/539.)
255 XII/421f.
256 Siehe zu Fußn. 282–287.
257 Biedermann I/540.

Seit drey Tagen hört man keinen Canonenschuß, alles ist stille, obgleich die Vorbereitungen zur Belagerung immer starck fortgehen. Man vertröstet das Publikum von Woche zu Woche auf diese Fete.[258]

Was Goethe hier in höchster Ironie *Fete* nennt, war inzwischen von beiden Seiten gründlich vorbereitet worden. Auf allen Höhen in weitem Bogen um die Stadt Mainz waren Schanzen gebaut. Die Franzosen hatten die Verteidigungswerke instandgesetzt und eine Bastionsbefestigung angelegt, die auch Kastel umspannte. Am 15. Februar war das Lustschloß Favorite geschleift worden, um Schußfeld zu schaffen, nicht wenige Bauten der Umgebung hatten das gleiche Schicksal erlitten.

Zehn Tage blieb Goethe in Frankfurt:

> Zehn kurze Tage war er nur bei mir und seinen Freunden – wir lebten herrlich und vergnügt – und trösten uns auf seine Wiederkunft – und hoffen, ihn alsdann etwas länger zu genießen.[259]

Am Sonntag, den 26. Mai schreibt er an Fritz Jacobi:

> Morgen gehe ich zur Armee und meine berühmte Geduld und Langmut wird wie es scheint vor Mainz recht am Platze sein.[260]

Mit Montag, dem 26. Mai 1793[261] setzt Goethes Niederschrift *Belagerung von Mainz* ein.[262] Sie schildert – weitgehend in Form eines Tagebuches und oft auf Stichworte beschränkt – die Zeit, die Goethe vor dem belagerten und in dem eroberten Mainz verbrachte (27. Mai bis 2. August). Sie ist nicht geschrieben mit der Intention einer Kriegsberichterstattung und nicht mit dem Ziel auf Vollständigkeit.[263] Bei ersichtlichem Bestreben nach historischer Treue wird subjektives Erleben gegeben.

---

258 WA IV 10,59.
259 Goethes Mutter an Christiane. Brief v. 20.VI.1793 (Biedermann I/541).
260 Br. II/211.
261 Es war der 27. Mai. Das Versehen um einen Tag reicht bis zum 30. Mai.
262 Auch sie ist in den Jahren 1820 bis 1822 entstanden, also nach fast 30 Jahren – allerdings nach Aufzeichnungen aus der Zeit. Die Notiz über die Fertigstellung findet sich im Tagebuch unter dem 4.III.1822 (ErgBd. S. 401).
263 Goethe hatte keinen Gesamtüberblick über die Belagerung, hat sie nicht von Anfang an miterlebt, seine Beobachtungen nur aus einem Sektor heraus gemacht. So ist er nie auf die andere Rheinseite gekommen.
      Eine eingehende historische Überprüfung auch der geringsten von ihm berichteten Details an Hand fremder Quellen (österreichisches Kriegsarchiv, französisches Aktenmaterial, Erinnerungen deutscher und französischer Offiziere und einfacher Soldaten, besonders Lauckhardt und Reuter, sowie emigrierter und in der Stadt verbliebener Mainzer) findet sich bei Pollak: Goethe-Jahrb. 1898 S. 272/4.

Eingestreut sind *episch-szenische Bilder* – Albrecht Zastrau hat deren 65 gezählt.[264]

Die *Belagerung* beginnt mit der Beschreibung des Weges, den Goethe zu seinem Standort vor Mainz genommen hat:

> Montag den 26. Mai 1793 von Frankfurt nach Höchst und Flörsheim; hier stand viel Belagerungsgeschütz. Der alte freie Weg nach Mainz war gesperrt, ich mußte über die Schiffbrücke bei Rüsselsheim; in Ginsheim ward gefüttert, der Ort ist sehr zerschossen; dann über die Schiffbrücke auf die Nonnenaue, wo viele Bäume niedergehauen lagen, sofort auf dem zweiten Teil der Schiffbrücke über den größern Arm des Rheins. Ferner auf Bodenheim und Oberolm, wo ich mich kantonierungsmäßig einrichtete, und sogleich mit Hauptmann Vent nach dem rechten Flügel über Hechtsheim ritt, mir die Lage besah von Mainz, Kastel, Kostheim, Hochheim, Weisenau, der Mainspitze und den Rheininseln. Die Franzosen hatten sich der einen bemächtigt und sich dort eingegraben; ich schlief nachts in Oberolm.[265]

Dort schlief er allerdings nur noch eine zweite Nacht:

> Ich war in ein Dorf recht schön einquartiert da haben mich die Wanzen wie gewöhnlich heraus gejagt. Nun schlafe ich wieder im Zelte, angezogen, in einer Strohbucht.[266]

Am Tage nach seiner Ankunft suchte Goethe den Herzog im Lager seines Regimentes auf, das sich an der Landstraße östlich von Marienborn befand. In Marienborn selbst war das Hauptquartier des Leiters der Belagerung, des Generalleutnants Friedrich Adolf v. Kalckreuth.[267] Mit ihm unterhielten sich der Herzog und Goethe am Nachmittag über die Blockade und künftige Belagerung.[268] Gleich in den beiden ersten Tagen lernte Goethe zwei Gebäude kennen, die im weiteren noch eine Rolle spielen: das Chausseehaus und das Forsthaus.

---

264 Goethe-Handbuch (1961) I/995. Es kann hier nicht die Aufgabe sein, alle diese Erlebnisse zu behandeln – das würde weitgehend auf eine Wiederholung des Textes hinauslaufen, der in der Gedenkausgabe 39 Seiten umfaßt. Die Darstellung muß sich auf die prägnantesten Geschehnisse beschränken.
265 XII/426.
266 Brief an Christiane v. 29.V.1793 (Br. II/211).
267 Das Hauptquartier des Königs Friedrich Wilhelm II. v. Preußen befand sich in Bodenheim. Es wurde ab 11. Juni etwa 1000 Schritt über Marienborn angelegt.
268 Der Herzog Carl August selbst sprach sich immer für die Zermürbungstaktik einer bloßen Blockade und gegen eine Belagerung und Beschießung der Stadt mit ihren furchtbaren Folgen aus, konnte sich aber nicht durchsetzen (Tümmler wie Fußn. 130 S. 107).

Das Chausseehaus liegt östlich von Marienborn.[269] Hier hatte Prinz Louis Ferdinand sein Quartier, bis er bei dem Nachtangriff auf die Welsche Schanze verwundet wurde und am 17. Juli zu Schiff nach Mannheim gebracht werden mußte. Dann bezog es der Herzog und Goethe mit ihm: *es war kein anmutigerer Aufenthalt zu denken.*[270] Von der davorliegenden Schanze übersah Goethe die Lage der Stadt, die neue französische Schanze bei Zahlbach und das *merkwürdig gefährliche Verhältnis des Dorfes Bretzenheim* und fertigte sich eine Skizze der landschaftlichen Gegebenheiten.

Am nächsten Tage besuchte er den Obristen von Stein[271] *auf dem Forsthause, das äußerst schön liegt; ein höchst angenehmer Aufenthalt.*[272] Am gleichen Abend kam es zu einem Umtrunk mit Offizieren, die Goethe aus dem Feldzug des Vorjahres kannte:

> Gegen Abend fanden sich die Offiziere des Regiments beim Marketender, wo es etwas mutiger herging als vorm Jahr in der Champagne: denn wir tranken den dortigen schäumenden Wein und zwar im Trocknen beim schönsten Wetter. Meiner vormaligen Weissagung ward auch gedacht; sie wiederholten meine Worte: «Von hier und heute geht eine neue Epoche der Weltgeschichte aus, und ihr könnt sagen ihr seid dabei gewesen.» Wunderbar genug sah man diese Prophezeiung nicht etwa

---

269 Das Chausseehaus, heute noch erhalten und von Marienborn durch die Autobahn Mainz-Alzey getrennt, war im Auftrag des Kurfürsten Erthal im Jahre 1774 erbaut worden. An dem Schlagbaum wurde Chausseegeld und Zoll erhoben. Heute findet sich über dem Eingang die Inschrift:
Chausseehaus
Hier wohnte Johann Wolfgang Goethe vom 17.-27. Juli 1793 im Quartier.
270 XII/448.
271 Vgl. zu Fußn. 174, 220, 271, 272.
Goethe sieht ihn in der Folge mehrfach, so am 3. Juni zu einer großen Mittagstafel im «Jägerhaus» (= Forsthaus).
272 Auch das (Ober-Olmer) Forsthaus – an der Kreuzung der Straßen von Mainz nach Essenheim und von Drais nach Marienborn – ist erhalten. Es war im Jahre 1764 als Jagdhaus von dem Kurfürsten Emmerich Joseph erbaut, dessen Wappen noch den Eingang ziert mit einer lateinischen Inschrift, die in Übersetzung lautet: «Auf Wunsch des Fürsten wurde ich, dies Haus, der Diana zu Ehren errichtet. Wenn du fragst, wann, in diesen Versen steckt die Zahl» (Die lateinischen Buchstaben, die zugleich Zahlen sind, ergeben die Jahreszahl der Erbauung). Es wurde als Sitz der kurmainzischen Landjägermeister genutzt. («Man fühlte, welch eine behagliche Stelle es gewesen, Landjägermeister eines Kurfürsten von Mainz zu sein» XII/427). Zur Zeit war diese Stelle unbesetzt und das Forsthaus diente als Landsitz Steins.
An die Goethe-Zeit erinnert eine Gedenktafel am Haus: «Johann Wolfgang von Goethe weilte hier am 29. Mai und 3. Juni 1793 während der Belagerung von Mainz als Gast des preußischen Gesandten am Kurmainzischen Hofe Joh. Friedr. Freiherrn v. Stein.»

nur dem allgemeinen Sinn, sondern dem besonderen Buchstaben nach genau erfüllt, indem die Franzosen ihren Kalender von diesen Tagen an datieren.[273]

Hier ist jedoch daran zu erinnern, daß auch die *Belagerung* als ein Teil von *Dichtung und Wahrheit* konzipiert wurde. Die Schilderung ist

> dichterische Deutung, historisch jedoch unzutreffend. Denn die Einführung einer neuen Zeitrechnung in Frankreich am 22. September 1792, also zwei Tage nach dem Geschehen bei Valmy, stand in keinem ernstlichen Zusammenhang mit der merkwürdigen Kanonade.[274]

Bei einem solchen Offizierstreffen begegnete Goethe einem Bekannten aus der «Kampagne» wieder, der in der Literatur nur mit der Bezeichnung *Ein preußischer Artillerieoffizier* figuriert. Mit ihm war es im Vorjahr zu einer Kontroverse gekommen, die einen besonderen Einblick in Goethes Mentalität gestattet:

> Ich hatte (während des Feldzuges in Frankreich) schon vorher gehört, daß dieser Goethe ein sehr berühmter Schriftsteller sein sollte... Als man mir zuerst sagte, daß ich jetzt häufig mit diesem Herrn zusammen sein und ein gleiches Quartier teilen müsse, da ich ja auch zur Suite des Herzogs von Sachsen-Weimar befohlen war, so empfand ich anfänglich einige Abneigung. – Ich hatte mir diese Herren Poeten bisher immer nur als so eine Art äußerlich und sittlich verkommener Menschen gedacht... Wie überrascht war ich nun aber, als ich diesen Herrn Goethe persönlich zuerst kennen lernte: es war ein ungemein stattlicher, ansehnlicher, auf das Eleganteste angekleideter Mann in den besten Jahren, der mit einem so vornehmen Wesen auftrat, daß man ihn wirklich eher für einen Prinzen, als für einen bürgerlichen Secretarius hätte halten können. Er hatte etwas sehr Selbstbewußtes in seinem ganzen Benehmen, und die Worte flossen dabei so schön und gewandt von seinem Munde, daß es immer auf den Zuhörer den Eindruck machte, als höre er aus einem gedruckten Buche vorlesen... So hörte er sich auch zu gern selbst sprechen und hielt wohl mitunter auch Reden, die zwar sehr schön klangen, aber ihrem eigentlichen Inhalte nach doch nur leer waren, über Dinge, die er unmöglich verstehen konnte. Ich entsinne mich noch, daß er einst an der Tafel des Herzogs von Weimar einen langen Vortrag über die Artilleriewissenschaft und besonders auch über die zweckmäßigste Anlage von Batterien hielt und selbst uns Artillerieoffiziere darüber belehren wollte. So etwas konnte mich denn doch wohl mit Recht verdrießen, und ich sagte: Nehmen Sie es, verehrtester Herr Legationsrat! – denn diesen Titel führte er dazumal –, nicht übel, wenn ich Ihnen mit pommerscher Gradheit zu antworten mir erlaube, daß bei uns ein altes Sprichwort heißt: Schuster bleib bei deinen Leisten. Wenn Sie über das Theater und die Dichtung und noch über viele andere gelehrte oder Kunstsachen reden, so hören wir alle Ihnen mit dem größten Vergnügen zu; denn dies verstehen Sie aus dem Grunde, und man kann viel von Ihnen dabei lernen. Etwas anderes aber ist es, wenn Sie über das Artilleriewesen sprechen und nun gar uns Offiziere darüber belehren wollen; denn,

273 XII/428.
274 Conrady, K.O.: «Goethe – Leben und Werk» Bd. II 1985 S. 70.

nehmen Sie es nicht übel! – davon verstehen Sie auch nicht das mindeste. Ihre Ansichten über die Verwendung der Geschütze waren vollständig falsch, und wenn ein Offizier nach Ihrer Anleitung eine Batterie errichten wollte, so wäre solche gar nicht zu gebrauchen und er würde entschieden damit ausgelacht werden. So sprach ich freimütig und ohne Scheu, und es herrschte anfänglich bei meiner Rede ein gewisses beängstigtes Schweigen unter den meisten Anwesenden, und mehrere sahen mich sogar ganz entsetzt an, daß ich einem so berühmten Manne, wie Goethe damals schon war, so rücksichtslos meine Meinung gesagt hatte. Goethe selbst ward bei meinen Worten anfänglich ganz rot im Gesicht, ich weiß nicht, ob aus Zorn oder aus Verlegenheit, und seine schönen funkelnden Augen blickten mich starr an; bald aber gewann er seine volle Geistesgegenwart wieder und sagte lachend: Ja, Ihr Herren Pommern seid doch recht freimütige oder wohl gar grobe Männer, das habe ich soeben an mir selbst nur zu sehr erfahren. Aber darum keine Feindschaft, Herr Leutnant! Sie haben mir soeben eine derbe Lektion gegeben, und ich werde mich hüten, in Ihrer Gegenwart wieder über das Artilleriewesen zu sprechen und den Herren Offizieren in ihr Fach zu pfuschen. Dabei schüttelte er mir recht herzlich die Hand, und wir blieben nach wie vor die besten Freunde, ja, es wollte mir sogar scheinen, als ob Goethe meinen Umgang jetzt noch mehr aufsuchte, als dies früher der Fall gewesen war.[275]

Ihn traf Goethe vor Mainz wieder und der preußische Offizier berichtet:

Von einem Adjutanten des Herzogs Karl August von Sachsen-Weimar hatte auch Goethe, der seit einigen Tagen ebenfalls wieder in unserem Lager vor Mainz anwesend war, gehört, daß ich in dieser Batterie kommandiere. Er besuchte mich alsbald, und dies war mir ein sicheres Zeichen, daß er eine gewisse Wertschätzung gegen meine Person hege und meine soldatische Aufrichtigkeit nicht übel genommen habe. Auch als Goethe zu uns kam, sahen wir alle vom Pulverdampf arg mitgenommen aus, und meine Fäuste waren so schwarz, daß ich ihm kaum die Hand schütteln konnte. Er meinte lachend; jetzt sehe er uns doch so recht bei der Arbeit, aber unser Handwerk gefiele ihm nicht; dabei würde man zu schwarz und schmutzig, und die Ohren müßten ja von all dem Gekrache und Gesause zerspringen. Ich antwortete ihm scherzend: freilich, bei seiner Arbeit als Schriftsteller könne man sich nur mit Tintenklexen an den Fingern beschmutzen, während wir von Pulverdampf schwarz würden, und der Gesang seiner Schauspielerinnen im Theater zu Weimar kitzele die Ohren wohl sanfter, als das Gekrache unserer Vierundzwanzigpfünder, dafür schaffe unsere Arbeit aber auch besser, als die seine. Auch Goethe brannte ein Geschütz ab, der Zufall wollte aber, daß nichts mit seinem Schusse getroffen wurde. Später war er noch einmal in meiner Batterie, als wir Bomben auf Mainz warfen und die Flugbahnen der großen Geschosse mit ihrem Feuerschein in der dunklen Nacht interessierten ihn sehr. Ich habe bei einer andern Gelegenheit einmal ein langes Gespräch mit ihm darüber gehabt, wie wir Artilleristen die Flugbahnen der Geschosse am raschesten und praktischsten berechnen können, und merkte dabei, daß er ein ganz tüchtiger Mathematiker sei, dem die verschiedenen mathematischen Formeln vollkommen geläufig waren.[276]

275 Gespräch Ende August 1792 (Gespr. I/199).
276 Gespräch Juni/Juli 1793 (Gespr. I/2o5).

Es mag zugefügt werden, daß der Offizier Goethe später zweimal in Weimar besuchte, das erste Mal Anfang Oktober 1806:

> Goethe nahm mich mit der früheren alten Freundschaft und Herzlichkeit auf, lud mich auch zu Tische, und wir plauderten viel von den im Feldzug von 1792 in Frankreich und dann bei der Belagerung von Mainz gemeinschaftlich bestandenen Abenteuern.[277]

Und wieder 1813:

> In Weimar, wo ich einen Rasttag hielt, machte ich meinem alten früheren Kriegskameraden und Gönner, dem Geheimrat von Goethe, einen Besuch. Er war wie immer gegen mich höchst freundlich und lud mich auch zu Tische ein, wo wir dann bei einer Flasche gutem alten Rheinwein ein paar Stunden ganz vergnüglich verplauderten und uns der Zeiten in dem Feldzug von 1792 und bei der Belagerung von Mainz wieder erinnerten.[278]

Am 29. Mai – Goethe vermerkt es allerdings in der *Belagerung* nicht – erhielt er im Lager Besuch von Johann Jacob Willemer, der seit 1778 mit ihm befreundet war. Mit ihm und seiner dritten Gattin Marianne geb. Jung sollten sich mehr als 20 Jahre später vielfach bedeutende Beziehungen ergeben.

Bereits zwei Tage nach dem Offizierstreffen wurde es militärisch ernst. Die Franzosen überfielen in der Nacht Marienborn, offensichtlich mit Zielrichtung auf das Hauptquartier des Grafen Kalckreuth:

> In der Nacht vom 30. zum 31. Mai schlief ich, wie gewöhnlich ganz angezogen, ruhig im Zelte, als ich vom Platzen eines kleinen Gewehrfeuers aufgeweckt wurde, das nicht allzu entfernt schien. Ich sprang auf und heraus, und fand schon alles in Bewegung; es war offenbar, daß Marienborn überfallen sei. Bald darauf feuerten unsere Kanonen von der Batterie vor dem Chausseehaus, dies mußte also einem herandringenden Feinde gelten. Das Regiment des Herzogs, von dem eine Schwadron hinter dem Chausseehaus gelagert war, rückte aus; der Moment war kaum erklärbar. Das kleine Gewehrfeuer in Marienborn, im Rücken unserer Batterien, dauerte fort und unsere Batterien schossen auch. Ich setzte mich zu Pferde und ritt weiter vor, wo ich, nach früher genommener Kenntnis, ob es gleich Nacht war, die Gegend beurteilen konnte. Ich erwartete jeden Augenblick Marienborn in Flammen zu sehen und ritt zu unseren Zelten zurück, wo ich die Leute des Herzogs beschäftigt fand, ein- und aufzupacken auf alle Fälle. Ich empfahl ihnen meinen Koffer und Portefeuille und besprach unsern Rückzug. Sie wollten auf Oppenheim zu; dorthin konnte ich leicht folgen, da mir der Fußpfad durch das Fruchtfeld bekannt war, doch wollt' ich den Erfolg erst abwarten und mich nicht eher entfernen, bis das Dorf brennte und der Streit sich hinter demselben weiter heraufzöge.

---

277 Gespräch Anfang Oktober 1806 (Gespr. I/412).
278 Gespräch 18.XI.1813 (Gespr. I/702, wobei es zu einem Disput über Goethes Verehrung für Napoleon kam und I/701).

In solcher Ungewißheit sah ich der Sache zu, aber bald legte sich das kleine Gewehrfeuer, die Kanonen schwiegen, der Tag fing an zu grauen, und das Dorf lag ganz ruhig vor mir. Ich ritt hinunter. Die Sonne ging auf mit trübem Schein, und die Opfer der Nacht lagen nebeneinander. Unsere riesenhaften wohlgekleideten Kürassiere machten einen wunderlichen Kontrast mit den zwergenhaften, schneiderischen, zerlumpten Ohnehosen; der Tod hatte sie ohne Unterschied hingemäht.[279]

Auf Veranlassung des Herzogs verfaßte Goethe zu diesem Überfall eine kurze Relation, die er auch in die *Belagerung* aufnahm. Hieraus erfahren wir einige *Partikularitäten* der Geschehnisse, zum Beispiel daß am 1. Juni *ein Bauer aus Oberolm* (der Gerichtsschreiber Lutz[280]) gehängt wurde, der die Franzosen zwischen den österreichischen und preußischen Patrouillen hindurchgeführt hatte.

Besondere Beachtung verdient wieder der 7. Juni, von dem Goethe berichtet, daß er *früh viel Briefe* schrieb.[281]

So an Fritz Jacobi:

..wünsche euch Glück zu dem schönen Frühling in Pempelfort, da wir indeß zwischen zerrissnen Weinstöcken, auf zertretnen, zu früh abgemähten Ähren uns herumtummeln, stündlich den Tod unsrer Freunde und Bekannten erwarten und ohne Aussicht was es werden könne von einem Tage zum andern leben... Den zweiten Gesang Reinickens sende ich wohl...[282]

Und an das Ehepaar Herder:

Die Oberlisken und Asterisken an Reineke gehe ich fleißig durch, und korrigiere nach Einsicht und Laune. Ohne diese Beihülfe des kritischen Bleistifts wäre ich nicht imstande meinen Verbesserungswillen zu richten und zu fixieren.[283]

Goethe hatte seinen *Reineke Fuchs*, die «unheilige Weltbibel», mit nach Mainz genommen und verwendete die hier entstehende tote Zeit[284] auf den korrekten Bau seiner Verse.

279 XII/429f.
280 St. III/252. – Bei diesem Ausfall beteiligte sich auch der Mainzer Gastwirt Riffel als «Oberst» der französischen Truppe. Siehe zu Fußn. 337, 339.
281 XII/434.
282 WA IV 10/72. Siehe Fußn. 256.
283 Br. II/213. – Der «kritische Bleistift» von Herder hatte die Hexameter des «Reineke Fuchs» mit Obelisken (waagrechte Striche, die überflüssige oder unecht erscheinende Stellen bezeichnen) und Asterisken (Sternchen, die besonders schöne Stellen hervorheben) versehen.(St. III/251).
284 «Wir haben hier ein unruhiges Leben und doch herzlich langweilig mitunter» (Br. an Christiane v. 14.VI.1793) – und vom gleichen Tag an Voigt: «Für mich ist es ein Glück, daß ich bei mir immer etwas zu denken und auszusinnen führe, sonst möchte ohngeachtet des Getümmels für mich nur Langeweile hier zu erwarten sein.» (WA IV 10,76 und 78).

Eben dieser widerwärtigen Art, alles Sentimentale zu verschmähen, sich an die unvermeidliche Wirklichkeit halb verzweifelnd hinzugeben, begegnete gerade Reineke Fuchs als wünschenswertester Gegenstand für eine, zwischen Übersetzung und Umarbeitung schwebende Behandlung. Meine, dieser unheiligen Weltbibel gewidmete Arbeit gereichte mir zu Hause und auswärts zu Trost und Freude. Ich nahm sie mit zur Blockade von Mainz, der ich bis zum Ende der Belagerung beiwohnte; auch darf ich zu bemerken nicht vergessen, daß ich sie zugleich als Übung im Hexameter vornahm, den wir freilich damals nur dem Gehör nachbildeten. Voß der die Sache verstand, wollte, so lange Klopstock lebte, aus Pietät dem guten alten Herrn nicht ins Gesicht sagen, daß seine Hexameter schlecht seien; das mußten wir jüngeren aber büßen, die wir von Jugend auf uns in jene Rhythmik eingeleiert hatten.[285]

Reineke war keineswegs das einzige Interesse, dem Goethe vor Mainz nachging. So schreibt er an Herder am 15. Juni:

Mein Leben ist sehr einfach. Ich komme nun fast nicht mehr vom Zelte weg, corrigire an Reineke und schreibe optische Sätze.[286]

Ebenso an Knebel am 2. Juli:

Wie sehr wünscht ich den Musen des Friedens huldigen zu können! Was möglich ist thue ich doch. Reinecken habe ich starck durchgeputzt, auch an meinen optischen Sachen habe ich viel gearbeitet, theils habe ich manches einzelne aufgeschrieben, theils habe ich mir eine Übersicht über das Ganze zu verschaffen gesucht worüber ich jetzt einen kleinen Aufsatz ausarbeite. Ich halte mich um so fester an diese Gegenstände des Denckens, da wir in diesen Augenblicken mehr als jemals der Ableiter bedürfen.[287]

Auch hier vor Mainz, wie schon in der Kampagne[288] versäumte Goethe nie, optische Beobachtungen zu machen und sie für seine Farbenlehre und die anderen optischen Schriften festzuhalten.

Auch die Farbenlehre begleitete mich wieder an den Rhein, und ich gewann in freier Luft, unter heiterem Himmel, immer freiere Ansichten über die mannigfaltigen Bedingungen unter denen die Farbe erscheint.[289]

Hier handelt es sich um den Aufsatz: *Optische Betrachtungen über die Farben – geschrieben vor Maynz im Juni 1793, Juli, unterwegs im Au-*

285 Tag- und Jahreshefte 1793 (XI/630).
286 WA IV 10,79.
287 WA IV 10,84.
288 XII/256f.
289 Tag- und Jahreshefte 1793 (XI/630). Briefe an Fritz Jacobi v. 24.VII. (Br. II/217): «Hierbei kommt die Lehre der farbigen Schatten» und v. 27.VII.1793 (WA 10,99): «Mit dem Postwagen erhältst du ein Paket das einen physikalischen Aufsatz enthält den ich während der Belagerung ausgearbeitet habe.»

gust.[290] Noch im Jahre 1821 erinnert sich Goethe Grüner gegenüber, daß von hier der ernstliche Beginn seiner Beschäftigung mit der Farbenlehre datiert:

> Die Ursache der Entstehung werden Sie gelesen haben. Ich habe noch das Blättchen Papier, auf welches im Zelte bei Mainz es geregnet hat. Seit dieser Zeit habe ich mich ernstlich mit dieser Lehre beschäftigt.[291]

Auch seinen osteologischen Interessen ging er nach und bemühte sich, für seine Studien und die anatomische Sammlung in Jena Anschauungsobjekte zu gewinnen, so Anfang Juli:

> Weisenau war in deutschen Händen, auch die flußabwärts liegende Schanze schon erobert; man besuchte den zerstörten Ort, hielt in dem Gebeinhause Nachlese von krankhaften Knochen, wovon das Beste schon in die Hände der Wundärzte mochte gelangt sein.

Und wieder am 15. Juli (wo er sich vor Prellschüssen *hinter die stehengebliebene Mauer, oder in das Gebeingewölbe zu retten wußte*):

> Wir besuchten abermals den Kirchhof in Jagd auf pathologische Knochen.[292]

Zum Schluß der *Belagerung* – Goethe war zwischenzeitlich nach Heidelberg gefahren und hatte seinen Schwager Schlosser getroffen – wird eine weitere Arbeit erwähnt, die während seiner Zeit vor Mainz entstanden war:

> zeigt ich ihm einen Aufsatz den ich während der Belagerung geschrieben hatte, worin ich ausführte: wie eine Gesellschaft verschiedenartiger Männer zusammen arbeiten und jeder von seiner Seite mit eingreifen könnte, um ein so schwieriges und weitläufiges Unternehmen fördern zu helfen. Ich hatte den Philosophen, den

---

290 WA II 5(2),174. Erhalten ist nur das Titelblatt. Der Inhalt ist offenbar in andere Werkstellen übernommen.

291 Gespräch v. 28.VII.1821 (Gespr. II/153).

292 XII/443 und 446. Goethes osteologisches Interesse mag als Beispiel ein Brief an Merck v. 14.XI.1781 (Br. I/623) verdeutlichen:
«Zugleich behandle ich die Knochen als einen Text, woran sich alles Leben und alles Menschliche anhängen läßt . . .
Diesen Winter habe ich mir vorgenommen mit den Lehrern und Schülern unserer Zeichenakademie den Knochenbau des menschlichen Körpers durchzugehen.»
Die Weisenauer Kirche wurde in der Belagerungszeit zerstört, 1825/6 wieder aufgebaut und ist am 27.II.1945 infolge Fliegerangriffs niedergebrannt. 1949/51 wurde sie erneut aufgebaut. Im Text der Gedenktafel ist Goethes Anwesenheit festgehalten: 1793 bei der Belagerung von Mainz bis auf die Umfassungsmauern niedergebrannt; beschrieben von Joh. Wolfg. v. Goethe in «Belagerung von Mainz.»

Physiker, Mathematiker, Maler, Mechaniker, Färber und Gott weiß wen alles in Anspruch genommen.[293]

Vermutlich wurde in der Mainzer Zeit auch das Schema zu seinem Roman *Wilhelm Meisters Lehrjahre* entworfen, was allerdings in der *Belagerung* nicht erwähnt ist.[294] Seine verschiedenen Studien und Arbeiten waren für Goethe ein *Balken im Schiffbruch*.[295]

Am Sonntag, den 9. Juni, wurde die Eintönigkeit des Zernierungslebens durch einen Ausflug in das Rheingau unterbrochen:

> Über das Wasser bin ich noch nicht gekommen außer bei einer schönen Partie ins Rheingau. Wir fuhren zu Wasser bis Rüdesheim, probirten die Keller durch, fuhren an den Mäusethurm, dann auf Bingen. Und zu Land nach dem Lager zurücke. Wir kamen eben zurechte, als die Franzosen einen Ausfall auf das Stift zum heiligen Kreuz thaten und es wegbrannten.[296]

Unter dem 11. und 14. Juni tauchen erstmals zwei Malerfreunde Goethes in der *Belagerung* auf: Kraus und Gore.

> Die Belagerung von Mainz, als ein seltener wichtiger Fall, wo das Unglück selbst malerisch zu werden versprach, lockte die beiden Freunde gleichfalls nach dem Rhein, wo sie sich keinen Augenblick müßig verhielten.[297]

Georg Melchior Kraus ist schon erwähnt worden.[298] Auch er war im Spätjahr 1775 – einige Tage vor Goethe – nach Weimar gekommen, wo er sich bald eine bevorzugte Stellung errang.[299]

---

293 XII/463. Vgl. Tag- und Jahreshefte 1793 (XI/630). Schlosser reagierte verständnislos. Dies trug zur Abkühlung des Verhältnisses bei.
294 St. III/271.
295 Tag- und Jahreshefte 1793 XI/631.
296 Brief an Herder v. 15.VI.1793 (WA IV 10,79).
297 XII/446. Wir folgen – mit Steiger – der Datierung der «Belagerung», obwohl diese hier kaum richtig sein kann: vgl. den Brief von Kraus an Auguste Slevoigt v. 18. Juli (!) 1793:
   Am 15. reisten wir abends um 10 Uhr von Frankfurt und kamen den anderen Morgen gegen 8 Uhr glücklich und wohl hier an.
   (v. Maltzahn: Goethe-Kalender 1940 S. 228).
298 Vgl. zu Fußn. 86. Über ihn bis 1775: DuW X/835ff.
299 Unter seinen Malerschülerinnen war auch Anna Amalia, deren Hofmaler er wurde. Sie nahm ihn auf ihre Reise nach Frankfurt im Jahre 1778 mit und schenkte sein Goethebild (mit Silhouette – Kopie von Schumann im Goethehaus in Frankfurt) der Mutter Aja. Er erfreute sich auch des Wohlwollens des Herzogs. Er wurde Lehrer und 1780 Direktor der Weimarer Zeichenschule. Besonders bekannt ist sein Bild von der Uraufführung der «Iphigenie» mit Corona Schröder in der Titelrolle und Goethe als Orest.
   Im Jahre 1806 kam er infolge von Mißhandlungen beim Einzug der Franzosen in Weimar elend zu Tode.

Der Engländer Charles Gore, der Kraus nach Mainz begleitete, war von Hause Schiffsbautechniker und Kaufmann, daneben Kunstliebhaber und Maler. Er war auf einer seiner vielen Reisen nach Weimar gekommen und hatte sich mit seinen beiden Töchtern 1791 dort niedergelassen.[300]

Kraus zeichnete sorgfältig die Aussicht von dem neuen Lager des preußischen Königs über Marienborn *mit allen ihren gegenwärtigen Eigentümlichkeiten* (*des herrlichsten Parks von der Welt*). Als aus dem erwarteten Nachtgefecht um die *Kleine Schanze* der Franzosen unterhalb Weisenau nichts wurde, ging man verdrießlich nach Hause,

> besonders Herr Gore, als auf solche Feuer- und Nachtgefechte der Begierigste.[301]

Vierzehn Tage später – am 28. Juni – wurde sein Wunsch in schrecklicher Weise erfüllt durch das Bombardement des Domes:

> Wir sahen auf der Schanze vor Marienborn diesem schrecklichen Schauspiele zu; es war die sternenhellste Nacht, die Bomben schienen mit den Himmelslichtern zu wetteifern und es waren wirklich Augenblicke wo man beide nicht unterscheiden konnte. Neu war uns das Steigen und Fallen der Feuerkugeln; denn wenn sie erst mit einem flachen Zirkelbogen das Firmament zu erreichen drohten, so knickten sie in einer gewissen Höhe parabolisch zusammen und und die aufsteigende Lohe verkündigte bald, daß sie ihr Ziel zu erreichen gewußt.
>
> Herr Gore und Rat Kraus behandelten den Vorfall künstlerisch und machten so viele Brandstudien, daß ihnen später gelang ein durchscheinendes Nachtstück zu verfertigen, welches noch vorhanden ist und, wohlerleuchtet, mehr als irgend eine Wortbeschreibung die Vorstellung einer unselig glühenden Hauptstadt des Vaterlandes zu überliefern imstande sein möchte.[302]

300 Seine Biographie hat Goethe übersetzt und unter Zufügung von drei ihn würdigenden Absätzen als Nachtrag in die Biographie des Malers Philipp Hackert aufgenommen: XIII/598ff. In der «Belagerung» äußert sich Goethe über ihn und Kraus:
> Wenn wir nun dieses Freundes allhier gedenken, so verfehlen wir nicht etwas mehreres über ihn zu sagen. Er zeichnete sehr glücklich in der Camera obscura und hatte, Land und See bereisend, sich auf diese Weise die schönsten Erinnerungen gesammelt. Nun konnte er, in Weimar wohnhaft, angewohnter Beweglichkeit nicht entsagen, blieb immer geneigt kleine Reisen vorzunehmen, wobei ihn denn gewöhnlich Rat Kraus zu begleiten pflegte, der mit leichter glücklicher Fassungsgabe die vorstehenden Landschaften zu Papier brachte, schattierte, färbte und so arbeiteten beide um die Wette. (XII/446).
> Siehe bes. auch: Ehrlich, W.: Goethe – Jahrb. Bd. 91 (1974) S. 117ff.
301 XII/436.
302 XII/438.

Von einem weiteren Treffen berichtet die *Belagerung:*

Am 15. Juli besuchten wir Herrn Gore in Kleinwintersheim und fanden Rat Kraus beschäftigt ein Bildnis des werten Freundes zu malen, welches ihm gar wohl gelang. Herr Gore hatte sich stattlich angezogen, um bei fürstlicher Tafel zu erscheinen, wenn er vorher sich in der Gegend abermals würde umgeschaut haben. Nun saß er, umgeben von allerlei Haus- und Feldgerät, in der Bauernkammer eines deutschen Dörfchens, auf einer Kiste, den angeschlagenen Zuckerhut auf einem Papiere neben sich; er hielt die Kaffeetasse in der einen, die silberne Reißfeder, statt des Löffelchens, in der andern Hand; und so war der Engländer ganz anständig und behaglich auch in einem schlechten Kantonierungsquartier vorgestellt, wie er uns noch täglich zu angenehmer Erinnerung vor Augen steht.[303]

Man mag bedauern, daß

Kraus nicht auch Goethe als Belagerungsgast gezeigt, so wie er Gore in seiner Behausung beim Frühstück in einem reizvollen Aquarelle verewigt hat; aber es ist eine alte Überlieferung, gegen die sich nicht viel einwenden läßt, daß auf einer Gruppe seiner großen Aquarelldarstellung des eroberten Mainz, die im kolorierten Stich vervielfältigt worden ist, Goethe zu erkennen sei, wie er durch das lange Fernrohr schaut.[304]

Kraus und Gore begleiteten Goethe nach Weisenau auf der Suche nach pathologischen Knochen:

Und so begleiteten sie uns denn auch auf einem Gefahrzug nach Weisenau, wo sich Herr Gore ganz besonders gefiel.[305]

Wir müssen auf beide Maler noch zurückkommen. Auf Befehl des Herzogs war noch ein dritter Maler aus Weimar nachgekommen.[306]: Konrad Horny. Dieser muß uns auch als gebürtiger Mainzer interessieren. Er hatte in Mainz das Handwerk des Porzellanmalers erlernt, bevor er sich 1785 in Weimar niederließ. Goethe erwähnt ihn in der *Belagerung* nicht, wohl aber in einem Brief aus dem Lager in Marienborn an Friedrich Jacobi v.7.VI.1793:

303 XII/446.
304 Wahl, H.: Goethe-Jahrb. 1929 S. 86. Kraus hat zwei Bilder gemalt, auf denen man Goethe durch ein Fernrohr schauend zu erkennen glaubt: Die Belagerung von Weisenau und von Marienborn aus (beide im Landesmuseum-St.)
305 XII/446.
306 Brief Goethes an Bertuch v. 7.VII.1793 (Goethe-Jahrbuch 1927 S. 47):
     «Durchlaucht der Herzog befehlen daß (Maler Konrad) Horny sich auf den Postwagen setzen nach Frankfurt gehen und von da ins Lager von Marienborn kommen solle. (...) die Absicht ist daß er die Gegend und die jetzige Stellung der Läger zeichne.»
     Einige Radierungen von ihm besitzt das Landesmuseum.

Die farbigen Zeichnungen sind alle drey Copien nach Meyer von einem jungen Künstler Nahmens Horny der sich besonders auf die Landschaften legt.[307]

Goethe ist mit diesem Mainzer Maler auch weiterhin in Beziehung geblieben. So hat er Horny die Ausmalung der Decken in seinem Haus am Frauenplan anvertraut und berichtet im Brief v. 17.7.1794 an Meyer:

Horny bringt die Decke ganz artig zu Stande.[308]

Zwei Jahre nach der Belagerung von Mainz wurde Horny Lehrer an der Weimarer Zwischenschule.[309] In der ersten Hälfte des Juli 1800 berichtet Meyer:

Eines Morgens zeigte mir Goethe mehrere sauber gestochene und kolorierte Blätter naturhistorischer Gegenstände, welche der mir befreundete tüchtige Zeichner und Kupferstecher Horny angefertigt, ohne denselben jetzt eine Bestimmung geben zu können, weshalb er sich bei Goethen Rats erholt hatte. Bekannt mit meiner Gewandtheit einen gefälligen Vers zu schaffen und in gebundener Rede klar etwas darzustellen, machte mir Goethe den Vorschlag, eine erläuternde, versifizierte Erklärung zu den Bildern zu schreiben, und so zur Herausgabe eines kleinen, sich von den gewöhnlichen vorteilhaft auszeichnenden Bilderbuches Veranlassung zu geben. Mit Lust machte ich mich an die Arbeit, und vollendete in wenigen Tagen die Vorrede, die Einleitung und die versifizierte Erklärung der dreizehn ersten Kupfertafeln. Bald darauf trat ich meine Reise an. Indes hatte Horny die vierzehnte noch folgende Tafel der Mineralien auch beendigt, welcher nun Goethe selbst die poetische Erklärung hinzufügte.[310]

Auch für Theaterdekorationen zog Goethe Horny heran.[311]

Natürlich waren es nicht nur die aus Weimar gekommenen Maler, die die Gelegenheit nutzten wo das Unglück selbst malerisch zu werden versprach. Beispiele dafür sind der Frankfurter Maler Christian Georg Schütz, d.Ä.[312] und die Mainzer Malerbrüder Caspar und Georg Schneider.[313]

307 WA IV 10,73.
308 Br. II,226.
309 v. Maltzahn: Goethe-Kalender 1940 S. 228. (In dem «Bericht an den Marschall Alexandre Berthier über die genossenschaftlichen und künstlerischen Institute in Weimar und Jena» 1806, wird er als «dessinateur» der école de dessin aufgeführt. XII/730).
310 Gespr. I/282.
311 Z.B. Tagebuch v. 16.I.1814: «Auf dem Theater Horny Landsch.» (WA III 5,92).
312 Beispiel: «Brand des Domes und der Liebfrauenkirche von der Hochheimer Höhe».
313 Caspar Schneider (vgl. Fußn. 250, zu 468/9, 474, 484) z.B. Nachtstück «Beschießung der Stadt Mainz» (im Besitz des Verf.) Georg Schneider z.B. «Blick auf das brennende Kostheim» (Landesmuseum-St.)

Georg Schneider: Beschießung von Mainz mit brennendem Dom

Aber auch viele Schaulustige betrachteten die Belagerung als Spektakel, nutzten das Unglück der Stadt zu einer Lustpartie:

> Und so war nach und nach das innere grenzenlose Unglück einer Stadt, außen und in der Umgegend, Anlaß zu einer Lustpartie geworden. Die Schanze über Weisenau, welche die herrlichste Übersicht gewährte, täglich von einzelnen besucht, die sich von der Lage einen Begriff machen und was in dem weiten übersehbaren Kreis vorginge bemerken wollten, war sonn- und feiertags der Sammelplatz einer unzählbaren Menge Landleute, die sich aus der Nachbarschaft herbei zogen.

Wenn die Franzosen ein Geschütz abfeuerten, rief die Schildwache: Buck! und alle Personen warfen sich nieder:

> Nun war es sonntags und feiertags lustig anzusehen, wenn die große Menge geputzter Bauersleute, oft noch mit Gebetbuch und Rosenkranz aus der Kirche kommend, die Schanze füllten, sich umsahen, schwatzten und schäkerten, auf einmal aber die Schildwache Buck! rief und sie sämtlich flugs vor dieser gefährlich-hochwürdigen Erscheinung niederfielen und ein vorüberfliegendes göttlich sausendes Wesen anzubeten schienen; bald aber nach geschwundener Gefahr sich wieder aufrafften, sich wechselweise verspotteten und bald darauf, wenn es den Belagerten gerade beliebte, abermals niederstürzten.

Auf dem Weg von Frankfurt her zog man gleich in ganzen Prozessionen zu dem Schauspiel:

> Auf dem Rücken dieser Höhen zog sich der Weg von Frankfurt her, so daß man die Prozession von Kutschen und Chaisen, Reitern und Fußgängern aus Mainz sehr gut beobachten und also zugleich die Schanze und die Wallfahrtenden in Schrecken setzen konnte. Auch wurde bei einiger Aufmerksamkeit des Militärs der Eintritt einer solchen Menge gar bald verboten, und die Frankfurter nahmen einigen Umweg, auf welchem sie unbemerkt und unerreicht in das Hauptquartier gelangten.[314]

Als Gegenstück wirkt ein Erlebnis, von dem Goethe zwar nicht in der *Belagerung*, jedoch zwei Jahre später in den Tages- und Jahresheften 1795 erzählt. Er spricht von seiner Theaterarbeit und fährt fort:

> Wenden sich nun meine Gedanken von diesen kleinen, in Vergleich mit dem Weltwesen höchst unwichtigen Verhältnissen zu diesem, so muß mir jener Bauer einfallen, den ich bei der Belagerung von Mainz, im Bereich der Kanonen, hinter einem auf Rädern vor sich hingeschobenen Schanzkorbe seine Feldarbeit verrichten sah. Der einzelne beschränkte Mensch gibt seine nächsten Zustände nicht auf, wie auch das große Ganze sich verhalten möge.[315]

Am 21. Juni wurde die Stadt erstmals aufgefordert, sich zu ergeben. Am 24. erfolgte die Exportation von etwa 1 500 Personen:

314 XII/441/2.
315 XI/650.

Franzosen und Klubbisten, wie man wohl bemerken konnte, daß es Ernst werde, veranstalteten, dem zunehmenden Mangel an Lebensmitteln Einhalt zu tun, eine unbarmherzige Exportation gegen Kastel, von Greisen und Kranken, Frauen und Kindern, die ebenso grausam wieder zurückgewiesen wurden. Die Not wehr- und hülfloser zwischen innere und äußere Feinde gequetschter Menschen ging über alle Begriffe.[316]

Der französische Konventskommissar Merlin de Thionville verbot die Wiedereinlassung. 24 Stunden mußten die Unglücklichen zwischen den Fronten ausharren, bis er die Rückkehr dann doch gestattete, jedoch nur unter der Bedingung, daß dem Militär täglich 200 Arbeiter zur Verfügung gestellt würden. Schon vorher, Ende März und Anfang April 1793 waren von den führenden Revolutionären in der Stadt – nicht nur zur Verringerung der Bevölkerung, sondern auch zur *Säuberung* – pauschale Exportationen ganzer Gruppen erfolgt. Dies geschah meistens gewalttätig und war mit dem Verlust des Vermögens verbunden.[317] Auch das Schicksal der Emigrierten berührte Goethe sehr:

> Die Situation der emigrierten Maynzer ist die traurigste von der Welt.[318]

Am 27. Juni ging die Blockade in die eigentliche Belagerung über und es begann die Beschießung der Stadt, wodurch sogleich die Dechanei (Domprobstei) in Flammen aufging. Am 28. Juni erfolgte ein fortgesetztes nächtliches Bombardement gegen den Dom; Turm, Dach und viele Häuser umher brannten ab, ebenso die Jesuitenkirche. Am 30. Juni *brannte Mainz wieder fürchterlich.*[319] Am 3 Juli schreibt Goethe an Voigt:

> Wie selig kann man seine Freunde preisen die wenigstens das Unheil nicht mit Augen sehen das in dieser Gegend und nun auch in dem unglücklichen Maynz angerichtet wird...
>
> Mich wandelt in meiner jetzigen Lage ein Art Stupor an und ich finde den trivialen Ausdruck: der Verstand steht mir still, trefflich um die Lage meines Geistes auszudrucken.
>
> Die Hälfte der schönen und wohlgelegnen Stadt mag nun wohl schon verbrannt seyn.[320]

---

316 XII/437. Noch nach der Belagerung erzählten alle von Goethe Befragten von dieser Not:
  Wirt und Wirtin und jeder Einwohner den man ansprach, schienen ihren eigenen Jammer zu vergessen, um sich in weitläufigere Erzählungen des grenzenlosen Elends heraus zu lassen, in welchem die zur Auswanderung genötigten Mainzer Bürger zwischen zwei Feinde, den innern und äußern, sich geklemmt sahen. (XII/461).
317 Dumont, F.: Wie Fußn. 229 S. 470f. mit Zit. und «Mainzer Zeitschrift». 1980 S. 166ff.
318 Br. an Voigt WA IV 10,85.
319 V. Fritsch, Journal Zit. nach St. III/260.
320 WA IV/10,84.

Und am 9. Juli wiederum an Voigt:

Die Belagerung geht immer hefftig fort... Das Feuern ruht weder Tag noch Nacht und jetzt ist gleichsam jede Stunde von Bedeutung. Wie lange es noch währt ist nicht abzusehen. Der Regel nach werden unsere Wünsche sobald nicht erfüllt, man hofft immer auf irgend einen Zufall oder eintretenden günstigen Umstand.[321]

Liebfrauen-, Franziskaner-, Dominikaner- und Karmeliterkirche, Kapuzinerkapelle, Sankt Sebastian und Heiligkeuz und zahllose Häuser gingen in Flammen auf.[322] Erstaunlich ist, daß Goethe der Zerstörung des Theaters nicht gedenkt, die am 1. Juli erfolgte. War er doch dort mit seinen Jugenddramen häufig zu Wort gekommen.[323]

Nirgends finden wir bei Goethe eine Äußerung der Freude oder auch nur der Genugtuung über den Erfolg der Belagerung. Seine innere Einstellung zu dem Geschehen tritt immer wieder zu Tage:

Es ist hier herum ein leidig Leben. Ein Glück, daß man nicht zu sich selbst kommt.[324] ...das untröstliche vergesse das ich hier täglich und stündlich sehen muß.[325]... Wenn wir nur nicht das traurige Schauspiel ansehn müßten daß alle Nacht die Stadt bombardirt wird und nun so nach und nach vor unsern Augen verbrennt. Die Kirchen, die Thürme, die ganzen Gassen und Quartiere eins nach dem andern im Feuer aufgeht. Wenn ich dir einmal davon erzähle wirst du kaum glauben daß so etwas geschehen können.[326]... Kunstlos und fast trostlos sitze ich in der schönsten Gegend von Deutschland und sehe nichts als Verwüstung und Elend.[327]

Endlich ergaben sich Hoffnungsschimmer. Der Kommandant der Stadt, General d'Oyré,[328] unterbreitete Vergleichsvorschläge, die zunächst zu-

321 WA IV 10,91.
322 Ruppel, M. «Mainzer Vierjahreshefte» 2. Jg. Heft 3 S. 10.
323 Das damalige Theater, 1766 errichtet von Kurfürst Emmerich Joseph an Stelle des Holzbaues auf dem Ballplatz, faßte 3000 Personen. Es stand in der Nähe des Neubrunnenplatzes zwischen Lotharstraße und Steingasse. Bis zum Beginn der Belagerung waren im Mainzer Spielplan «Clavigo» (erstmals 1776), «Götz von Berlichingen» (1777/8), «Die Geschwister» (1785), «Die Mitschuldigen» (1787) und «Egmont». – dieser war sogar von dem bedeutenden Siegfried Eckart gen. Koch am 9.I.1789 in Mainz uraufgeführt worden. Börckel S. 10 (dort auch Hinweise auf Goethe-Drucke und -Rezensionen in Mainz). Siehe auch Bräuning-Oktavio, H.: Goethe-Handbuch II (1917) S. 504.
324 An Meyer 22.VI.1793 WA IV 10,80.
325 An Christiane 22.VI.1793 WA IV 10,81.
326 An Christiane 3.VII.1793 WA IV 10,86.
327 An Meyer 10.VII.1793 WA IV 10,93.
328 General Custine, vom Convent zum Oberkommandierenden der Rheinarmee ernannt, war am 19.III.1793 nach Landau gegangen und hatte das Kommando in Mainz an d'Oyré übergeben.

rückgewiesen wurden. Das Bombardement ging am nächsten Tage fort, die Rheinmühlen wurden getroffen und unbrauchbar gemacht. Am 20. Juli übersandte d'Oyré eine Punktation, über die verhandelt wurde. Das Bombardement ging aber weiter. Am 22. Juli kam d'Oyré in das deutsche Hauptquartier. Abends gegen acht Uhr wurde bekannt, daß die Kapitulation unterzeichnet sei. Mainz sollte am folgenden Tag übergeben werden.[329] Im Gefühl *einer schnellen Entledigung von bisherigen Lasten, von Druck und Bangigkeit* konnten sich einige Freunde (Goethe, Karl August und andere) *nicht erwehren aufzusitzen und gegen Mainz zu reiten,* wobei sie unterwegs Sömmering einholten, der zu Fuß gleichfalls nach Mainz eilte – *freilich auf stärkere Veranlassung als wir,* war er doch aus Mainz vor der Belagerung, alles zurücklassend, nach Frankfurt geflüchtet. Während die Kavalkade bis vor den Schlagbaum ritt und den dort Versammelten die freudige Kunde gab, daß Stillstand beschlossen sei, traf auch Sömmering ein

> der sein Gespräch an das unsrige knüpfte, bekannte Gesichter fand, sich vertraulicher unterhielt und zuletzt verschwand ehe wir's uns versahen,

in die Stadt nämlich, während die Reiter es *für Zeit hielten* umzukehren.[330]

Hiermit endete die eigentliche Belagerung.

Es folgte das Nachspiel, dauernd vom 23. Juli bis 2. August: Die Besetzung der Stadt, Goethes Wiedersehen mit ihr, der Auszug der Franzosen und die Wirren um die Klubisten bis zur Abreise Goethes nach Mannheim.

Nachzutragen ist, daß Goethe vor Mainz zwei Todesnachrichten erhielt. Die erste betraf seine sechzehnjährige Nichte Julie Schlosser, Tochter seiner Schwester Cornelia. Schon am 7. Juli hatte Goethe an Fritz Jacobi geschrieben:

> Eigentlich sollte ich Schlossern besuchen, ich fürchte mich aber davor. Seine eine Tochter ist tödlich krank und es wäre mir entsetzlich meine Schwester zum zweyten mal sterben zu sehen. Meine Mutter hat mir Briefe von dem Kinde gezeigt die höchst rührend sind.[331]

---

329 XII/448; St. III/265 – auch zum Folgenden.
330 Sömmering schildert den Vorgang in seinem Brief an Heyne v. 27.VII.1793 (zit.nach Boerckel S. 18) wie folgt:
     Auf die erste positive Nachricht von der Übergabe von Mainz fuhr ich sogleich mit Freund Weidmann über Marienborn dahin und kam glücklich ungefragt herein, versteht sich zu Fuß, denn der Herzog von Weimar und Goethe, die vor uns ritten, kamen nicht herein, weil sie zu Pferd waren.
331 Br. II/216.

Zu diesem Zeitpunkt war sie schon tot. Sie starb am 5. Juli. Am 10. Juli mußte Goethe Christiane einen anderen Tod melden:

> Du weißt vielleicht schon, daß der arme Moritz tot ist.[332]

Karl Philipp Moritz, gestorben am 26. Juni – das war der Freund von Rom, der dort und in der Folgezeit von so großer Bedeutung für Goethe wurde *(..Er ist wie ein jüngerer Bruder von mir.)*[333]

Als Goethe am 23. Juli mit einer Chaise eine Spazierfahrt in engem Kreis um die Stadt machte, bekam er einen ersten Begriff davon, was sich nunmehr zwischen den zurückkehrenden Emigrierten und den Klubisten abspielen würde. Ein ausgewanderter Mainzer bat ihn seinen Knaben von ungefähr acht Jahren in den Wagen zu nehmen, während er den Klubisten Tod und Verderben zu bringen schwor. Goethes Vorstellung, den Frieden nicht mit neuem bürgerlichem Krieg zu verunreinigen und die Bestrafung Schuldiger den Alliierten und dem Landesherrn zu überlassen, hatte keinerlei Wirkung, wie sich bald herausstellen sollte.

Am 24. Juli zu Mittag, als im Lager alles mit dem Essen beschäftigt war, fuhren mehrere dreispännige Wagen sehr schnell vorbei. Es verbreitete sich das Gerücht, auf diese Weise hätten mehrere Klubisten sich gerettet. Dann kam jedoch der eigentliche Auszug, dem Goethe mit seinen Freunden durch die Fenster des Chausseehauses zusah. Wir haben hierzu zwei Schilderungen Goethes: In einem zeitnahen Brief und in der *Belagerung*. Die letztere lautet:

> Den Zug sahen wir in aller seiner Feierlichkeit herankommen. Angeführt durch preußische Reiterei folgte zuerst die französische Garnison.
> Bemerkenswert war nun ein einzelner Trupp, die französischen Kommissarien, Merlin von Thionville in Husarentracht, durch wilden Bart und Blick sich auszeichnend, hatte eine andere Figur in gleichem Kostüm links neben sich; das Volk rief mit Wut den Namen eines Klubbisten und bewegte sich zum Anfall. Merlin hielt an, berief sich auf seine Würde eines französischen Repräsentanten, auf die Rache die jeder Beleidigung folgen sollte: er wolle raten sich zu mäßigen, denn es sei das letztemal nicht, daß man ihn hier sehe. Die Menge stand betroffen, kein einzelner wagte sich vor. Er hatte einige unserer dastehenden Offiziere angesprochen und sich auf das Wort des Königs berufen, und so wollte niemand weder Angriff noch Verteidigung wagen; der Zug ging unangetastet vorbei.[334]

---

332 WA IV 10,94.
333 Br. an Frau v. Stein v. 14.XII.1786 (Br. II/42).
334 XII/451.

Es scheint gesichert, daß sich unter *einige unserer dastehenden Offiziere* der Herzog selbst verbirgt. Dazu liest man:

> Der Dichter ging wohl deshalb über den Vorgang hinweg, weil er den bei den Hauptmächten wegen seines Freisinns damals unbeliebten Großherzog nicht dem Verdacht aussetzen wollte, von alten Tagen her etwa als Fürsprech deutschen Jakobinertums zu erscheinen. So erwähnte er lediglich die vermittelnde Haltung «einiger dastehender Offiziere»[335]

Abgesehen davon, daß Karl August 1793 noch Herzog war (Großherzog wurde er über 20 Jahre später im Wiener Kongreß):

Diese Begründung könnte vielleicht gelten für die Zeit, in der die *Belagerung* geschrieben wurde, nach dem Wartburgfest und seinen Folgen.[336] Keineswegs aber war Karl August zur Zeit der Belagerung selbst – 1793 – im Verdacht, ein Fürsprech des Jakobinertums zu sein. Im Gegenteil!

Sodann haben wir die zeitnahe und noch eindrucksvollere Schilderung in Goethes Brief an Friedrich Jacobi vom 27. Juli 1793:

> Die Letzten Tage, der Capitulation, der Übergabe, des Auszugs der Franzosen gehören unter die interessantesten meines Lebens, ich wünsche dir einmal davon zu erzählen. Die Clubbisten waren in der Capitulation übergangen und man hatte keine Anstalten gemacht sie zu fangen auch kamen den ersten Tag des Auszugs viele durch; Rüffel der Gastwirth ritt neben Merlin, beyde in Husaren Uniform an der Spitze der Reuterey welche du Bayet ausführte. Am Chaussehauße schrie das Volck sein kreuzige, auch hätten sie ihn gewiß ohne die Contenance von du Bayet und Merlin und ohne die Gegenwart der preußischen Officire vom Pferde gerissen. Dafür paßten sie andern auf die nicht so gut eskortirt waren und fingen und beraubten und prügelten sie und führten sie nach Marienborn. Darunter denn Metternich und der Pfarrer vom heil. Creuz waren. Das geschah durch die emigrirten Maynzer die selbigen Tages nicht in die Stadt durften.[337]

Die Dissimulation der Beteiligung des Herzogs ist hier sogar noch weitergehend: hier ist nicht von *einigen unserer dastehenden*, sondern von der *Gegenwart der preußischen Offiziere* die Rede. Aus welchen Gründen Goethe im Brief wie in der *Belagerung* das Eingreifen des Herzogs verheimlicht hat, kann selbst vermutungsweise nicht gesagt werden.

Wohl aber erklärt sich der scheinbare Widerspruch, daß der Kommissar Merlin de Thionville sich auf *ein Wort des Königs* berufen konnte, Goethes Brief dagegen berichtet, *die Klubisten waren in der Kapitulation übergangen*. Die Franzosen hatten

335   Andreas, W.: «Goethe und Carl August während der Belagerung von Mainz» München 1956 (Sitzungsbericht der Bayr, Akad. d. Wissensch. Jg. 1955 Heft 9 S. 35f. mit Hinweis auf Chuquet: «Les guerres de le Révolution VII de Mayence.» S. 273/4).
336   Siehe zu Fußn. 512.
337   WA IV 10,100.

Brief Goethes an Friedrich Jacobi vom 27. Juli 1793

seit Beginn der Kapitulationsverhandlungen versucht, in einem (Geheim-)Artikel das Recht ihrer deutschen Anhänger auf freien Abzug festzuhalten. Der preußische Befehlshaber Kalckreuth blieb in diesem Punkt jedoch strikt ablehnend, denn er wollte nicht jene «Umstürzler» entkommen lassen, deren Bekämpfung die mühselige Belagerung ja schließlich auch gedient hatte. Immerhin einigten sich beide Seiten am 22. Juli darauf, daß alle auswanderungswilligen Mainzer Demokraten von Preußen nach Oppenheim gebracht und dort gegen die von den Franzosen Ende März deportierten Mainzer ausgetauscht werden sollten. Das war eine mündliche Absprache, denn die Kapitulation selbst enthielt kein Wort über das Schicksal der deutschen Jakobiner.

Diese hatten – von den Franzosen nur unzureichend informiert – inzwischen selbst versucht, das Recht auf freien Abzug zu erwirken. Dabei kam es nochmals zu Streitigkeiten zwischen der Munizipalität, der mehr an der Sicherheit ihrer Mitbürger gelegen war, und einigen Administrationsräten, die auch jetzt noch glaubten, Forderungen stellen zu können. Die meisten der etwa 150 auswanderungswilligen Jakobiner gaben sich schließlich mit der erwähnten Geheimabsprache zwischen d'Oyré und Kalckreuth zufrieden, während andere – meist prominente – auf eigene Faust handelten und mit der französischen Armee ausziehen wollten.

Die Erwartungen beider Gruppen erfüllten sich jedoch nicht. Viele, die am 24./25. Juli 1793 als französische Soldaten verkleidet Mainz verließen, fielen jenen Bürgern in die Hände, die sofort nach Abschluß der Kapitulation die Ausfallstraßen besetzt hielten und nach den «Erzklubisten» Ausschau hielten, die sie für all ihr Unglück verantwortlich machten. So kam es vor dem Mainzer Münster- bzw. Gautor zu schlimmen Mißhandlungen.[338]

Merlin konnte sich bei seinem Schutzverlangen, mit dem er Riffel, den Gastwirt des *Königs von England*, durchbrachte, darauf berufen, daß dieser nicht etwa als französischer Soldat verkleidet war, sondern (für seine Beteiligung am Überfall auf Marienborn) zum Offizier ernannt worden war.[339]

Die uneskortierten Späteren, so der Mathematikprofessor Matthias Metternich und der Pfarrer Schäfer kamen ebensowenig durch wie am nächsten Tag Georg Böhmer:

Die gestrige Kriegslist der Entwischenden gelang daher nicht wieder. Einzelne Reisewagen rannten abermals eilig die Straße hin, überall aber hatten sich die Mainzer Bürger in die Chausseegraben gelagert, und wie die Flüchtlinge einem Hinterhalt entgingen, fielen sie in die Hände des andern.

Der Wagen ward angehalten, fand man Franzosen oder Französinnen, so ließ man sie entkommen, wohlbekannte Klubbisten keineswegs. Ein sehr schöner drei-

338 Dumont, F.(wie Fußn. 229) S. 473 mit Zit.
339 Siehe Fußn. 280 – Dumont, F. Mainzer Zeitsch. 1980 S. 161. – F. Andreas: W: (Fußn. 340) zitiert – leider ohne genaue Quellenangabe – «eine gleichzeitige Schrift»: «Mainz nach seiner Wiedereinnahme usw.» vom 16. August 1793, wonach Merlin dem Herzog zugerufen habe: «Weimar est-ce ainsi qu'on tient la capitulation?», worauf sich Karl August für Riffels Sicherheit verbürgt habe.

spänniger Reisewagen rollt daher, eine freundliche junge Dame versäumt nicht sich am Schlage sehen zu lassen und hüben und drüben zu grüßen; aber dem Postillon fällt man in die Zügel, der Schlag wird eröffnet, ein Erzklubbist an ihrer Seite sogleich erkannt. Zu verkennen war er freilich nicht, kurz gebaut, dicklich, breiten Angesichts, blatternarbig. Schon ist er bei den Füßen herausgerissen; man schließt den Schlag und wünscht der Schönheit glückliche Reise. Ihn aber schleppt man auf den nächsten Acker, zerstößt und zerprügelt ihn fürchterlich; alle Glieder seines Leibes sind zerschlagen, sein Gesicht unkenntlich. Eine Wache nimmt sich endlich seiner an, man bringt ihn in ein Bauernhaus, wo er auf Stroh liegend zwar vor Tätlichkeiten seiner Stadtfeinde, aber nicht vor Schimpf, Schadenfreude und Schmähungen geschützt war.[349]

Während auch in der Stadt die Ausschreitungen sich ausbreiteten, geplündert wurde und die Menge selbst vor denen nicht Halt machte, die von französischen Kommandos arretiert worden waren, sah Goethe mit Gore vom Fenster des Chausseehauses dem weiteren Auszug zu. Mit Besatzungssoldaten zogen Mainzer Mädchen aus, mit Spott, Beschimpfungen und Drohungen bedacht. Nur durch die französischen Offiziere konnte die ständig steigende leidenschaftliche Bewegung beherrscht werden. Da kam es nach Goethes Schilderung zu einer Szene, die durch sein Eingreifen Berühmtheit erlangen sollte:

Gerade in diesem gefährlichsten Momente erschien ein Zug, der sich gewiß schon weit hinweggewünscht hatte. Ohne sonderliche Bedeckung, zeigte sich ein wohlgebildeter Mann zu Pferde, dessen Uniform nicht gerade einen Militär ankündigte, an seiner Seite ritt in Mannskleidern ein wohlgebautes und sehr schönes Frauenzimmer, hinter ihnen folgten einige vierspännige Wagen mit Kisten und Kasten bepackt; die Stille war ahnungsvoll. Auf einmal rauscht es im Volke und rief: Haltet ihn an! schlagt ihn tot! das ist der Spitzbube von Architekten, der erst die Domdechanei geplündert und nachher selbst angezündet hat! Es kam auf einen einzigen entschlossenen Menschen an und es war geschehen.

Ohne weiteres zu überlegen, als daß der Burgfriede vor des Herzogs Quartier nicht verletzt werden dürfte, mit dem blitzschnellen Gedanken, was der Fürst und General bei seiner Nachhausekunft sagen würde, wenn er über die Trümmer einer solchen Selbsthülfe kaum seine Tür erreichen könnte, sprang ich hinunter, hinaus und rief mit gebietender Stimme: Halt!

Schon hatte sich das Volk näher herangezogen; zwar den Schlagbaum unterfing sich niemand herabzulassen, der Weg aber selbst war von der Menge versperrt. Ich wiederholte mein Halt! und die vollkommendste Stille trat ein. Ich fuhr darauf stark und heftig sprechend fort: hier sei das Quartier des Herzogs von Weimar, der Platz davor sei heilig; wenn sie Unfug treiben und Rache üben wollten, so fänden sie noch Raum genug. Der König habe freien Auszug gestattet, wenn er diesen hätte bedingen und gewisse Personen ausnehmen wollen, so würde er Aufseher angestellt, die Schuldigen zurückgewiesen oder gefangen genommen haben; davon

Die Domprobstei (Von Goethe irrig als Domdeckanei bezeichnet)

sei aber nichts bekannt, keine Patrouille zu sehen. Und sie, wer und wie sie hier auch seien, hätten, mitten in der deutschen Armee, keine andere Rolle zu spielen, als ruhige Zuschauer zu bleiben... einzelne wurden heftig, ein paar Männer drangen vor, den Reitenden in die Zügel zu fallen. Sonderbarerweise war einer davon jener Perückenmacher, den ich gestern schon gewarnt, indem ich ihm Gutes erzeige. – Wie! rief ich ihm entgegen, habt ihr schon vergessen, was wir gestern zusammen gesprochen? Habt ihr nicht darüber nachgedacht, daß man durch Selbstrache sich schuldig macht... Der Mann, der mich gleich erkannte, trat zurück... schon war das Volk zurückgetreten und hatte den Platz freier gelassen, auch der Weg durch den Schlagbaum war wieder offen. Die beiden Figuren zu Pferde wußten sich kaum zu benehmen. Ich war ziemlich weit in den Platz hereingetreten; der Mann ritt an mich heran und sagte: er wünsche meinen Namen zu wissen, zu wissen wem er einen so großen Dienst schuldig sei, er werde es zeitlebens nicht vergessen und gern erwidern. Auch das schöne Kind näherte sich mir und sagte das Verbindlichste. Ich antwortete, daß ich nichts als meine Schuldigkeit getan und die Sicherheit und Heiligkeit dieses Platzes behauptet hätte; ich gab einen Wink und sie zogen fort. Die Menge war nun einmal in ihrem Rachesinne irre gemacht, sie blieb stehen; dreißig Schritte davon hätte sie niemand gehindert. So ist's aber in der Welt; wer nur erst über einen Anstoß hinaus ist, kommt über tausend. Chi scampa d'un punto, scampa di mille.

Als ich nach meiner Expedition zu Freund Gore hinaufkam, rief er mir in seinem Englisch-Französisch entgegen: Welche Fliege sticht euch, ihr habt euch in einen Handel eingelassen, der übel ablaufen konnte. Indessen konnte sich mein guter Gore nicht zufrieden geben, daß ich, mit eigener Gefahr, für einen unbekannten, vielleicht verbrecherischen Menschen so viel gewagt habe. Ich wies ihn immer scherzhaft auf den reinen Platz vor dem Hause und sagte zuletzt ungeduldig: es liegt nun einmal in meiner Natur, ich will lieber eine Ungerechtigkeit begehen als Unordnung ertragen.[341]

Das Wort Goethes von der Ungerechtigkeit und der Ordnung fehlt in keinem Werk, das sich mit seiner Lebensanschauung beschäftigt. Die Szene aber, aus der es entstanden sein soll, kann sich so nicht abgespielt haben. Sie muß als *Dichtung* gelesen werden. Schon den Zuruf aus der Menge mußte Goethe als absurd erkennen. In ihm wurde dem Architekten unterstellt, daß er die von ihm *selbst* erbaute Domprobstei[342] ange-

---

341 XII/453. Die berühmte Szene bekommt bereits ein etwas anderes Gewicht, wenn sich Goethe durch ähnliches Handeln des Herzogs am Tage vorher gedeckt fühlen konnte.

342 Goethe verwechselt in der «Belagerung» durchgehend die baulich uninteressante «Domdechanei» mit der «Domprobstei», dem «schönsten Gebäude der Stadt» (Schaab: «Geschichte der Stadt Mainz» Bd. II 1844 S. 189). – Beide Gebäude standen etwa an der Stelle des heutigen Stadttheaters. (Ein Modell zeigt das Landesmuseum-St).
Auf Goethe hatte der Bau solchen Eindruck gemacht, daß er nach dem Fall der Stadt sogleich eilte, nach seinem Schicksal zu sehen:
Aus alter Vorliebe eilte ich zur Dechanei, die mir noch immer als ein kleines architektonisches Paradies vorschwebte: (XII/456).

zündet habe. Der Vorwurf war Goethe aber als evident falsch erkennbar: Hatte er doch selbst geschildert, daß die Dechanei – richtig Probstei – das erste Gebäude war, das bei dem Bombardement in Flammen aufging:

> Den 27. Juni. Anfang des Bombardements, wodurch die Dechanei sogleich angezündet war.[343]

Und zudem: selbst einen Schuldigen der Lynchjustiz (*Schlagt ihn tot*) zu entziehen, kann doch nicht als *Ungerechtigkeit* bezeichnet werden.

> Goethe hat bloß mit eigener Gefahr gewagt, einer jedenfalls ungesetzlichen Lynchjustiz ein möglicherweise schuldiges Opfer zu entziehen.[344]

Was bleibt, ist das mannhafte Auftreten Goethes gegenüber einer bis zum Lynchen emotionierten Menge, ein Beweis für seinen oft gezeigten Mut. Und besonders bleibt die berühmte Sentenz über Ungerechtigkeit und Ordnung als wichtiger Beitrag zur Erkenntnis von Goethes Wesen, auch wenn sie auf einen Vorgang *aufgesetzt* ist, der sie nicht trägt, auch wenn man sie als *losgelöste Maxime* [345] bewerten muß.

Gerne würde man im Sinne der vorliegenden Betrachtungen das erste Zusammentreffen zwischen Goethe und dem Freiherrn Karl vom Stein, dem späteren Minister und Reformer Preußens, für Mainz reklamieren. Diese These wird zwar von namhaften Interpreten vertreten,[346] sie dürfte aber kaum haltbar sein. Zwar war Stein zum Besuch seines Bruders vom 30.VI. bis 9.VII. und noch einmal am 24. oder 25.VII. im Lager vor Mainz. Es wäre aber schlechthin unbegreiflich, daß Goethe in der *Belagerung* eine so wichtige Begegnung nicht erwähnt hätte,[347] zumal er die

---

343 XII/438, ebenso 456. In dem Palast hatte General Custine gewohnt. Die Alliierten rechneten damit, daß er wieder hochgestellte Personen beherberge und richteten das Feuer sofort auf ihn.

344 Amann, P.: Jahrb. d. Sammlg. Kippenberg Bd. IX (1931) S. 85f.

345 Dies gegen Amann in seinem im übrigen ausgezeichneten Aufsatz a.a.O.

346 Weniger, E.: «Goethe und die Generale» 1942 S. 27/8; Tümmler wie Fußn. 130) S. 107.
     Mathy, H.: («Mainzer Vierteljahresheft» 1. Jg. Heft 3 S. 107) folgt ihr nur in Vermutungsform.

347 Tümmler (a.a.O.) versucht, das «schlechthin Unbegreifliche» doch begreiflich zu machen:
     «In Goethes «Belagerung von Mainz» findet die Begegnung mit Stein überhaupt keine Erwähnung. Das wäre schlechthin unbegreiflich, fände sich nicht gerade hier – bezeichnenderweise – in der Schrift jene charakteristische «Lücke», die der Dichter mit der unsagbaren Schrecklichkeit der Zerstörung der goldenen Stadt begründet.»
     Das kann nicht überzeugen. Warum soll Goethe, durch die «Lücke» in der «Belagerung» (XII/443–445) Kriegsschrecken aussparend, ein so freudiges Ereignis wie diese Erstbegegnung zu erwähnen unterlassen?

Treffen mit Steins Bruder schildert. Man mag sich erinnern, daß die *Belagerung* zu einer Zeit geschrieben wurde, als Steins Bedeutung jedermann evident war, Goethe selbst aber noch besonders nach den zwischenzeitlichen Besuchen bei ihm in Nassau und der gemeinsamen Reise nach Köln mit ihren Folgen.[348] Genau so unbegreiflich wäre, daß Goethe in der Folgezeit bei der Schilderung seiner Beziehungen zu Stein mit keiner Andeutung auf eine so alte Bekanntschaft zu reden kommt. Auch Stein selbst erwähnt diese frühe Begegnung nicht. Wir werden uns also bescheiden müssen, die erste Bekanntschaft auf das Jahr 1807 (in Weimar) zu datieren.[349]

Am 26. Juli gelang es Goethe mit einigen Freunden in die Stadt einzudringen:

> ...dort fanden wir den bejammernswertesten Zustand. In Schutt und Trümmer war zusammengestürzt, was Jahrhunderten aufzubauen gelang, wo in der schönsten Lage der Welt Reichtümer von Provinzen zusammenflossen...
> Die Verwirrung, die den Geist ergriff, war höchst schmerzlich, viel trauriger, als wäre man in eine durch Zufall eingeäscherte Stadt geraten...
> Bei aufgelöster polizeilicher Ordnung hatte sich zum traurigen Schutt noch aller Unrat auf den Straßen gesammelt; Spuren der Plünderung ließen sich bemerken...
> Aus alter Vorliebe eilte ich zur Dechanei, die mir noch immer als ein kleines architektonisches Paradies vorschwebte; zwar stand die Säulenvorhalle mit ihrem Giebel noch aufrecht, aber ich trat nur zu bald über den Schutt der eingestürzten schöngewölbten Decken; die Drahtgitter lagen mir im Wege, die sonst netzweise von oben erleuchtende Fenster schützten; hie und da war noch ein Rest alter Pracht und Zierlichkeit zu sehen, und so lag denn auch diese Musterwohnung für immer zerstört. Alle Gebäude des Platzes umher hatten dasselbige Schicksal..[350]

Er sah nach dem Kurfürstlichen Schloß und dem Osteinerhof (auf dem Thiermarkt – heute Schillerplatz), die er in schlimmem Zustand fand, und kam dann zu den Universitätshäusern mit den Wohnungen der Professoren, die er *Akademiegebäude* nennt.

> Das Akademiegebäude nahm sich von außen noch ganz freundlich aus; nur eine Kugel hatte im zweiten Stock ein Fenstergewände von Sömmerings Quartier zersprengt. Ich fand diesen Freund wieder daselbst, ich darf nicht sagen, eingezogen; denn die schönen Zimmer waren durch die wilden Gäste aufs schlimmste behandelt. Sie hatten sich nicht begnügt, die blauen, reinlichen Papiertapeten, so weit sie reichen konnten, zu verderben; Leitern oder übereinander gestellte Tische und

348 Siehe zu Fußn. 459.).
349 Tgb. v. 15. und 17.IX.1807 (WA III 3,275/6). Wie hier Staiger, E.: «Goethe» Bd. III (1959) S. 532. Auch Robert Steiger hat die angebliche Mainzer Begegnung in seinen «Tag für Tag»-Bericht nicht aufgenommen.
350 XII/456. – «Dechanei»: «Domprobstei». Siehe Fußn. 342.

Stühle mußten sie gebraucht haben, um die Zimmer bis an die Decke mit Speck oder sonstigen Fettigkeiten zu besudeln. Es waren dieselbigen Zimmer, wo wir vorm Jahr so heiter und traulich zu wechselseitigem Scherz und Belehrung freundschaftlich beisammen gesessen. Indes war bei diesem Unheil doch auch noch etwas Tröstliches zu zeigen: Sömmering hatte seinen Keller uneröffnet und seine dahin geflüchteten Präparate durchaus unbeschädigt gefunden. Wir machten ihnen einen Besuch, wogegen sie uns zu belehrendem Gespräch Anlaß gaben.[351]

Ihn wenigstens traf er also wieder aus dem Kreis der Freunde, die im Vorjahr *freundschaftlich beisammen gesessen*. Er war mit seiner Frau vor der Einschließung nach Frankfurt geflüchtet und hatte dort als Arzt gelebt.[352] Die Ehe Forster war gescheitert. Therese Forster-Heyne hatte Forster verlassen und sich zu Huber in die Schweiz begeben. Forster hatte sich dem Mainzer Jakobinerklub angeschlossen und war dort eine Zentralfigur geworden.[353] Der *Rheinisch-Deutsche Nationalkonvent* hatte im März 1793 die unabhängige Rheinische Republik dekretiert und den Antrag auf Reunion in die französische Republik beschlossen. Forster war als Delegierter mit Patocki und Lux nach Paris gereist und hatte am 30.III. 1793 dem begeistert zustimmenden Konvent diesen Wunsch unterbreitet. Eine Rückkehr in das eingeschlossene Mainz war unmöglich geworden.[354] – Karoline Böhmer-Michaelis (später Schlegel und dann Schelling) war seit einigen Tagen wieder auf freiem Fuß, aber sie hatte eine qualvolle Zeit hinter sich, die sie bis nahe an den Selbstmord

---

351 XII/457.
352 Goethe hatte ihn dort auf der Reise zur Belagerung besucht. Als Mainz später – 1797 – wieder in französische Hände kommt, wird er erneut nach Frankfurt fliehen und dort – nach einem Zwischenaufenthalt in München als Lehrer an der Bayerischen Akademie der Wissenschaften und königlicher Leibarzt – seine letzten Jahre verbringen. (Just und Mathy, wie Fußn. 184, S. 37).
353 Daß er hierbei entscheidend von Karoline Böhmer beeinflußt wurde, wie es eine der Goethe-Schillerschen Xenien (II/489) – gewiß aus Schillers Feder – will:
    O ich Tor! Ich rasender Tor! Und rasend ein jeder,
    Der, auf Weibes Rat horchend, den Freiheitsbaum pflanzt!
    ist gewiß nicht anzunehmen.
354 Forster stirbt in Paris, durch die dortigen Entwicklungen immer mehr ernüchtert, am 10.I.1794 in einem Hotelzimmer. Wenige Tage vor seinem Tod schreibt er: «Immer nur Eigennutz und Leidenschaft zu finden, wo man Größe erwartet und verlangt, immer nur Worte für Gefühl, immer nur Prahlerei und Schimmer für wahres Sein und Wirken – wer kann das aushalten.» – Er mußte es noch erleben, daß sein Mitdelegierter Lux seine Empörung über die Hinrichtung der Charlotte Corday auf dem Schafott büßte. (Zu Lux siehe zu Fußn. 385ff.).
    Goethe schätzte auch in der Zukunft seine Werke. So bediente er sich 1797 zur Vorbereitung der 3. Italienischen Reise (die dann nur die dritte Schweizerreise wurde) der «Briefe über Italien» in Forsters Übersetzung.

gebracht hatte.[355] Recht schmerzlich war der Rückblick auf die *munteren Abende* des Vorjahres.

Begleitet von seinen Freunden Kraus und Gore wanderte Goethe durch die Trümmerstadt. Er erlebte *einen Tag der Unordnung und Verwirrung.* Er traf eine alte Frau, die der Aufforderung, die Stadt zu verlassen, nicht gefolgt war und in einem Keller kampierte, er aß an einer Wirtstafel, wo zu seiner Verwunderung von den Musikanten die Marseillaise und das *Ça ira* verlangt wurde und die Gäste erheitert einstimmten. Die Freunde kamen auf den Platz, wo die Favorite gestanden hatte:

> Im August vorigen Jahrs erhub sich hier noch ein prächtiger Gartensaal, Terrassen, Orangerie, Springwerke machten diesen unmittelbar am Rhein liegenden Lustort höchst vergnüglich. Hier grünten die Alleen, in welchen, wie der Gärtner mir erzählte, sein gnädigster Kurfürst die höchsten Häupter mit allem Gefolge an unübersehbaren Tafeln bewirtet; und was der gute Mann nicht alles von damastnen Gedecken, Silberzeug und Geschirr zu erzählen hatte. Geknüpft an jene Erinnerung machte die Gegenwart nur noch einen unerträglichern Eindruck.[356]

Sie gingen zur Kartause: sie war fast verschwunden. Man hatte die Steine des Klosters zur Weisenauer Schanze vermauert.[357] Auf der Zitadelle fand sich das Drusus-Denkmal «auch diesmal unerschüttert, so wie es Goethe als Knabe gezeichnet hatte.»[358]

Sie gingen über die Rheinbrücke und nach Kastel. Überall sprach Goethe mit den Einwohnern, erfuhr von vielfältigem Elend und Schrecken, vom Untergang wackerer Menschen, aber auch von mancher heroischen Tat. Am gleichen Tage schrieb er an Voigt:

355 Am 30.III.1793 hatte sie Mainz verlassen. Hinter Oppenheim wurde der Wagen von preußischen Vorposten visitiert, Karoline zum Verhör nach Frankfurt geschafft, verhaftet und auf die Festung Königstein verbracht. Sie war in anderen Umständen. Der Vater war der neunzehnjährige Leutnant Jean Baptiste Dubois-Crancé, Neffe und Adjutant des Generals d'Oyré, dem sie sich nach einem Fastnachtsball hingegeben hatte. Da eine Niederkunft in der Haft an die Öffentlichkeit gekommen wäre, stieg ihre Verzweiflung von Tag zu Tag. Es drohte nicht nur die Schande, sondern auch der Verlust ihrer Witwenpension und die Wegnahme ihres Kindes Auguste Böhmer wegen «Unwürdigkeit». Schon hatte sie sich in die Festung Kronberg, wohin sie verlegt worden war, Gift besorgt, da hatte ihr Bruder Erfolg mit einer Intervention bei dem König von Preußen: Am 5. Juli wurde sie freigelassen. Heimlich brachte sie das Kind zur Welt, das bald darauf starb. – Am 1.VI.1796 heiratete sie August Wilhelm Schlegel und nach Scheidung dieser Ehe den Philosophen Schelling. Sie starb am 7.IX.1809.

356 XII/459.

357 Das 1320 erbaute, zeitweise für das schönste Kloster Deutschlands erklärte Kloster hatte Erthal schon 1781 aufgehoben.

358 Siehe zu Fußn. 29, 31, 473, 495.

Endlich kann ich doch ein Wort aus Mainz sagen. Man ist so zerstört und zerstreut von den Szenen dieser letzten Tage, daß man vor einer Menge Ideen kaum einige zusammenbringt...
Das Elend das die Bürger ausgestanden ist unbeschreiblich. Doch hat an Gebäuden die Stadt nicht soviel gelitten als man glaubte. Jedermann behauptet die Franzosen und Clubbisten hätten Pulver und andere brennbare Materialien in die Kirchen und adelige Häuser gelegt deswegen sie auch so bald nur eine Bombe hineingekommen an allen Enden gebrannt, dahingegen die Bürger durch fleißiges Löschen ihre Häuser erhalten können.[359]

Im gleichen Brief berichtete er:

Es waren noch bei achtzehntausend streitbare Männer in Mainz.

Er wunderte sich, daß die Festung nicht länger gehalten worden war, zumal in den Gewölben des Domes und auch sonst noch reichlich Vorräte vorhanden waren. Er vermutete, daß die französischen Kommissare die vorzeitige Übergabe veranlaßt hätten, um bei den ihnen günstigen Vorgängen in Paris (Machtübernahme Robespierres) anwesend zu sein.
In Schwalbach und Wiesbaden verbracht man einige Tage, aber Goethe konnte die Schrecken von Mainz nicht vergessen:

Nun bin ich meine Liebe wieder in Maynz nachdem ich einige Tage in Schwalbach und Wißbaden mit wenig Freude und Interesse war. Es fand sich gute Gesellschaft am ersten Ort, unter anderen Umständen hätte man sich wohl da vergnügen können.
Ich gehe nun mit Herrn Gore und Krause nach Manheim.[360]

Über Mannheim, Heidelberg und Frankfurt kehrte Goethe nach Weimar zurück.
Die Bedeutung, die für Goethe die vor und in Mainz verbrachte Zeit hatte und immer behielt, kann gar nicht überschätzt werden. Schon im Brief vom 27. Juli 1793 schreibt er:

Die Letzten Tage, der Capitulation, der Übergabe, des Auszugs der Franzosen gehören unter die interessantesten meines Lebens.[361]

In den Tag- und Jahresheften 1793 hält er fest:

Ein Tag im Hauptquartiere zu Hans und ein Tag in dem wieder eroberten Mainz waren Symbole der gleichzeitigen Weltgeschichte, wie sie es noch jetzt demjenigen bleiben, der sich synchronistisch jener Tage wieder zu erinnern sucht.[362]

---

359 Brief v. 27.VII.1793 (Br. II/218).
360 Brief an Christiane v. 1.VIII.1793 (WA IV/10,101).
361 Brief an Fritz Jacobi (WA IV 10,100).
362 XI/631. («Hans» = Hans-Le-Grand, Dorf in der Champagne bei Valmy).

126

Ein Jahr später trifft er den damaligen französischen Kommandanten von Mainz, d'Oyré, in Erfurt:

> Vor einigen Tagen habe ich mit d'Oyré in Erfurt gesprochen, wo wir uns der Mainzer und Marienborner Geschichten erinnerten.[363]

In den Tag- und Jahresheften 1794 notiert er:

> ...persönlicher Zeuge höchst bedeutender und die Welt bedrohender Umwendungen gewesen zu sein, das größte Unglück was Bürgern, Bauern und Soldaten begegnen kann mit Augen gesehen, ja solche Zustände geteilt zu haben, gab die traurigste Stimmung.[364]

Immer wieder erzählte er auch in späteren Jahren von seinen Mainzer Erlebnissen und den dort bestandenen Gefahren, so z.B. im Gespräch mit Kanzler Müller am 12. Mai 1815, und mit Sulpiz Boisserée am 11. August 1815 in Mainz[365] und noch etwa ein Jahr vor seinem Tode im Gespräch mit Oberförster Sckell:

> Oberförster Sckell von Waldeck mich zu meiner Genesung begrüßend. Er hatte die Campagne in der Champagne mitgemacht, auch die Belagerung von Maynz abgewartet, deren Einzelnheiten er sich mit seinem und meinem Vergnügen erinnerte.[366]

Welch tiefen Eindruck jene Tage vor Mainz hinterlassen haben, wird dadurch besonders deutlich, daß Goethe nach fast 30 Jahren sie in seiner *Belagerung* zum Gegenstand biographischer Schilderung gemacht hat.

Alsbald nach seiner Rückkehr nach Weimar im Herbst 1793 wurde Goethe zweimal mit Bezug auf Mainz und die dort verbrachte Zeit tätig:

Zur Hilfe für die so schwer geschädigte Mainzer Bevölkerung veranstaltete er eine Benefizvorstellung des Weimarer Theaters in Erfurt,[367]

---

363 Brief an Sömmering v. 16.VII.1794 (WA IV 10,172). D'Oyré war bis zur Rücksendung der Mainzer Geiseln – Dezember 1794 – in Gefangenschaft geblieben.

364 XI/632.

365 Gespr. I/790, zum Gespräch mit Boisserée siehe zu Fußn. 469.

366 Tgb. v. 19.II.1831 (WA III 13,32). – Man wird auch der Vermutung von Düntzer, H. («Goethes Faust» I. Teil S. 344) zustimmen müssen, daß bei den Feuern der Walpurgisnacht (Vers 4057: «Ein hundert Feuer brennen in der Reihe») den Dichter die Lagerfeuer vorschweben, die er «in der Kampagne und bei der Belagerung von Mainz so häufig sah». Das gleiche muß aber auch gelten für die Feuer in der etwa 30 Jahre später geschriebenen «Klassischen Walpurgisnacht» (Vers 7025: «Wachfeuer glühen, rote Flammen spendende», weiter Vers 7029, 7059, 7064).

367 Börckel spricht von einer Vorstellung «auf der Weimarer Hofbühne». Aus dem Dank Goethes für die gute Aufnahme der Gesellschaft in Erfurt ist zu ersehen, daß die Vorstellung dort stattfand.

die Einnahme wurde der kurfürstlich-mainzischen Regierung in Erfurt zugeleitet:

> Wenn die zum besten der maynzer verunglückten Einwohner bestimmte Einnahme einer theatralischen Vorstellung von churfürstl. Erfurtischer Regierung deren sämtlichen Gliedern ich mich bestens zu empfehlen bitte, und von Ew. Hochwohlgeb. geneigt aufgenommen worden; so hat die hiesige Theater-Direktion ihren doppelten Zweck erreicht, ihren aufrichtigen Antheil an dem traurigen Schicksale so vieler guter Bürger einigermaßen an den Tag zu legen, und zugleich die Dankbarkeit auszudrücken welche sie für die gute Aufnahme der Gesellschaft in Erfurt schuldig ist.[368]

An dieser Vorstellung war übrigens ein Schauspieler beteiligt, der in Mainz geboren ist: Friedrich Haide (1771–1832). Er wurde von Goethe und Schiller hoch geschätzt.[369]

Außerdem entwarf Goethe in diesem Herbst 1793 den Text des Grabmonuments für die bei dem Überfall auf Marienborn gefallenen Weimarer Offiziere de la Vière und v. Voß. Goethe schreibt hierzu an den Mainzer Professor der Rechte und Hofrat Lange:

> Ew. Wohlgeboren haben mir erlaubt wegen des bewußten Monuments, dessen Errichtung Sie gütigst übernommen haben, die weiteren Entschließungen zu überschreiben. Ich bediene mich gegenwärtig der mir gegebenen Freyheit. Man hat aus verschiedenen Ursachen sich bewogen gesehen, von der ersten Idee, nach welcher ein Modell von H. Baumeister Meyer gemacht worden, abzugehen, und ich sende gegenwärtig eine Zeichnung, nach welcher man es aufgerichtet wünscht. Es bedarf diese Zeichnung keiner weiteren Erklärung, in dem das Monument viereckt wird; eine Seite wie die andere verziert werden soll und die eingesenkte Tafel für die Inschriften auf allen Seiten anzubringen ist. Der Adler auf der Spitze wird gegen den Weg gekehrt, wie es sich von selbst versteht. Es scheint mir nicht, als wenn der Unterschied an Stein und Arbeit gegen das erstprojectirte Monument sehr beträchtlich wäre und glaube daher, daß H. Meyer für die ehemals anverlangte Summe von hundert Dukaten auch das Gegenwärtige werde fertigen können. Wollte Ew.

368 An den kurmainzer Beamten Graf v.Benzel-Sternau (Briefkonzept v. Anfang Oktober 1793 – WA IV 10,113) – Goethe hatte die Leitung des Hoftheaters am 17.I.1791 übernommen.

369 Tag- und Jahreshefte 1793 (XI/632). – Zu Haides Verkörperung des 1. Kürassiers in «Wallensteins Lager» schreibt Goethe an Schiller am 5.X.1798: «...besonders hat Haide gegen den Schluß einige Perioden deklamiert, wie ichs auf dem deutschen Theater noch gar nicht gehört habe.» (Briefw. II/150). Haide war der erste Tell. Dazu berichtet er:«Als ihm vor der ersten Aufführung (17.III.1804) Goethe begegnet sei, habe er ihm geklagt, die Rolle biete ihm nur kurze sporadische Auftritte und keinen dankbaren Abgang. Goethe habe dieses Gespräch offenbar an Schiller weitergegeben, denn einige Tage darauf habe er den Monolog erhalten: «Durch diese hohle Gasse muß er kommen...»

Wohlgeboren ihm die Zeichnung vorlegen, ihn deshalb befragen und besonders auch seine Erklärung, aus wieviel Stücken er den oberen Sarkophag zusammen zu setzen Willens sei? von ihm verlangen; so würden Sie mir eine besondere Gefälligkeit erzeigen. Wir hoffen Durchl. den Herzog bald hier zu sehen, wahrscheinlich sehen Sie ihn auf seiner Rückreise. Haben Sie doch die Güte mir gelegentlich ein Wort zu sagen wie es gegenwärtig in Maynz aussieht und ob sich alles bald wieder in einen leidlichen Zustand versetzt hat, Ich wünsche recht wohl zu leben und empfehle mich Ihrem geneigten Andenken.[370]

Warum der Plan nicht ausgeführt wurde, ist nicht bekannt.

Eine höchst eigenartige Erinnerung an Mainz und das Unglück seiner Einwohner erfuhr Goethe von Charlotte v. Kalb, der früheren Geliebten von Schiller, deren finanzielle Verhältnisse sich sehr verschlechtert hatten. Am 9. August 1793 trug sie ihm ein Geschäft an, das sie (offenbar ohne Erfolg) auch Schiller unterbreitet hatte. An diesen hatte sie am 20. Juli geschrieben:

Noch eine Oeconomische Speculative Angelegenheit lassen Sie sich mittheilen die wenn sie auszuführen ist eine Gemeinschaftliche Sache für uns werden soll. Aus Mainz und der umliegenden Gegend sind aus denen Kellern in den ersten Häusern nach und nach die besten Rein Weine verborgen, oder geflüchtet worden. Ihr großer Verlust, die Stockung der Revenuen nötiget sie zum verkauf. – ich weis noch einige Stück Fässer von Hochheimer 81. u. 83 Jahrgang, von welchen der Most schon das Stück 100. 150 Carl (Karolinen): bezahlt wurde, ich schicke Ihnen Proben die ich erst von Würzburg muß kommen lassen – wenn Sie glauben in Leipzig und Dresden etwas unterzubringen. unter diesen Preiß wie der Most schon ist verkauft worden darf er nicht gelassen werden. ehr höher wenn Sie können. der 81 ist vor viele vielleicht angenehm. als der 83. der ist schon etwas schwerer, und hat mehr Firnis. Das Stück hält 12 Reinische Eimer, 1 Ei. 50 Reinische Maas. schreiben Sie mir bald über diesen Artikel wie, und wo ich die Proben übersenden soll. – Es kann ein beträchtl. Vorteil bey der Unternehmung dieses Verkaufs herauskomen – den ich mit niemand lieber als mit Ihnen theilen möchte.[371]

370 Konzept v. 14.X.1793 (WA IV 10,114). Die Texte für die Tafeln sind abgedruckt in WA I 33/376.
371 Petersen, J.: Goethe-Jahrb. 1926 S. 119. Auch bei Goethe scheint sie keinen Erfolg gehabt zu haben.

IX. Unterhaltungen deutscher Ausgewanderten – Hermann und Dorothea

Die Erlebnisse des Feldzuges in Frankreich und der Belagerung von Mainz ließen Goethe nicht los. Es drängte ihn, *Nachbildungen des Zeitsinnes* zu schaffen.[372] So begann er noch im Jahre 1793 die *Unterhaltungen deutscher Ausgewanderten*.[373] Als Schiller ihn 1794 um Mitarbeit an den *Horen* bat, stellte er sie dafür zur Verfügung.

Das Werk besteht aus einer Rahmenerzählung, die hier allein interessiert, in die Goethe Novellen, Gespenstergeschichten und das *Märchen* einfügte. Es ist

ein politischer Rahmen zu einer poetischen Erzählungsreihe, und zwar war hier der Rahmen vor dem Bild da.[374]

Das Programm der *Horen* verbot an sich alles, *was sich auf Staatsreligion und politische Verfassung bezieht*.[375] Goethe hat sich bezüglich der eingelegten Erzählungen strikt an dieses Verbot gehalten. Den Rahmen mit seiner zeitlichen und inhaltlichen Bezugnahme auf die politische Situation aber hat er nicht geändert. Erzählt wird in diesem Vorspann zuerst die *übereilte* Flucht einer Familie:

In jenen unglücklichen Tagen... als das Heer der Franken durch eine übelverwahrte Lücke in unser Vaterland einbrach, verließ eine edle Familie ihre Besitzungen in jenen Gegenden und entfloh über den Rhein um den Bedrängnissen zu entgehen.

Damit wird örtlich und zeitlich das Ende der Kampagne in Frankreich angesprochen.

Das Glück hatte sich wieder zu den deutschen Waffen gesellt, die Franzosen waren wieder über den Rhein hinüber gedrängt, Frankfurt befreit und Mainz eingeschlossen.

In der Hoffnung auf den weitern Fortgang der siegreichen Waffen, und begierig wieder einen Teil ihres Eigentums zu ergreifen, eilte die Familie auf ein Gut, das an dem rechten Ufer des Rheins, in der schönsten Lage, ihr zugehörte.

---

372 IX/279ff.
373 X/275 – Übersendung des Manuskripts an Schiller mit Brief v. 27.XI.1794 (Briefw. I/37).
374 Gundolf, F.: «Goethe» S. 489.
375 Beyer, W.R.: Goethe-Jahrb. 1981 S. 163.

Der Ort ist genauer bestimmt: das Gut rechts des Rheins. Und ebenso die Zeit: die Blockade von Mainz hat begonnen.

> Leider ward der schöne Genuß dieser reizenden Gegend oft durch den Donner der Kanonen gestört, den man, je nachdem der Wind sich drehte, aus der Ferne deutlicher oder undeutlicher vernahm... Im Anfange wurden die Gespräche noch mit ziemlicher Mäßigung geführt, besonders da die Baronesse durch anmutige Zwischenreden beide Teile im Gleichgewicht zu halten wußte; als aber die wichtige Epoche herannahete, daß die Blockade von Mainz in eine Belagerung übergehen sollte, und man nunmehr für diese schöne Stadt und ihre zurückgelassenen Bewohner lebhafter zu fürchten anfing, äußerte jedermann seine Meinungen mit ungebundener Leidenschaft.[376]

Noch einmal genauer werden Ort und Zeit des ausufernden Streitgesprächs verdeutlicht: Am 19. Juni 1793 begann das Bombardement. Die Kanonen sind zu hören: Ein nahegelegener Ort im Rheingau ist gemeint. Auf diesem Hintergrund zeigt Goethe,

> wie das Dasein der Emigrierten auch von innen her gefährdet war, wie die politischen Spannungen zu entzweienden Erörterungen führten, Freundschaften vergiftend, Familienkreise sprengend.[377]

Da stoßen die Meinungen des zu Besuch gekommenen Geheimrats von S. und die des Vetters der Familie hart aufeinander, dieser die Zufriedenheit der Gesellschaft störend

> durch unmäßiges Lob alles dessen, was bei den Neufranken Gutes oder Böses geschah, durch lautes Vergnügen über ihre Fortschritte

indessen der Geheimrat *diejenige Partei anführt, welche dem alten System zugetan war.*

> Besonders waren die daselbst zurückgebliebenen Klubisten ein Gegenstand des allgemeinen Gesprächs und jeder erwartete ihre Bestrafung oder Befreiung, je nachdem er ihre Handlungen entweder schalt oder billigte.

Goethe brachte hier sein Wissen von dem Schicksal der Mainzer Klubisten ein und ließ es von den Streitenden diskutieren. Der Geheimrat:

> Man wird sie als Werkzeuge betrachten, sie eine Zeitlang gebrauchen und endlich wegwerfen, oder wenigstens vernachlässigen. Wie sehr irren sie sich, wenn sie glauben, daß sie jemals in die Zahl der Franzosen aufgenommen werden könnten.

376 IX/279,285.
377 Beuter, E.: «Essays um Goethe» (1980) S. 201.

Und der Vetter dagegen:

Karl, der sich im Zorn nicht mehr kannte, hielt mit dem Geständnis nicht zurück: daß er den französischen Waffen alles Glück wünsche, und daß er jeden Deutschen auffordere, der alten Sklaverei ein Ende zu machen, daß er von der französischen Nation überzeugt sei, sie werde die edlen Deutschen, die sich für sie erklärt, zu schätzen wissen, als die Ihrigen ansehn und behandeln, und nicht etwa aufopfern oder ihrem Schicksale überlassen, sondern sie mit Ehren, Gütern und Zutrauen überhäufen.

Der Geheimrat behauptete dagegen, es sei lächerlich zu denken, daß die Franzosen nur irgend einen Augenblick, bei einer Kapitulation oder sonst, für sie sorgen würden; vielmehr würden diese Leute gewiß in die Hände der Alliierten fallen, und er hoffe sie alle gehangen zu sehen.

Diese Drohung hielt Karl nicht aus und rief vielmehr: er hoffe, daß die Guillotine auch in Deutschland eine gesegnete Ernte finden und kein schuldiges Haupt verfehlen werde.[378]

Verärgert verläßt der Geheimrat die Gesellschaft und reist ab. Ebenso verärgert macht die Baronesse ihrem Neffen Vorhaltungen, worin eine Passage an die *munteren Abende* im Hause Sömmering anklingt, bei denen man *fühlte, daß man sich wechselseitig zu schonen habe:*[379]

in Gesellschaft laßt uns nicht vergessen, wie viel wir sonst schon, ehe alle diese Sachen zur Sprache kamen, um gesellig zu sein, von unsern Eigenheiten aufopfern mußten, und daß jeder, so lange die Welt stehen wird, um gesellig zu sein, wenigstens äußerlich sich wird beherrschen müssen.

Ihr Vorschlag:

Laßt uns dahin übereinkommen, daß wir, wenn wir beisammen sind, gänzlich alle Unterhaltung über das Interesse des Tages verbannen,

wird zur Maxime erhoben und die Politik aus den Unterhaltungen eliminiert.

Sie bedeutet für diese Novellensammlung jetzt ungefähr dasselbe was die Pest in der Einleitung zu Boccaccios Decamerone bedeutet: die abschreckende Mauer um einen heitern Garten, den düstern aktuellen Hintergrund zu einer hellen überaktuellen Sicht.[380]

Mit dieser eleganten Wendung erfüllte Goethe im Folgenden das Gebot im Programm der *Horen*.

Ein zweites Mal bildete Emigrantenschicksal die Grundlage eines Werkes von Goethe. Im September 1796 begann er während seines Auf-

---

378 IX/286,288.
379 Siehe zu Fußn. 226.
380 Gundolf wie Fußn. 374.

enthaltes in Jena das epische Gedicht *Hermann und Dorothea*. Die Fabel – ein Jüngling findet in einem Flüchtlingszug die Frau seiner Wünsche – hatte er gefunden in Göckings *Vollkommene Emigrationsgeschichte von denen aus dem Erzbistum Salzburg vertriebenen... Lutheranern* (1734).[381] Die Erzählung transponierte er in die Gegenwart. Der *traurige Zug der Vertriebenen* ist

> das überrheinische Land, das schöne, verlassend,
> Zu uns herüber kommen.[382]

Hier erscheint nun ein direkter Bezug auf Mainz. Dorothea war schon einmal verlobt, sie trägt noch den Ring des ersten Bräutigams. Der Richter aus dem Emigrantenzug erzählt:

> Auch, mit stillem Gemüt, hat sie die Schmerzen ertragen
> Über des Bräutigams Tod, der, ein edler Jüngling, im ersten
> Feuer des hohen Gedankens nach edler Freiheit zu streben
> Selbst hinging nach Paris und bald den schrecklichen Tod fand;
> Denn wie zu Hause, so dort, bestritt er Willkür und Ränke.[383]

Und als der Pfarrherr den Ring Hermanns an die Hand des Mädchens steckt und sorgend den andern Ring bemerkt, da weiht sie dem Toten ein Gedenken:

> O, laßt mich dieser Erinnerung
> Einen Augenblick weihen! Denn wohl verdient sie der Gute,
> Der mir ihn scheidend gab und nicht zur Heimat zurückkam.
> Alles sah er voraus, als rasch die Liebe der Freiheit,
> Als ihn die Lust, im neuen veränderten Wesen zu wirken,
> Trieb nach Paris zu gehn, dahin, wo er Kerker und Tod fand.
> Lebe glücklich, sagt' er. Ich gehe; denn alles bewegt sich
> Jetzt auf Erden einmal, es scheint sich alles zu trennen.
> Grundgesetze lösen sich auf der festesten Staaten,
> Und es löst der Besitz sich los vom alten Besitzer,
> Freund sich los von Freund: So löst sich Liebe von Liebe.
> Ich verlasse dich hier; und, wo ich jemals dich wieder
> Finde – wer weiß es? Vielleicht sind diese Gespräche die letzten...
> Aber soll es nicht sein, daß je wir, aus diesen Gefahren
> Glücklich entronnen, uns einst mit Freuden wieder umfangen,
> O, so erhalte mein schwebendes Bild vor deinen Gedanken,

---

381 Wann Goethe diese Quelle gefunden hat, wissen wir nicht. Nach Schillers Brief an Körner v. 28.X.1796 hat er die Idee schon mehrere Jahre mit sich herumgetragen (HA II/738).

382 Erster Gesang Vers 10/11 (III/165).

383 Sechster Gesang Vers 187ff. (III/214).

ADAM LUX.

Né à **Obernbourg** en 1767. Député Extra.^{re}
de Mayence à la Convention. Décapité
le 14. brumaire l'an 2.

Adam Lux

Daß du mit gleichem Mute zu Glück und Unglück bereit seist!
Locket neue Wohnung dich an und neue Verbindung,
So genieße mit Dank, was dann dir das Schicksal bereitet.[384]

Wer diese Verse liest, muß den Eindruck gewinnen, daß hier ein ganz konkretes Bild des ersten Bräutigams und seines Schicksals gezeichnet ist, daß Goethe hier, wie auch sonst nicht selten, ein ihn beeindruckendes Schicksal in sein Werk übernommen hat. Und so hat man in der Tat erkannt, daß einer bestimmten Person ein Denkmal gesetzt ist, ein Epitaph. Es gilt dem Mainzer Revolutionär und Klubisten Adam Lux.[385] Er war mit Forster Mitglied der Deputation, die dem Pariser Konvent die Bitte der Mainzer Republik auf Vereinigung mit Frankreich überbrachte. Von den Verhältnissen in Paris, die seinen Idealen widersprachen, wurde er immer mehr enttäuscht. Besonders war er als überzeugter Girondist über den ausufernden Terror der Bergpartei entsetzt. Als Charlotte Corday am 17. Juli 1793 Marat ermordete, nahm er offen für sie Partei. Er bewunderte ihre Unerschrockenheit vor dem Revolutionsgericht und auf dem Schafott. Drei Tage nach ihrer Hinrichtung ließ er, nachdem er zuerst Selbstmord vor dem Konvent geplant hatte, eine Schrift anschlagen, in der er ein Denkmal für sie forderte: *Der Märtyrerin der Freiheit, größer als Brutus.* Da er seinen vollen Namen genannt hatte, wurde er verhaftet, vom Revolutionsgericht am 4. November 1793 zum Tode verurteilt und am gleichen Tage hingerichtet.

Sein tragisches Geschick erregte großes Aufsehen und wurde auch Goethe bekannt.[386] Klar ist Adam Lux in den zitierten Werkstellen zu erkennen: Der edle Jüngling, *der im ersten Feuer des hohen Gedankens nach edler Freiheit... selbst hinging nach Paris*, bewegt von der *Lust, im neuen veränderten Wesen zu wirken, wie zu Hause, so dort, Willkür*

384 Neunter Gesang Vers 256ff. und 279ff. (III/241 und 242). – Die Bedeutung dieser Figur in Goethes Werk hat sofort August Wilhelm Schlegel erkannt, der in seiner Besprechung vom 11.–13.XII.1797 (in der «Allg. Literaturzeitung») schreibt, der erste Bräutigam Dorotheens wachse über alle Handelnden empor.

385 Geboren am 27.XII.1765 (nicht ganz unzweifelhaft) in Obernburg am Main. Nach Philosophie- und Medizinstudium in Mainz promovierte er mit dem bezeichnenden Thema «De enthusiasmo». Er schloß sich den Klubisten an und wurde besonders aktiv als Agitator auf dem Lande.

386 Auch Jean Paul hat sein Schicksal behandelt: «Der 17. Julius oder Charlotte Corday» (Historisches Taschenbuch 1801), umgearbeitet zu «Über Charlotte Corday. Ein Halbgespräch am 17. July», in «Dr. Katzenbergers Badereise» erstmals veröffentlicht (Gesamtausgabe d. Preuß. Akademie d. Wissensch. 1935 13. Bd. S. 333): Der «edle Mainzer»... der «herrliche Mann» mit der «Römerseele»... «Er starb rein und groß zugleich... Und kein Deutscher vergesse ihn!»

und Ränke bestritt und dort *Kerker* und *bald den schrecklichen Tod fand.*[387]

Darf man aus dieser gesicherten Kenntnis weiter spekulieren? Wenn in Goethes konkretisierter Vorstellung Dorothea die Braut des Mainzer Klubisten Lux war: woher kommt dann der Emigrantenzug, *das über-rheinische Land verlassend,*[388] wo ist diese erste Brautschaft gelebt worden? Ist es nicht naheliegend, daß es in Mainz war und daß der Mainzer Adam Lux mit einer Mainzerin – Dorothea – den Ring wechselte? Mag es auch nur eine Hypothese sein, so ist es doch erregend zu denken, daß Goethe sich die Protagonistin seines Werkes, seine geliebte Dorothea, als Mainzerin vorgestellt habe.[389]

Eine weitere Erinnerung an die Belagerung ist bereits erwähnt. Die Notiz aus den Tag- und Jahresheften 1795 über den Bauer,

> im Bereich der Kanonen, hinter einem auf Rädern vor sich hingeschobenen Schanz-korbe seine Feldarbeit verrichten sah. (Vgl. zu Fußn.[315])

Während seiner Kur in Karlsbad im Jahre 1795 lernte Goethe eine «Mainzerin» kennen, die für ihn als Leiter des Hoftheaters Bedeutung gewinnen sollte. Es war die Schauspielerin Friederike Unzelmann,[390] die dort seine Bekanntschaft suchte.[391] Am Abend des 12. Juli 1795 fand

---

387 Wie gekünstelt wirkt daneben die Deutung Bielschowskys (zuerst Preuß. Jb. 1887 S. 342, dann «Goethe» 1905 Bd. II/194; bis heute vielfach fortgeschleppt, z.B. Redslob, wie Fußn. 11, 142ff.): «Lili hatte sich, nachdem Goethe das Verlöbnis gelöst, mit einem Herrn Bernard versprochen, der, vermögenslos geworden, einsam auf Jamaika starb. Herrn von Türckheim drohte bei seiner Verhaftung die Guillotine. Beide Tatsachen finden wir, in eine verwoben, wiederum in der Gestalt von Dorotheens erstem Bräutigam».

Die neuerdings von Harprecht («Georg Forster oder die Liebe zur Welt») geäusserte Ansicht als Dorotheas Bräutigam habe Goethe Forster vorgeschwebt, beruht auf nicht vollständiger Auswertung des Goetheschen Textes. Alle Hinweise sprechen für Lux. Forster war z.B. nie «im Kerker»; seine Ehemisere konnte für Goethe nicht die Grundlage der Abschiedsworte sein: «So löst sich Liebe von Liebe...» usw.

388 Man hat viel gerätselt, welches das rechtsrheinischen Städtchen Hermanns sei: Emmendingen, Butzbach, Gera, Ilmenau, Pößneck und andere. Hier geht es um die linksrheinische Stadt, aus der die Emigranten flüchteten.

389 Natürlich immer nur von Goethes Vorstellung ausgehend. In Wirklichkeit war Lux verheiratet und hatte zwei Kinder. Seine Familie verließ er mit eben der Begründung, mit der Dorotheens erster Bräutigam das Verlöbnis löst.

390 Geb. Flittner (zärtlich «Uzeline» genannt). Sie hatte in Mainz unter dem berühmten Direktor des Mainzer Theaters Großmann, ihrem Stiefvater, ihre Laufbahn begonnen und den Schauspieler Karl Wilhelm Unzelmann geheiratet. Als sie 1788 von Mainz nach Berlin ging, feierte sie dort Triumphe als eine der bedeutendsten Schauspielerinnen und Sängerinnen ihrer Zeit.

391 Zusammen mit der «Rahel» Levin.

137

bei der Lyrikerin Friederike Brun die erste Begegnung statt, die erhebliche Folgen hatte. Briefe über Theaterfragen wurden gewechselt, und als die Unzelmann in den Jahren 1801 und 1802 zu Gastspielen nach Weimar kam, war Goethe voller Lob:

> Nicht geringen Einfluß auf unsre diesjährigen Leistungen erwies Madame Unzelmann, welche zu Ende Septembers in Hauptrollen bei uns auftreten sollte... Madame Unzelmann gab acht wichtige Vorstellungen hintereinander, bei welchen das ganze Personal in bedeutenden Rollen auftrat und schon an und für sich, zugleich aber im Verhältnis zu dem neuen Gaste, das möglichste zu leisten hatte. Dies war von unschätzbarer Anregung.

Und 1802:

> Indessen hatte Madame Unzelmann durch ihre Gegenwart an jene Ifflandische Zeit wieder erinnert. Der Geist, in welchem diese treffliche Schauspielerin die einzelnen Rollen bearbeitet und sich für eine jede umzuschaffen weiß, die Besonnenheit ihres Spiels, ihre durchaus schickliche und anständige Gegenwart auf den Brettern, die reizende Weise, wie sie als eine Person von ausgebildeter Lebensart die Mitspielenden durch passende Attentionen zu beleben weiß, ihre klare Rezitation, ihre energische und doch gemäßigte Deklamation, kurz das Ganze, was Natur an ihr und was sie für die Kunst getan, war dem Weimarischen Theater eine wünschenswerte Erscheinung, deren Wirkung noch fortdauert und nicht wenig zu dem Glück der diesjährigen Wintervorstellungen beigetragen hat und beiträgt.[392]

Durch Friederike Unzelmann gewann Goethe einen Schauspieler, der bis 1821 in dem Weimarer Ensemble blieb:

> Aus Achtung für Madame Unzelmann, aus Neigung zu derselben, als einer allerliebsten Künstlerin, nahm ich ihren zwölfjährigen Sohn auf gut Glück nach Weimar. Zufällig prüft ich ihn auf eine ganz eigene Weise. Er mochte sich eingerichtet haben mir mancherlei vorzutragen; allein ich gab ihm ein zur Hand liegendes orientalisches Märchenbuch, woraus er auf der Stelle ein heiteres Geschichtchen las, mit so viel natürlichem Humor, Charakteristik im Ausdruck beim Personen- und Situationswechsel, daß ich nun weiter keinen Zweifel an ihm hegte.[393]

---

392 Tag- und Jahreshefte 1801 (XI/698); «Weimarisches Hoftheater» Februar 1802 (XIV/65).
393 Tag- und Jahreshefte 1802 (XI/704), Karl Unzelmann, geboren 1786, war allerdings bei der Prüfung älter als 12 Jahre. Seine Frau Friederike (zum Unterschied zu ihrer gleichnamigen Schwiegermutter «Silie» genannt) spielte ebenfalls 1802 bis 1809 unter Goethes Leitung in Weimar, dann bis 1823 in Breslau, ohne größere Bedeutung zu erlangen.

X. 1797 bis 1813 - Mainzer Rad - Nicolas Vogt

In den Jahren 1797 bis 1813 wurden die Kontakte Goethes zu Mainz weniger.

Als er im Jahre 1797 zu seiner dritten Schweizer Reise aufbrach, machte er vom 3. bis 25. August in seiner Vaterstadt Station. Sein Tagebuch notiert für den 17. August ein Zusammentreffen mit dem Leutnant (Karl) Buchholz *von den Mainzern*.[394]

In diesen Frankfurter Tagen traf er auch Sömmering wieder, dem er kurz vor seiner Weiterreise brieflich eine Bitte unterbreitete, die in Mainz zu erfüllen war:

> Man gibt sonst den Autoren schuld, daß sie eigene Schriften am liebsten lesen, und was werden Sie sagen, wenn ich Sie ersuche, mir in der Forsterschen Auktion die zwei Sammlungen meiner Schriften, sowohl die ältere als die neuere, zu kaufen? Es versteht sich, daß sie um einen leidlichen Preis weggehen und die zehn Bände nicht über acht Gulden kommen. Ich habe schon seit mehreren Jahren kein Exemplar meiner Schriften im Hause und ich habe jetzt besondere Ursache sie wieder einmal von neuem durchzusehen. Wollten Sie sodann auch die Gefälligkeit haben, Nummer 144 pagina 13 für mich zu erstehen, ein Werkchen, das wahrscheinlicherweise nicht sehr hinaufgetrieben wird. Meine Mutter wird die Auslage mit Dank ersetzen. Ich gehe zu Ende dieser Woche von hier ab.[395]

Der Kauf von 2 Bänden gelang Sömmering, die andern entgingen ihm, da Goethes Preislimit überboten wurde.[396]

Es mag interessieren, daß in Goethes Schriften das Mainzer Rad mehrfach auftaucht: Um die Jahreswende 1804/5 übersetzte er einen Dialog von Diderot: *Rameaus Neffe*. In einer Anmerkung dazu behandelt Goethe den französischen Dichter du Bartas und bemerkt zu dessen Gedichten, insbesondere zu seinen *Sieben Schöpfungstagen*: Sie

---

394 WA III 2,83; St. III/625.
395 Brief v. 21.VIII.1797 (Br. II/300). Forsters Bibliothek wurde am 4. September 1797 in Mainz versteigert. Die beiden Sammlungen seiner Schriften, die Goethe wünschte, sind: Der Heimberg-Nachdruck (3 Bände, 2. Aufl. 1777) und die Göschen-Ausgabe (8 Bände 1787–1790). St. III/628).
396 Brief Sömmerings an Goethes Mutter v. 16.IX.1797 (Siehe WA IV 12,436 zu Nr. 3635.)

... sind, wegen ihres bunten Ansehens, dem Franzosen auf der jetzigen Höhe seiner eingebildeten Kultur äußerst verhaßt, anstatt daß, wie der Kurfürst von Mainz das Rad, ein französischer Autor die sieben Tagwerke des du Bartas irgend symbolisiert im Wappen führen sollte.[397]

Fast zu gleicher Zeit erscheint das Mainzer Rad an einer anderen, allerdings recht verschwiegenen Stelle. Am 9. Mai 1805 war nach zehn Jahren enger Freundschaft und Zusammenarbeit Friedrich Schiller gestorben. Berühmt ist die Totenfeier, die am 10. August 1805 auf der Bühne von Bad Lauchstädt gehalten wurde und zu der Goethe seinen *Epilog zu Schillers Glocke* schrieb. Weniger bekannt ist, daß Goethe eine weitere Totenfeier zum Geburtstag Schillers (10. November) in Weimar selbst geplant hatte.[398] Nach dem erhaltenen Schema[399] sollte in einer dramatisch-allegorischen Darstellung gegen das personifizierte *Deutschland* der Vorwurf erhoben werden, daß es sich unzureichend um den Freund gekümmert habe. Von allen deutschen Wappenschildern sollte daher nur der Rautenkranz von Sachsen-Weimar und das Mainzer Rad gezeigt und im Text angesprochen werden:

> Von deinen Schildern darf das Rad allein,
> Es darf allein der Rautenkranz sich zeigen...

Und noch einmal:

> Soll ich deshalb die strengen Schlüsse mildern...
> ...es kann von deinen Schildern
> Das Rad allein, allein der Rautenkranz...

Daß Mainz neben Weimar in dieser Weise gehuldigt werden sollte, hatte seinen Grund darin, daß Theodor v. Dalberg als Mainzer Statthalter in Erfurt Schiller alle erdenkliche Hilfe gewährt hatte.[400]

---

397 XV/1033.
398 Brief an Zelter v. 4.VIII.1805 (Br. II/483):
     «Sodann hoffe ich, das andre Gedicht, wenigsten ein Schema, zu senden, das alsdann zum 10. November, zur Feier des Geburtstags unseres Freundes, könnte gegeben werden.»
     Zelter kam jedoch mit der Komposition nicht zurecht: Brief Goethes an F.A. Wolf v. 5.I.1806 (WA IV 19,92):
     «Meine schönen Lauchstädter Vorsätze sind freylich sehr ins Stocken und Stecken gerathen, woran der musicalische Freund wohl die größte Schuld hat.»
399 WA I 16,561-569, mit Personenverzeichnis, Handzeichnung für das Bühnenbild und Skizzierung der Stellung der Personen, sowie vielen kleinen Entwürfen.
400 Seine Fürsprache hatte Frau v. Lengefeld bewogen, ihre Zustimmung zu Schillers – des Bürgerlichen – Eheschließung mit ihrer Tochter Charlotte zu geben. Ihm dankte Schiller seine große Lebenshoffnung: Hatte doch Dalberg als Coadjutor ihm für

Noch einmal verwendet Goethe das Mainzer Rad und die Willigis-Sage: zur Charakterisierung Klingers im III. Teil von *Dichtung und Wahrheit*:

> er suchte die vollkommenste Stetigkeit des Andenkens durch alle Grade der Abwesenheit und Trennung hartnäckig zu erhalten wie es denn gewiß angemerkt zu werden verdient, daß er, als ein anderer Willigis, in seinem durch Ordenszeichen geschmückten Wappen, Merkmale seiner frühesten Zeit zu verewigen nicht verschmähte.[401]

Aus dem Jahre 1811 muß die Verbindung Goethes mit einem bedeutenden Mainzer festgehalten werden: dem am 5. Dezember 1756 in Mainz geborenen Nikolaus (Niclas) Vogt.[402] Er war Historiker, wurde Professor in Mainz, Bibliothekar des Kurfürsten Erthal in der Nachfolge von Heinse und stand dann im Dienste Dalbergs in Aschaffenburg. Als er später Senator in Frankfurt wurde, trat er in enge Beziehung zum Brentanokreis und namentlich zu Fritz Schlosser. Über diesen lief im Jahre 1811 ein Briefwechsel und Bücheraustausch mit Goethe.[403] Wie hoch dieser Vogt schätzte, zeigt die Tatsache, daß er ihm die *Farbenlehre* zusandte, was stets eine besondere Auszeichnung war.[404]

den Fall seiner Nachfolge als Kurfürst von Mainz die Berufung an den Mainzer Hof zu großzügigsten Bedingungen versprochen. Als dieses Versprechen daran scheiterte, daß Erthal unerwartet lange lebte und dann Kurmainz zugrunde ging, hatte er es in Fürsorge umgewandelt: Schiller erhielt einen Ehrensold, seine Familie nach seinem Tode eine Pension.

401 X/662.
402 Siehe: Beutler, E.: wie Fußn. 377 S. 346; Mathy, H. «Mainzer Vierteljahresheft» – 1980. Heft 2 S. 89.
403 WA IV 22,26 und 33.
404 Vogt war Enthusiast des Rheines und seiner Vaterstadt Mainz. Seine «Rheinische Sagen und Geschichten» (1817) bedeuten einen Höhepunkt der Rheinromantik. Sein Schüler Metternich erfüllte ihm seinen letzten Wunsch: Er wurde in der Johannisberger Schloßkapelle beigesetzt, sein Herz bei Rüdesheim in den Rhein versenkt.

XI. 1814: Erste Kur in Wiesbaden

Zu Beginn des Jahres 1814 – die Truppen Napoleons waren schon größtenteils aus Deutschland zurückgeflutet – entstand in Goethe der Wunsch, in Verbindung mit einer Kur seine Heimat an Rhein und Main wiederzusehen. Nun konnte man hoffen, daß dort

> auf diese großen erschütternden Bewegungen ein fester Zustand folgen werde.[405]

Zufällig übersandte ihm in diesen Tagen Johann Isaak v. Gerning sein neues Werk: *Die Heilquellen am Taunus* (eine poetische Darstellung in vier Gesängen). Goethe bedankte sich:

> Eigentlich aber haben Sie mich, mein Werthester, durch die poetische Bergfahrt und durch die derselben beygefügte Karte sehr unruhig gemacht. Ich wünschte nun, unter solchem Geleit, das in frühern Zeiten nur flüchtig und ohne die nöthigen Kenntnisse durchwandelte Gebirg aufgeklärter zu besuchen, und die, durch Ihre Sorgfalt, zu Tage liegenden historischen und antiquarischen Merkwürdigkeiten in einer geregelten Folge kennen zu lernen. Ihr Gedicht wird gewiß jedem, der jene Gegenden besucht, das angenehmste Geschenk seyn; manchen Fremden wird es anlocken.[406]

Am gleichen Tage schrieb er an Sulpiz Boisserée:

> Unter meine liebsten Wünsche gehört es, dieses Jahr die Bäder am Rhein, die Freunde und Ihre Sammlung zu besuchen, und ob ich gleich an der Gewährung zweifle; so will ich mich doch einstweilen an der Hoffnung ergetzen.[407]

Der Rhein besaß eine weitere Attraktion: In den Karlsbader Tagen von 1812 hatte Goethe das Ehepaar Franz und Antonie Brentano kennenge-

---

405 Brief an Eichstädt v. 19.I.1814 (WA IV 24,114).
406 Brief v. 14.II.1814 (WA IV 24,154). Gernings Naturaliensammlung wird Goethe in Wiesbaden bewundern und sie später in «Kunst und Altertum» als Grundstock eines Museums empfehlen: 1825 wird nach dieser Anregung das «Nassauische Museum für Kunst und Natur» in Wiesbaden eröffnet. – Gerning kommt auch in den Besitz jener Alabastervase aus dem ehemaligen Kloster Eibingen, in der Christus auf der Hochzeit zu Kana Wasser in Wein verwandelt haben soll. Das 1814 bewunderte Gefäß erhielt Goethe im folgenden Jahr von Gerning als Geschenk. (Br.an Christiane v. 27.IX.1815 Br. III/95. Siehe auch Schäfer, A: Goethe-Jahrb. 1965, S. 89).
407 Brief v. 14.II.1814 (WA IV 24,150)

lernt. Er war von ihnen in ihr Haus am Rhein eingeladen worden.[408] Jedoch wurde Goethe die Entscheidung für Wiesbaden durch die Schreckensnachrichten von den Zuständen in Mainz erschwert. Seit sich Napoleon kurz nach Allerheiligen 1813 mit knapper Not nach Mainz auf das linke Rheinufer gerettet hatte, strömten seine Truppen in völliger Auflösung in die Stadt. Da diese bereits im November von den Alliierten eingeschlossen wurde, konnten sie nicht weiterziehen. Es entstand unvorstellbare Not durch Hunger und Seuchen. Hunderte von Menschen starben an einem Tage, nur ein Teil konnte verscharrt werden, ganze Ladungen von Leichen wurden in den Rhein gekippt. Am 31. März 1814 war Paris gefallen, am 6. April hatte Napoleon abgedankt, aber noch immer hielten die Franzosen die unglückliche Stadt. Am 4. Mai endlich erfolgte die Übergabe, die 17 Jahren der Zugehörigkeit von Mainz zu Frankreich ein Ende machte.

Am 8. Mai holte Goethe – noch immer unentschlossen – bei Fritz Schlosser, dem Neffen seines Schwagers, Auskunft ein:

> Und nun muß ich Sie zunächst um eine abermalige Gefälligkeit bitten. Ich habe diesen Sommer keine sonderliche Neigung die böhmischen Bäder zu besuchen; wohin ich mich jedoch wenden soll, ist mir noch nicht ganz klar; möchten Sie mir aber eine Schilderung von Wiesbaden geben, und von der Lebensart daselbst, nicht weniger, was etwa eine Person mit einem Bedienten auf einen vier- oder sechswöchentlichen Aufenthalt zu verwenden hätte; so würde ich es dankbar erkennen, um so mehr, als ich die Hoffnung hege, meine werthesten Freunde auch einmal wieder zu begrüßen.
>
> Hiervon bitte jedoch nichts laut werden zu lassen, indem es von gar manchen Umständen abhängt, ob ich mich losmachen, und jenen Weg einschlagen kann, der mir jedoch in so vielem Betracht höchst angenehm wäre.[409]

Erst im Juni, als von Mainz die langsame Rückkehr geordneter Zustände bekannt wurde, festigte sich Goethes Reiseplan. Gicht und Rheuma plagten ihn. Er hatte sich zu einer Vorkur nach Bad Berka begeben. Der Arzt riet zu Wiesbaden, Christiane nahm Einfluß,[410] sein Freund

---

408 Franz war der Stiefsohn der verehrten Maximiliane, Stiefbruder von Clemens und Bettina. Er war seit einigen Jahren Eigentümer des Landgutes in Winkel am Rhein. 1798 hatte er die Wienerin Antonie geb. Edle v. Birkenstock geheiratet. – Goethe war vom 1. bis 8.IX.1814 Gast im «Lieben Langen-Winkel» und hat diese Zeit geschildert: «Im Rheingau Herbsttage» (XII/498ff.).

409 Brief v. 8.V.1814 (WA IV 24, 254).

410 Später wird er sich für ihren Rat bedanken:
    Zuvörderst also wirst du abermals gerühmt, mein liebes Kind, daß du mich in diese Gegend zu gehen bewogen.
    Brief v. 19.VIII.1814 (Br. III/14). Dazu Dora Wahl: Jahrb. d. Sammlg. Kippenberg 1963 S. 127.

Friedrich August Wolf aus Halle kam und riet zu. Und am 24. Juni erschien sein Duzfreund Zelter in Berka, selbst kurbedürftig, der ihn *glücklich überredet*, nicht zuletzt mit der Zusage, vorauszufahren und Quartier zu machen. So viele Anregungen waren nötig, damit Goethe im Jahre 1814 nach Wiesbaden ging. Daraus ergaben sich Verbindungen zu Mainz, die Platz haben unter dem, was Goethe in den Tag- und Jahresheften 1814 notiert:

> ...die Reise nach den Rhein-, Main- und Neckargegenden gewährte eine große Ausbeute und reichlichen Stoff an Persönlichkeiten, Lokalitäten, Kunstwerken und Kunstresten.[411]

Am 25. Juli 1814 fuhr Goethe mit seinem Diener Stadelmann (in seinem Fahrhäuschen[412]) von Weimar ab. Es wurde jene berühmte Reise, auf der fast Tag für Tag Gedichte des *West-Östlichen Divans* entstanden, die der Divan *wie ein poetisches Tagebuch*[413] begleitete. Nach kurzem Aufenthalt in Frankfurt kam Goethe am 29. Juli nach Wiesbaden. Schon im Brief vom 1. August rühmte er Christiane die Ausflugsmöglichkeiten:

> Da solls nach Maynz, Biebrich, Ellfeld, Schlangenbad Schwalbach und wohin alles ...Zelter, ein furchtbarer Fuswandrer, hat das alles schon durchstrichen...[414]

Am 2. August erschien ein Bekannter, der Hauptmann Friedrich v. Luck[415] und überbrachte als Adjutant des Festungskommandanten von Mainz, des hochgebildeten Oberst v. Krauseneck, eine Einladung zu der Geburtstagsfeier des preußischen Königs Friedrich Wilhelm III. am 3. August. So fuhren Goethe und der miteingeladene Zelter an diesem Tage nach Mainz.

---

411 XI/865.
412 Die bequeme geschlossenen Reisekutsche. Sie steht noch heute im Schuppen des Hauses am Frauenplan in Weimar.
413 Burdach, K.: Goethe-Jahrb. 1896 S. 3; «Goethe und sein Zeitalter» 1916 S. 299.
414 WA IV 25,7.
415 Satirischer Dichter. Besuch in Weimar: 23.I.1814 (Tgb. WA III 5,93). In beiden Wiesbadener Jahren mit Goethe in Verbindung, aber auch später:
    Major von Luck, der Mainzer Humorist, der ganz nach seiner Weise zum Besuch bei mir unversehens eintritt, sein Bleiben ohne Not verkürzt und gerade aus Übereilung die Reisegelegenheit versäumt.
    (Tag- und Jahreshefte 1819 zu dem Besuch am 2.XII.1819 XI/908). Als Beispiele für den Schriftwechsel siehe Goethes sehr freundlichen Brief v. 8.VI.1822 (Br. III/499), doch auch den höchst indignierten v. 18.III.1831 (WA IV 48,147).

Goethe notiert in Stichworten in sein Tagebuch:

> 3. August Mainz. Mit Zelter nach Mainz. Röm. Kaiser. Zur Funktion auf die neue Anlage. Herrliche Nähe des Rheins. Zum pr. Kommandanten. Auf die Zitadelle. Zu Hause. Aufs Kasino. Große Tafel. Zu Hause. Geilnauer Wasser. Das Feuerwerk verpaßt. Ball. Mehrere Bekanntschaften. Bald nach Hause. Gouverneur Baron Frimont, General Graf Hardegg, General Swrtnick – Österreicher. Prinz v. Homburg Gen. Ltnant, Prinz v. Dessau, Kommandant Obr. von Krauseneck – Preußen. Bothmann, Freih. v. Jungenfeld – Mainzer.[416]

Etwas eingehender schildert er den Tag in seinem Brief an Christiane vom 7. August 1814:

> Den 3. August waren wir, eingeladen, in Mainz. Der Geburtstag des Königs ward sehr anständig gefeiert. Früh Militärischer Gottesdienst unter freiem Himmel, auf einer Aue nach dem Rhein, dann große Mittagstafel in einem hohen geräumigen Saale, gutes Essen und Trinken. Abends Feuerwerk, sodann Ball. Von allem diesem habe ich mein bescheiden Teil hingenommen. Das Übrige hätte ich euch gegönnt. Der frische Lachs schmeckt mir noch immer, obgleich die hiesigen sagen: die Zeit sei vorbei. Der Anblick des Rheins und der Gegend umher ist freilich etwas einzig Schönes. Man würde die Bewohner dieses Bezirks beneiden, wenn sie nicht so unendlich ausgestanden hätten. Doch scheinen sie alle Not so ziemlich vergessen zu haben und erlustigen sich aufs beste.[417]

Der Tag dürfte hiernach so verlaufen sein: Goethe und Zelter begaben sich zuerst in ihr Hotel, wo sie sich für die nächste Nacht einmieteten. Diesmal logierten sie nicht, wie Goethe sonst immer, in dem Gasthof *Zu den Drei Reichskronen* am Brand (der vermutlich wegen der Geburtstagsfeierlichkeiten schon ausgebucht war), sondern im *Römischen Kaiser* auf dem Liebfrauenplatz.[418]

Dann nahm man an dem militärischen Frühgottesdienst teil (*unter freiem Himmel auf einer Aue nach dem Rhein.)* Von da ging es zur *Funktion*, der Parade, auf die neue Anlage.[419] Der Blick von hier war es wohl

---

416 ErgBd. S. 332.
417 Br. III/12.
418 Der «Römische Kaiser» war in den Jahren 1635–64 von dem kurfürstlichen Beamten und Großkaufmann Edmund Rokoch erbaut worden (ursprünglich «Haus zum Marienberg»). Rokoch gehörte auch das benachbarte Haus, der «König von England». Beide Anwesen (siehe das Modell im Landesmuseum-St) wurden Hotels, der «Römische Kaiser» von 1744 bis 1837. 1753 war dort Voltaire für drei Wochen abgestiegen, 1763 hatte Mozart als Siebzehnjähriger zwei Konzerte gegeben. 1928 wurden beide Gebäude dem Gutenberg-Museum zu weiterem Ausbau überlassen. Der «Römische Kaiser» dient heute dem Museum als Verwaltungsbau und beherbergt die Gutenberg-Gesellschaft.
419 Weniger, E.: wie Fußn. 346 S. 131. – «Neue Anlage» Stadtpark.

auch, den er begeistert Christiane beschrieb: *Der Anblick des Rheins ist freilich etwas einzig Schönes.* Auf der Zitadelle machte Goethe dann dem Kommandanten v. Krauseneck seine Aufwartung. Nach einer kurzen Ruhepause im Hotel ging es mittags um 2 Uhr zum Kasino, wo *in einem hohen geräumigen Saale* das große Festmahl stattfand. Eine neue Ruhepause im Hotel zog sich so lange hin, daß Goethe das auf dem Schloßplatz abgebrannte Feuerwerk versäumte. Danach begann dann der Festball, von dem Goethe bald ins Hotel zurückkehrte.[420] Die *mehreren Bekanntschaften*, die Goethes Tagebuch notiert, sind hauptsächlich Österreicher und Preußen: Mainz stand unter gleichzeitig österreichischer und preußischer Militärverwaltung.[421] Auch zwei *Mainzer* werden aufgeführt: Bothmann (das ist der Geschichtsforscher Dr. Franz Joseph Bodmann) und Freiherr v. Jungenfeld (der Mainzer Bürgermeister.)[422]
Über den Beginn des nächsten Tages berichtet Goethes Tagebuch:

4. August. Wiesbaden. Hauptm. v. Luck. Um 8 Uhr von Mainz ab. Bewegter Rhein. Wiesbaden. Geh. Rat Willemer. Dlle. Jung. Gebadet. Geh. R. Willemer. An Table d'Hote.[423]

Dieser Tag sollte Epoche machen in Goethes Leben wie in seinem Werk: Die Demoiselle Marianne Jung, die sein Besucher, der alte Freund der Familie Geheimrat v. Willemer, mitbrachte, wird beim nächsten Sehen schon Marianne v. Willemer heißen. Hier in Wiesbaden, von Mainz kommend, lernte er sie am Morgen kennen und traf sie wieder an der Tafel des Kurhauses.
Während seiner Wiesbadener Zeit wurde Goethe sonntags regelmäßig von dem Herzog Friedrich-August v. Nassau-Usingen und dessen Gattin Luise, geb. Prinzessin v. Waldeck zur Tafel in das Biebricher Schloß eingeladen. Der erste Besuch fand am 7. August statt. Es wurde der *Park*

420 Börckel (S. 25) schreibt:
    «Auf dem Festball hielt es Goethe nicht lange aus, «verpaßte» aber trotzdem das auf dem Schloßplatz abgebrannte Feuerwerk.»
    Dem widersprechen beide Zeugnisse von Goethes Hand: «Da Feuerwerk verpaßt. Ball.» und «Abends Feuerwerk, sodann Ball.» Der Ball begann somit erst nach dem Feuerwerk.
421 Näheres zu diesen Offizieren bei Weniger wie Fußn. 346 S. 121.
422 Börckel S. 25. – Zu Bodmann siehe dessen Porträt von unbekannter Hand im Landesmuseum-St. – Freiherr Gedult v. Jungenfeld war 1814 nach Ende der französischen Zeit der Stadt als Bürgermeister an die Stelle von Maire Macké getreten.
423 ErgBd. S. 333.

und das Ritterschloß besehn.[424] In *Kunst und Altertum am Rhein und Main* wird Goethe dazu schreiben:

> Nach so vielen Ruinen alter und neuer Zeit, welche den Reisenden am Niederrheine nachdenklich, ja traurig machen, ist es wieder die angenehmste Empfindung, ein wohlerhaltenes Lustschloß zu sehen, das, unerachtet der gefährlichsten Nachbarschaft, in völligem Stande von seinem Fürsten bewohnt, durch einen Hof belebt wird, der den Fremden des liberalsten Empfanges genießen läßt.[425]

Die gefährlichste Nachbarschaft ist natürlich die Stadt Mainz. Ihre Gefährdung findet bei Goethe immer Erwähnung neben der bewunderten Lage. Letztere spürt man auch in dem Brief, den er über den ersten Besuch in Biebrich an Christiane schreibt:

> Der Gesellschaftssaal eine Galerie, man sieht an einer Seite den Rhein, an der andern den Lustgarten. Es ist völlig ein Märchen. Der runde Speisesaal tritt etwas vor die Linie des Gebäudes. Die Herzogin (Luise), neben der ich saß, sitzt gerade so daß man durchs offne Fenster den herunterfließenden Rhein vor einen See halten kann, an dessen jenseitigem Ufer Mainz liegt.[426]

Zu den beiden nächsten Tagen ist im Tagebuch notiert:

> 15. August... Einfall nach Rüdesheim zu gehen. Anstalten dazu. Mit Zelter zu Hause gespeist. Mit ihm und Cramer nach Tische abgefahren. Herrlich Wetter und Weg. Rüdesheim im Adler abgetreten.
> 16. August. Übergefahren. Auf die Rochus-Kapelle. Große Wallfahrt.[427]

An diesem 16. August – dem Tage des heiligen Rochus – wurde die hoch über Bingen im Rheintal liegende Rochus-Kapelle mit einer Prozession und einem Fest wieder eingeweiht.[428] Hieran nahm Goethe mit Entzücken teil und schilderte die Erlebnisse in einem kleinen Werk, einem

> köstlichen Kleinod, einem «Idyll von selbständigem Wert, nach Art, Gewicht und Anlage verwandt mit dem Römischen Karneval und der Krönungsfeier in Frankfurt in Dichtung und Wahrheit.»[429]

---

424   WA III 5,124. Es ist die Moosburg im Park, eine künstliche Ruine, 1804 unter Herzog Friedrich August erbaut und noch heute erhalten.
425   XII/532 unter «Biebrich».
426   Brief v. 8.VIII.1814 (Br. III/13).
427   ErgBd. S. 333.
428   Sie war in den kriegerischen Ereignissen zerstört und jetzt wieder aufgebaut worden.
429   Gundolf, F. (wie Fußn. 374) S. 638. – Schon zum nächsten Tage notierte Goethe im Tagebuch: «Elfeld» (= Eltville) «frühe Schema des Rochusfestes» (ErgBd. S. 333). – Das Werk erschien 1817 in «Kunst und Altertum» Heft 2.

Humorvoller Mittelpunkt wurde der Bericht über die Fastenpredigt des Weihbischofs, der seine bußfertigen Zuhörer warnte, über den Genuß von 4, 5 und 6 Maß (8, 10, 12 Flaschen) Wein hinauszugehen.

> Denn der Fall ist äußerst selten, daß der grundgütige Gott jemanden die besondere Gnade verleiht acht Maß trinken zu dürfen, wie er mich, seinen Knecht, gewürdigt hat.[430]

Daß der trinkfeste Weihbischof zum zuständigen Bischofssitz in Mainz gehört hatte, wußte Goethe gewiß. Heute glauben wir sogar seinen Namen zu kennen: Es war mit großer Wahrscheinlichkeit der Mainzer Weihbischof Valentin Heimes, eine kraftvolle Persönlichkeit, dem Wein nicht abgeneigt. Er hat in der Regierung des Erzbistums Mainz eine wichtige Rolle gespielt.[431]

Ende August 1814 kam der Herzog Karl August aus dem holländischen Feldzug über Paris und Aachen nach Mainz. Goethe begab sich dorthin, ihn zu empfangen.

Es ist gut, ein klares Zeugnis für diese Fahrt Goethes nach Mainz zu haben: Seinen Brief an Christiane vom 29. August

> Seit meinem letzten vom 19ten bin ich in Maynz gewesen, wo der Herzog eintraf. Mit ihm war ich sodann hier und in Biebrich.[432]

Denn die Tagebuchnotizen von diesen Mainzer Tagen – 23. bis 26. August – sind unvollständig und haben zu Mißverständnissen Anlaß gegeben:

> 23. Gebadet. Mittag im Cursaal mit Zelter. Bey Cramer catalogirt. Im Garten. Kam Geh. Secr. Vogel. Mit ihm nach Wisbaden. Mit Serenissimo bis tief in die Nacht.
> 24. Mit Dr. Starke nach Wisb. H.v. Löw und Geh. R.Langsdorf. Mit Starke die Brunnen und Bäder. Die Gegend. Cursaal und Anlagen. Im Cursaal mit Starke und Zelter. Kam der Herzog. In der Gesellsch. bis Nachts.
> 25. Mit Serenissimo. Zu Frl. Stein. Nach Bibrich. Nach Hause. Ins Schauspiel. In den Cursaal. War Schlosser angekommen.
> 26. Mit Serenissimo. Graf Henkel. Briefe von Weimar an Sereniss. Fuhr der H. ab.[433]

430 XII/485.
431 1841–1796. Geboren in Hattenheim am Rhein. Näheres siehe Bach (wie Fußn. 47). S. 329 bis 349 und 414.
432 WA IV 25,25.
433 WA III/5,127.

Man muß diese Notizen wohl wie folgt lesen: Am 23. August *kam Geh.Secr. Vogel* und brachte die Nachricht von dem Eintreffen des Herzogs in Mainz. *Mit ihm nach Mainz* (und nicht nach Wiesbaden, wo Goethe ohnehin war).[434] Nur so wird verständlich, daß Goethe am nächsten Tag notiert: *Mit Dr. Starke nach Wisb.*[435] Auf den gemeinsamen Abend in Mainz bezieht sich die Bemerkung: *Mit Serenissimo bis tief in die Nacht.* Goethe und der Herzog waren also an derselben Stelle – den *Drei Reichskronen* – in Gesprächen bis tief in die Nacht vereint, wo vor 40 Jahren im Dezember 1774 so Entscheidendes geschah, ihre Lebenswege auf immer zu verbinden.

Zu Goethes 65. Geburtstag am 28. August war der Herzog nicht mehr anwesend. Der festliche Tag endete mit einer kleinen Herrengesellschaft in Wiesbaden, an der wieder unser *Mainzer* Hauptmann v. Luck teilnahm. Dabei wurde dem von den Brentanos zugesandten *Eilfer Rotenberger* kräftig zugesprochen, so daß man zwar am gleichen Abend noch einen Zettel an Zelter schreiben konnte mit dem berühmt gewordenen Ausspruch:

> Wenn man getrunken hat
> Weis man das Rechte

aber am nächsten Tag im Tagebuch notieren mußte:

> Nicht wohl. Im Bette geblieben.[436]

Am 20. Oktober 1814 fuhr Goethe von Frankfurt nach Weimar zurück. Einen kurzen Aufenthalt in Hanau am 22. Oktober nutzte er zu einem Besuch des Mineralogen Carl Caesar v. Leonhard, mit dem ihn fachliche Interessen verbanden. Mit ihm besuchte er das Schlachtfeld von Hanau, wobei ihm zugute kam, daß er dort dem früheren kurmainzer Minister v. Albini Besuch gemacht hatte: Dieser stellte ihm für den Hanauer Tag seine Equipage zur Verfügung.[437]

---

434 Mit der Klarstellung dieses einen Verschreibens werden alle Unklarheiten beseitigt. – Vogel war Goethes Schreiber von 1782 bis 1786, später Kanzlist; 1815 wurde er Kanzleirat in Weimar.

435 Dr.Starke, der Jüngere (der «dicke Stark») war seit 1812 als Nachfolger seines gleichnamigen Onkels Leibarzt des Herzogs und in seiner Begleitung mit nach Mainz gekommen.

436 WA IV 25,23 und WA III 5,128.

437 Franz Joseph Freiherr v. Albini (1748–1816) hatte die letzte Kaiserwahl in Frankfurt geleitet. Sein Porträt von Johann Heinrich Schmitt im Landesmuseum-St. – In der für ihn erfolgreichen Schlacht bei Hanau am 30./31.X.1814 hatte sich Napoleon den Rückzug nach Mainz freigekämpft. (Vgl. Bach: Wie Fußn. 47 S. 429).

XII. 1815: Nochmals Wiesbaden – Der 11.August in Mainz

Goethe hatte sich in der ersten Wiesbadener Kur gut erholt. *Erfrischt und jung gefunden wie lange nicht.* Er sah *dem Frühjahr und den warmen Bädern mit Verlangen entgegen.*[438] Am 15. Februar traf eine Sendung ein, die einen Wunsch erfüllte und an Mainz erinnerte. Der Absender war der Wiesbadener Bibliothekar Bernhard Hundeshagen.[439] Schon in Wiesbaden war Goethe bekannt geworden, daß Hundeshagen an einem Riß der Festung Mainz arbeitete. Nun, im Brief vom 27. Februar 1815, bedankt er sich für die Übersendung:

> Durch Ihren gefälligen Brief und die angenehme Sendung erfüllen Sie einen Wunsch, den ich gehegt, und kommen dem Vorsatze zuvor, den ich diese Tage gefaßt hatte. Ich wollte nämlich Ew. Wohlgeboren schreiben und mich entschuldigen, daß ich, nach so freundlichem Empfang und Unterhaltung vergangenen Sommer, noch nichts von mir vernehmen lassen und nur zur Erfrischung geneigten Andenkens eine poetische Blumenlese vorausgeschickt. Ferner wollt ich anfragen, wie weit es mit dem interessanten Risse der Mainzer Festung gekommen, und mir einstweilen einen Probeabdruck erbitten. Alles dieses ist nunmehr erledigt, und ich eile nur, meinen verbindlichsten Dank abzustatten. Führwahr, es ist ein schönes Werk, welches wohl verdient, dem sämmtlichen Europa gewidmet zu werden. Ich hoffe, daß Ihre Bemühung nicht unbelohnt bleiben wird...
> Die große Ausführung der Arbeit ist wirklich bewundernswerth, und die genaue Charakterisierung der einzelnen Theile erregt das größte Zutrauen zu der Wahrheit und Richtigkeit des Ganzen.[440]

Noch war die Vorfreude auf den nächsten Wiesbadener Aufenthalt ungetrübt, da erreichte Goethe die Nachricht, daß Napoleon Elba verlassen hatte und am 1. März gelandet war. Er wurde unsicher:

438 Brief an Zelter v. 21.XI.1814 (WA IV 25,88).
439 Mit ihm war Goethe im vergangenen Sommer viel zusammen gewesen. Seine Schätzung für ihn ergibt der Brief an F.A. Wolf v. 18.XI.1814:
«Hundeshagen hatte zugleich durch antiquarische, artistisch-literarische Mittheilung am Vergnügen und Nutzen, den ich aus meinem Aufenthalt zog, den größten Antheil.» (WA IV 25,71).
Zwei Bilder von Mainz («Dom von Nordwesten mit Höfchen» und «Dom von Osten mit Liebfrauenplatz» – 1818) im Landesmuseum-St.
440 WA IV 25,210. In dem Kapitel «Wiesbaden» in «Kunst und Altertum am Rhein und Main» wird unter den Verdiensten von Hundeshagen ebenfalls aufgeführt:
Der Plan der Festung Mainz von jenem talentvollen Mann herausgegeben zeugt nicht weniger von Fleiß und Geschicklichkeit. XII/533.

Wohin ich mich diesen Sommer wende, weiß ich selbst nicht. Wiesbaden hat mir gar zuwohl gethan und ich möchte es gern wiederholen, doch mag sichs draußen am Rheine, wenn auch alles gut geht, jetzt wieder höchst unerfreulich wohnen.[441]

Der April eilt zu Ende; in sechs Wochen sollte ich, von rechtswegen, schon wieder in Ihrer Nähe seyn, indessen ist es gerade jetzt, wo jedermanns Verstand still steht, wohl zu entschuldigen, wenn man mit Entschlüssen zaudert.[442]

Und noch am 5. Mai

Am Ende dieses Monats wird sichs entscheiden, ob ich das heilsame Bad auch unter weniger günstigen Auspicien benutzen kann.[443]

Als Goethe sich dann doch entschloß, klangen seine Äußerungen fast so, als wäre er genötigt worden:

...durch freundliche Ermahnungen, ja sogar durch eine Art Geheiß unserer gnädigsten Fürstin nach Wiesbaden gleichsam getrieben...

... wozu ich durch meine Kranckhaftigkeiten veranlaßt, durch freundliche, ärztliche Antriebe, ja gewissermassen durch ein Geheiß unsrer gnädigsten Fürstinn genötigt werde. ...Die allgemeine Stimme, ja ein gnädigstes Geheiß Ihro Frau Gemahlin, Königl. Hoheit, treibt mich nach Wiesbaden.

...ich habe mich mehr aus fremdem Andrang, als aus eigner Bewegung entschlossen, in diesen Tagen nach Wiesbaden zu gehn.[444]

Als am 24. Mai die Reise angetreten wurde, war der Unmut gewichen. Auf der Reise entstanden wiederum 18 Divan-Gedichte. Wieder wie im Vorjahr kam es während der Wiesbadener Kur zu bedeutsamen Mainz-Kontakten.

Schon auf der Fahrt von Frankfurt nach Wiesbaden am 27. Mai sah er mit Begeisterung die Rheinlandschaft mit Mainz wieder. Am gleichen Tage noch schrieb er an Christiane:

Wenn man von der Höhe vor Wiesb. den Rhein sieht, von Oppenheim herab, bey Maynz vorbey fließen und wie er dann, gegen Elfeld, die große Aue in sich faßt und weiter hinab die Reihe von Ortschaften, der Johannesberg und bis Bingen die

441 Brief an Zelter v. 17.4.1815 WA IV 25,268.
442 Brief an Willemer v.24.4.1815 WA IV 25,284.
443 Brief an Schlosser WA IV 25,299.
444 Briefe an Knebel (10.V. WA IV 25,320), Voigt (10.V. WA IV 25,322), an den Herzog (Mitte Mai WA IV 25,327) und Zelter (17.V. Br. III/74.) Vgl. auch an seinen Sohn August aus Wiesbaden (8.VI. Br. III/79):
   Nahst du dich Ihro Königl. Hoh. der Fr. Grosherzoginn, so dancke Ihr auf das angelegenste, daß Sie mich zu meinem Heil hierher beordert.

Landschaft erscheint; so weis man doch warum man Augen hat. Dies zu erfahren war mir sehr nötig.[445]

Naturgemäß beschäftigte Goethe die politisch-militärische Hochspannung. Als ihn, wie im Vorjahr, schon am zweiten Tag der Mainzer Offizier v. Luck besuchte,

> Major von Luck aus Mainz hat mich schon besucht, von niemand weiter habe ich gehört,[446]

diente er ihm als besonders informierter Informant.[447] Mit zwei weiteren preußischer Offizieren kam Goethe in fruchtbare Beziehung. Am 18. Juni lernte er in Biebrich den Oberstleutnant Wilhelm v. Natzmer kennen, Vicekommandant von Mainz, der sich mit neugriechischer Poesie beschäftigte. Er brachte Goethe beim nächsten Besuch am 30. Juni *Neugriechische Gedichte*[448] mit. Dazu stellte er die Verbindung her zu dem Major Graf v. Haxthausen-Abbenburg, dem Übersetzer neugriechischer Volksdichtungen, der zur Kur in Wiesbaden weilte.[449] Goethe war so stark beeindruckt, daß er sich eine Woche lang im Beisein seiner neuen Freunde mit diesen Liedern beschäftigte und

445 Brief v. 27.V.1815 (Br. III/76. «Elfeld» = Eltville). – Auch in den «Wanderjahren» legt er Lucidor seine Neigung zu diesem Teil des Rheines in den Mund:
     ...rückwärts aber mußte der Rhein, von seinem ersten Ursprung an, erst durch höchst unerfreuliche Gegenden begleitet werden, und so hinabwärts durch manche Abwechselung; wo es denn freilich zuletzt, zwischen Mainz und Koblenz, noch der Mühe wert ist den Fluß, ehrenvoll, aus seiner letzten Beschränkung in die weite Welt, ins Meer zu entlassen. (VIII/100).
     Vgl. in der Besprechung des Lustspiels «Der Pfingstmontag» von Arnold (WA I 41,1,168):
     ...im langen, weiten, herrlichen Rheinthal von Basel bis Mainz.
446 Brief an August v. Goethe v. Anfang bis 8.VI.1815 (Br. III/76), gleichlautend an Christiane v. 4.–7.VI.1815 (WA IV 26,4).
447 Tgb. zum 16.VI.: «Politica. Militaria» und zum 22.VI: «Kriegsnachrichten genauer» – dies betrifft die Schlacht von Waterloo. Am 28. Juni mußte v. Luck allerdings Abschied nehmen. Er folgte der preußischen Garnison von Mainz, die zur Belagerung von Landau abging. Vgl. zu v. Luck in Goethes zweiter Wiesbadener Zeit: Tgb. 30.V.–10.VIII.1815 (WA III 5,163–176). Sie bleiben in brieflicher Verbindung. Am 30.IX. treffen sie noch einmal in Mannheim zusammen (Tgb. das. S. 184). Siehe auch Fußn. 415.
448 Tgb. das. S. 166, 168.
449 Der hochgebildete v. Haxthausen (Onkel der Droste-Hülshoff) war Jurist, Mediziner, Naturphilosoph, Sprachforscher und Übersetzer. (Weniger, wie Fußn. 346 S. 135; Schäfer, A.: Goethe-Jahrb. 1965 S. 105).

eine Herausgabe erwog.[450] In die Tag- und Jahreshefte für 1815 nimmt er diese Tätigkeit als bedeutungsvoll auf:

> Wenig Fremdes berührte mich; doch nahm ich großen Anteil an griechischen Liedern neuerer Zeit, die in Original und Übersetzung mitgeteilt wurden, und die ich bald gedruckt zu sehen wünschte. Die Herren von Natzmer und Haxthausen hatten diese schöne Arbeit übernommen.[451]

Im übrigen waren es diesmal vorwiegend österreichische Offiziere der Mainzer Garnison, mit denen Goethe in Verbindung kam. Zuerst erschien ein Bekannter aus der Teplitzer Kur von 1813: Oberst Joseph de Lort, Generalstabschef des Gouverneurs von Mainz, und mit ihm der Artilleriedirektor Graf v. Künigl.[452] Am 11. Juni lernt Goethe bei einem Besuch in Biebrich auch den Gouverneur selbst kennen, den österreichischen Feldherrn Erzherzog Karl. Schon am nächsten Tage schenkte ihm dieser *nach einem anregenden Gespräch* sein Werk *Grundzüge der Strategie, erläutert durch die Darstellung des Feldzuges von 1796 in Deutschland.*[453]

---

450 Tgb. v. 30.VI. bis 7.VII.1815 WA III 5,168/9. Siehe auch Brief an seinen Sohn August v. 5.VII.1815 WA IV 26,24:
«Riemern sage: daß ein Freund der Neugriechen bey mir war, der (sogenannte) Volckslieder dieses Volcks mit sich führt, das köstlichste, in dem Sinne der lyrisch, dramatisch, Epischen Poesie was wir kennen (und doch also Volckslieder). Ich dencke mit ihm in Bund zu treten und mitzubringen.»
An Meyer (das. S. 25) am gleichen Tag: «Dem besten gleichend, was wir in dieser Art haben.»

451 XI/868. Dazu im Aufsatz «Volksgesänge abermals empfohlen» in «Kunst und Altertum» 1823 (XIV/504):
Indem uns nun zu diesem Zweck von allen Seiten Beiträge höchst willkommen sein werden, so ersuchen wir schließlich den Freund, der uns im Sommer 1815 zu Wiesbaden neugriechische Lieder im Original und glücklich übersetzt vorlegte, einen baldigen Abdruck, der uns aber nicht vorgekommen, zusagend, sich mit uns hierüber zu verständigen und zu der ausgesprochenen löblichen Absicht mitzuwirken.
Noch am 31.III.1824 im Gespräch mit Kanzler Müller (Gespr. II/334):
Die Gespräche . . . leiteten auf Herrn von Haxthausen daselbst, der viele neugriechische Lieder besitzt, aber aus Unentschlossenheit nicht herausgibt.

452 Tgb. v. 4.VI.1815 (WA III 5,164): «Chev. de l'Or. Graf Kinigl».

453 Weniger (wie Fußn. 346) S. 134. – Im Brief an August v. Goethe v. 20.VII.1815 (Br. III/83) schreibt Goethe nach Mitteilung seiner Teilnahme an der Tafel des Erzherzogs in Mainz vom 18.VII.: «Kehrte mit dem Geschenke des Prachtwerks: Grundsätze der Strategie zurück.» Da jedoch das Tagebuch unter dem 12. und 13.VI. die Beschäftigung mit dem Werk ergibt, ist wohl die frühere Datierung der Schenkung zutreffend. (Anders Börckel S. 26). Richtig ist, daß Goethe sich vom 18.–20. Juli erneut sorgfältig mit dem Werk beschäftigt hat. (Tgb. WA III 5,170–171)

Besonderes Glück ereignete sich mir auch zu Biebrich, indem des Herrn Erzherzogs Karl Königliche Hoheit die Gnade hatte, nach einem interessanten Gespräch, mir die Beschreibung Ihrer Feldzüge mit den höchst genau und sauber gestochenen Karten zu verehren. Auf diesen überaus schätzbaren Blättern fand sich gerade die Umgebung der Lahn von Wetzlar bis Neuwied, und ich machte die Bemerkung, daß eine gute Militärkarte zu geognostischen Zwecken die allerdienlichste sei. Denn weder Soldat noch Geognost fragt, wem Fluß, Land und Gebirg gehöre, sondern jener: inwiefern es ihm zu seinen Operationen vorteilhaft, und dieser: wie es für seine Erfahrungen ergänzend und nochmals belegend sein möchte.[454]

Goethe, in dessen umfassenden Interessen auch die Strategie nicht fehlte, studierte das Werk in den nächsten Tagen gründlich.

Noch schwebte die dunkle Wolke der bevorstehenden militärischen Ereignisse über Wiesbaden und seinem Kurgast. Erst die Schlacht von Waterloo – zunächst als verloren gemeldet – brachte die Entlastung:

Napoleons Wiederkehr erschreckte die Welt, hundert schicksalschwangere Tage mußten wir durchleben; die kaum entfernten Truppen kehrten zurück, in Wiesbaden fand ich die preußische Garde; Freiwillige waren aufgerufen, und die friedlich beschäftigten, kaum zu Atem gekommenen Bürger fügten sich wieder einem Zustande, dem ihre physische Kräfte nicht gewachsen und ihre sittlichen nicht einstimmig waren; die Schlacht von Waterloo, in Wiesbaden zu großem Schrecken als verloren gemeldet, sodann zu überraschender, ja betäubender Freude, als gewonnen angekündigt. In Furcht vor schneller Ausbreitung der französischen Truppen, wie vormals über Provinzen und Länder, machten Badegäste schon Anstalten zum Einpacken, und konnten sich vom Schrecken erholend die unnütze Vorsicht keineswegs bedauern.[455]

Nur langsam atmete man auf:

Hier aber sieht man mit Entsetzen die Gefahr in der man schwebte, und mit welchem Danck man das Fest jener Schlacht zu feyern hat.[456]

Am 16. Juli fand ein großes Dankfest statt. Bei großer Hoftafel in Biebrich traf Goethe wiederum Erzherzog Karl und den gesamten Generalstab aus Mainz. Goethe wurde von dem Erzherzog für den übernächsten Tag nach Mainz eingeladen, wo er zunächst den Oberst de Lort besuchte, bevor er sich zur Hoftafel des Gouverneurs ins *Deutschordenshaus*[457] begab. Goethe berichtet hiervon und vom folgenden Tag seinem Sohn:

Sonntag den 16. War in Biebrich großes Fest, welchem Erzherzog Carl, mit seinem Generalstab, auch dem Überrest von Preußen beiwohnte. In Wiesbaden fortge-

454 Tag- und Jahreshefte für 1815 (XI/871).
455 Das. S. 873.
456 Brief an Voigt v. 11.VII.1815 (WA IV 26,32).
457 Später großherzogliches Schloß, heute Landtag von Rheinland-Pfalz.

setzte Feier bis Mitternacht. Dienstag den 18. Nach Mainz, bei Kaiserl. Hoheit zu Tafel, höchst gnädig und freundlich aufgenommen.

Tags darauf sollte die Übergabe des Johannisberges an des Kaisers von Österreich Majestät geschehen. Wozu ich dringend eingeladen ward. Als ich nun Mittwoch den 19. mich früh abzufahren bereitete, trat Herr v. Hügel bei mir herein, mir gratulierend daß mir von Kaiserl. Maj. die Würde eines Kommandeurs des Leopoldsorden erteilt worden. Meine Verwunderung war groß. Nun fuhr ich mit Herrn v. Hügel auf den Johannisberg. Nach vollbrachter Übergabe, vor Tafel, wünschten mir die sämtlichen Beamten Glück, unter allerlei Scherzen und Bezügen. Wie denn unter den Österreichern großes Wohlwollen gegen mich ist. Einige kannte ich schon von Böhmen her.[458]

Vom 21.–31. Juli unterbrach Goethe die Kur für eine berühmt gewordene Reise. Bei einem Wiedersehen mit dem Freiherrn v. Stein am 9. Juli an der Hoftafel in Biebrich wurde er auf dessen Schloß nach Nassau eingeladen.[459] Von dort fuhr man gemeinsam nach Köln. Auf der Fahrt vermochte Stein Goethe zu motivieren, die Kunstschätze des Rheinlandes, ihre Geschichte und Bedeutung, mit dem Ziel ihrer Erhaltung und besseren Darbietung in einer Schrift zu schildern. Sie sollte wohl als Eingabe an den preußischen Staatsminister von Hardenberg dienen.[460] Der Gedanke beschäftigte Goethe intensiv. Im Tagebuch vermerkte er über den Abschied von Stein:

Nach Tische abgefahren. Glückliche Fahrt. Kunstschätze am Mayn und Rhein überdacht... In Wiesbaden.... S. Boisserée war Morgens auf Schlangenbad.[461]

Seinem Sohn schrieb er am nächsten Tag:

... bin aufgeregt worden über Erhaltung und Ordnen der Kunstschätze am Rhein mein Gutachten abzugeben. Das will ich denn auch wohl tun, denn es ist der Mühe wert, die besten Dinge stehn am Rande des Verderbens und der gute Wille der neuen Behörden ist groß, dabei herrscht Klarheit und so läßt sich etwas wirken.

Daß ich mit Herrn v. Stein gerade in diesem Moment die Reise machte hat viel zu denken gegeben; sonderbar genug ist es daß sie absichtslos, aus dem Stegreife geschah, gewiß aber nicht ohne Folgen bleiben wird.[462]

Sulpiz Boisserée, Sammler und Kunstliebhaber, der Goethe in Schlangenbad verfehlt hatte, traf ihn nun am 2. August in Wiesbaden. Er war

458 Brief v. 20.VII.1815 (Br. III/83). – Freiherr v. Hügel: Österreichischer Gesandter und bevollmächtigter Minister des Kaisers am Nassauischen Hof.
459 Darüber, daß er ihn nicht vor Mainz, sondern erst 1807 in Weimar kennengelernt hatte vgl. zu Fußn. 346–349.
460 Oettingen, W. v.: Goethe-Jahrb. 1924 S. 209.
461 Tgb. v. 31.VII.1815 (WA III 5,174).
462 Br. III/84.

in den letzten Tagen der Wiesbadener Kur ständig um ihn und bestärkte ihn in seinem Vorhaben. Kurz vor seiner Abreise aus Wiesbaden berichtet Goethe an Stein:

> Indessen verfehle ich nicht, die von Ew. Excellenz angeregte Betrachtung fortzusetzen, und dasjenige was ich bey näherer Prüfung den Umständen gemäß zu finden glaube niederzuschreiben, um es bald möglichst höherer Beurtheilung vorzulegen. Sulpiz Boisserée, mit Zweck und Mitteln einverstanden, überliefert mir theilnehmend die genaueren Kenntnisse zu einem solchen weitgreifenden Unternehmen.[463]

Unter den Städten, die Goethe zur Besprechung vorsah, konnte natürlich Mainz nicht fehlen. Hierauf ist gleich zurückzukommen.[464]

Noch etwa 10 Tage blieb Goethe nach der Rückkehr von seiner Reise in Wiesbaden. Am 6. August war er zum letzten Mal an der Hoftafel in Biebrich und nahm Abschied von Erzherzog Karl und seinen Mainzer Freunden.[465] Am 11. August endete die zweite Wiesbadener Kur.

Als Kuriosum mag noch nachgetragen sein,daß nicht alle Besuche aus Mainz gleich willkommen waren. Gelegentlich mußte sein bewährter Diener hart bleiben:

> Da war eine Schauspielerin, die aus Mainz herübergekommen war, um Goethe zu sprechen, da sie für sich oder ihren Gatten eine Anstellung am Weimarer Theater suchte. Sie hatte aber auch anderes im Sinn; Karl Stadelmann jedoch wußte das «schwarze Rabenaas», wie er sie nannte, von Goethe fernzuhalten. Er wußte auch alle Verführungskünste, die die zweifelhafte Dame ihm selbst gegenüber zu wagen sich nicht scheute, scheitern zu lassen. Um keinen Preis der Welt hätte er sie, als sie einmal in den «Bären» vorgedrungen war bei Goethe vorgelassen.[466]

Am Freitag, den 11. August, verließ Goethe Wiesbaden und fuhr mit Sulpiz Boisserée nach Mainz, um sich die Sehenswürdigkeiten der Stadt zu vergegenwärtigen.[467] Auf der Fahrt bewunderte man den Rheingau,

463 Brief v. 10.VIII.1815 (Br. III/89). Dazu Boisserée (Gespr. I/795, am 2.VIII.1815):
   Mittags bei Goethe, fröhlicher, herzlicher Empfang. Stein hat ihn ersucht, an Hardenberg ein Memoire zu schreiben über die Kunst und die antiquarischen Angelegenheiten; darüber will er mich beraten. Er geht gleich darauf ein...
   Hauptgrundsatz soll darin sein, daß die Kunstwerke und Altertümer viel verbreitet würden, jede Stadt die ihrigen behalte und bekomme.
464 Siehe zu Fußn. 495.
465 Brief an seinen Sohn v. 8.VIII.1815 (Br. III/88).
466 Kippenberg, A.: Jahrb. d. Sammlung Kippenberg Bd. 2 (1922) S. 265; Bach (wie Fußn. 47) S. 439.
467 Im Brief v. 3.IX.1815 (WA IV 26,73) wird er darüber an den (gerade im Wiener Kongreß in den Rang eines Großherzogs erhobenen) Karl August schreiben:
   Von denen mich betroffenen Ereignissen melde nur soviel, daß ich von Wiesbaden den 11. August mit Boisseree nach Maynz gefahren, daselbst die Merkwürdigkeiten die man wohl empfehlen darf, unter Anleitung des Sammlers und Ordners betrachtet.

und Goethe wies seinen Freund darauf hin, daß hier lange Zeit ein See wie der Bodensee gestanden habe. Eindrucksvoll sind die Stichworte, mit denen Goethes Tagebuch den mit Erlebnissen bis zum Rand gefüllten Mainzer Tag schildert:

11.
Von Wiesbaden abgefahren mit Boisserée, Maynz drey Cronen. Auf der Bibliothec. Prof. Lehné. Min Samml. Physicalisches. Bücher. Römische Grabmäler. Plan des alten Maynz. Kayser und Curfürsten vom Kaufhaus. Graf Kesselstadt. Sammlung Gemälde, Curiosa. Platz Guttenberg. Unvollendet. Mittag drey Cronen, Table d'Hote. Prof. Lehné. Telegraph. Vors Thor. Gegen Zahlbach. Promenade. Gräber. Zahlbach. Gasthof. Rückweg. Aqueductruinen. Neuer Kirchhof. Bey Lehné. Anticaglie. Arbeiter Gemälde Händler. Schneider (Caspar) Landsch. Mahler von Maynz circa 60 Jahre alt.
12.
Von Maynz mit Boisserée. Am Schwanen gehalten. Durch Frfurt. Gegen Mittag Gerbermühle.[468]

Etwas anders und recht ausführlich schildert Boisserée in seinen Erinnerungen diesen Tag:

Nach acht Uhr in Mainz in den drei Reichskronen. Professor Lehné, Gemäldesammlung... Römische Altertümer, schön und klar geordnet, großer innerer Zusammenhang; das meiste Grabsteine von Kriegsleuten aus den verschiedensten Teilen von Europa. Die römische Herrschaft wirkte hier ganz auf dieselbe Weise, wie die französische.

Es folgt, worauf bald einzugehen ist, der Bericht über die Tischgespräche in den *Drei Reichskronen*. Dann fährt Boisserée fort:

Professor Lehné holte uns ab zum Graf Kesselstadt: Gemälde-Sammlung, und zu Kaufmann Memminger: Rheinlandschaften von Kaspar Schneider. In den Dom, der halb noch mit Brettern verschlagen, Getreide darin... Nach Zahlbach, Grabsteine der römischen Krieger, wo über siebenundzwanzig Grabsteine an einer Stelle gefunden, an einen Hügel gelehnt, hinter jedem der Krug mit Asche. In Zahlbach in einem Weingarten eingekehrt. Professor Lehné hält mir vor, daß es nichts sei mit der gotischen Architektur, daß sie nur die Frucht der verfallenen römischen und griechischen. Er spricht überlaut, weil er taub ist, gerade darum hörte ich es geduldig und ruhig an. Preußische Offiziere sitzen in der nächsten Laube. Goethe hatte seine Freude über den Spaß. Heimkehr, schlecht gebaute Kirchen Zahlberg, ganz neu im byzantinischen Geschmack, von einem französischen Ingenieur; das machte sich nun gut, neben der antiken Wasserleitung und zu dem Gespräch im Weingarten; Goethe neckte mich damit. Erinnerungen gehen in ihm auf von seinem Feldzug bei der Belagerung von Mainz, wie sich alles verändert, wie sie toll und übermütig gewesen im Lager, er mit den übrigen durch die Laufgräben geritten,

468 WA III 5,176.

gem. v. Biedermann. ges. v. Otto

Dr Friederich Lehne

Friedrich Lehné

159

bis ein preußischer General sie gewarnt, er könne ihnen so für ihre Köpfe nicht stehn. Spaziergang mit Goethe die Bleiche herab, am Rhein vorbei nach Haus. Ich erzähle ihm von unserem ersten Bild; von der Großmutter, wie sie allein Freude daran gehabt, von Schlegel und von allen ersten Geschichten unserer Sammlung, antwortete auf seine Frage, warum wir zuerst nach Heidelberg gegangen, große Reise von 1808, von der Verbindung mit Aretin und so weiter. Abend leuchtendes Holz; Goethe hat es aus Wiesbaden mitgebracht.[469]

Ergänzt man hieraus Goethes Tagebuchnotizen und berichtigt die dort gegebene Reihenfolge,[470] so kann man diesen Tag genau verfolgen und sogar die Gespräche lokalisieren:

Von Wiesbaden ankommend stieg man um 8 Uhr in dem traditionsreichen Gasthof *Zu den drei Reichskronen* ab. Sodann wurde die Bibliothek aufgesucht, die sich damals in dem *Die Burse* genannten Hause Neubrunnenplatz 1 befand. Der Bibliothekar Professor Lehné,[471] ein Bekannter Boisserées, wurde ihnen ein kompetenter Führer für den ganzen Tag. Die Mainzer Bibliothek hinterließ bei Goethe einen starken Eindruck. Im folgenden Jahr hat er sie in dem Aufsatz *Kunst und Altertum am Rhein, Main und Neckar* beschrieben:

Das Bibliotheksgebäude enthält in seinen unteren Hallen wohlgeordnete Altertümer. In anschaulichster Ordnung sind die Grabsteine römischer Soldaten aufgestellt, die, aus allen Nationen zusammengefordert, hier in der Garnison ihren Tod fanden. Name, Geburtsort, Zahl der Legion ist auf jeder Tafel bezeichnet. Man fand sie reihenweis an Hügel angelehnt, hinter jedem die Urne, das Gebein enthaltend, zum Beweise, wie hoch in jener Zeit der einzelne geschätzt wurde.

469 Gespr. I/817 (dort allerdings nicht genau wiedergegeben). «Zahlberg» = Zahlbach.
470 Goethes Tagebücher sind nicht auf strikte Einhaltung der Reihenfolge angelegt.
471 Friedrich Lehné (der accent aigu, gebraucht und später weggelassen, ist bezeichnend für seine Biographie) war mit 21 Jahren – schriftstellerisch aktiv – im Mainzer Jakobinerklub gewesen. In Paris erlebte er das tragische Ende von Lux und Forster. Während der Zugehörigkeit von Mainz zu Frankreich war er Redakteur des amtlichen «Beobachters vom Donnersberg». Bereits in dieser Zeit entstand sein Wunsch:
... der Stadt Mainz eine Sammlung der noch in ihrem klassischen Boden verborgenen Schätze des Altertums zu verschaffen, die so lange nur zur Bereicherung fremder Museen entführt wurden.
Was die Stadt Mainz Lehné verdankt, ergibt die Würdigung von maßgeblicher Seite:
Ausgrabungen auf der Höhe von Zahlbach, die Einrichtung einer Antiquitätenhalle am Neubrunnenplatz, der Goethe 1815 höchstes Lob zollte, und intensive Studien über die römischen Altertümer der Gauen des Donnersbergs haben Lehné in gewisser Weise zum Vater der weltbekannten Mainzer Museen und des Altertumsvereins gemacht.
(Mathy, H.: «Mainzer Zeitschr.» 1974 S. 135ff.).

160

In derselben Halle finden sich Monumente anderer Art, welche, so wie die besonders aufbewahrten antiken Gefäße und Gerätschaften, in Kupfer gestochen und von einer Erklärung begleitet ein Werk bilden, welches hoffentlich bald die Wünsche der Liebhaber befriedigen und unter denselbigen einen neuen Vereinigungspunkt stiften wird. Außer der Büchersammlung enthält das Gebäude manches wissenschaftlich Brauchbare. Was von physikalischem Apparat, von mineralogischen und anderen Gegenständen der vormaligen Universität angehörte, ist hier aufbewahrt und kann einer künftigen Lehranstalt zum Grunde dienen.

Eine Anzahl schätzbarer Gemälde, die aus Paris hierher gebracht worden, ist gleichfalls geräumig und genießbar aufgestellt, und wird immer beitragen, die Kunstliebe in Stadt und Gegend zu beleben.[472]

Dies ist gewissermaßen die Erläuterung zu den Stichworten im Tagebuch: *Min. Samml. Physicalisches. Römische Grabmäler.* Auch das nächste Stichwort *Plan des alten Mainz* wird aus diesem Aufsatz deutlich: Des Herrn Professor Lehné

Karte, worauf die Lage des römischen Mainz und der sich darauf beziehenden Kastelle, in Vergleichung mit der heutigen Stadt und deren Festungswerken, dargestellt ist, gibt einen freien Überblick über das Vergangene, welches, von dem Gegenwärtigen fast verschlungen, unseren Sinnen entzogen ist. Die Mauern des uralten Kriegspostens, die innerhalb desselben ehemals befindlichen Tempel und Gebäude werden uns wieder vergegenwärtigt, so wie außerhalb das Denkmal des Drusus, die Wasserleitung, der künstliche Teich, die Gräber wieder an ihre Stelle treten; und schnell faßt der Reisende die Verhältnisse solcher Baulichkeiten gegeneinander, die ihm sonst nur ein Rätsel geblieben.[473]

Die weitere Notiz des Tagebuchs: *Kaiser und Kurfürsten vom Kaufhaus* betrifft die Zinnenfiguren vom alten Kaufhaus am Brand. Dieses war Goethe von früheren Aufenthalten in Mainz bestens bekannt, befand es sich doch in unmittelbarer Nähe der *Drei Reichskronen.* Die Fassadenwand des malerischen Bauwerks glich mehr einem Kirchenportal als dem Eingang zu einem Handelshaus. Sie war mit Plastiken geschmückt. Das Dach trug einen Zinnenkranz. Auf den Zinnen über der Schauseite befanden sich acht Figuren, Kaiser Ludwig den Bayern und die sieben Kurfürsten darstellend.[474] Am 11. August 1815 war das bei der Belage-

---

472 XII/530.
473 Das.
474 Dem Kaiser war in dieser Form gehuldigt worden, weil er der Stadt gestattet hatte, für die nach dem Stapelrecht von 1317 in dem Kaufhaus zu lagernden und anzubietenden Waren eine «mäßige» Abgabe für die Bewachung «und andern Nutzen ihrer Stadt» zu fordern. (Maurer, E: «Das alte Kaufhaus am Brand in Mainz» 1961 – auch zur Baugeschichte. – Vom Kaufhaus existieren mehrere Bilder, so im Landesmuseum-St. von Schulz, aber auch in Privatbesitz (z.B. von Caspar und Georg Schneider). Siehe auch zu Fußn. 521.

Graf Ludwig Hyazinth v. Kesselstadt: Das Kaufhaus am Brand

rung 1793 und noch einmal 1797 beschädigte Gebäude bereits abgerissen.[475] Goethes Notiz spricht daher auch nicht von den Figuren *am,* sondern *vom* Kaufhaus, sie gehört zu dem Bibliotheksbesuch. Die Zinnenfiguren, die sich heute im Original im Landesmuseum befinden,[476] waren in die Sammlung Lehné verbracht worden.

Die Tagebucheintragung *Mittag drey Cronen, Table d'Hote* bezieht sich auf das Mittagessen. Bei Tisch wurden die römischen Altertümer,

475 Dies geschah in der Zeit der französischen Besetzung 1812/3. Die Begründung, die der französische Architekt St. Far für den Abriß gab: Ersparung der Reparaturkosten, Verbreiterung der Straße und Gewinnung von billigem Baumaterial! St. Far ist auch verantwortlich für den Abriß der Liebfrauenkirche, eines Mainzer Juwels. Siehe auch Fußn. 482.
476 Nachbildungen von der Hand des Bildhauers Graffé auf der Rheinpromenade südlich der Theodor Heuß-Brücke.

die man in der Bibliothek gesehen hatte, erörtert. Boisserée sprach dabei Goethe auf seine Vorliebe für alles Römische an. Es kam zu jenem berühmten halb spaßhaften Gespräch über Seelenwanderung. Boisserée berichtet darüber:

> Goethes Vorliebe für das Römische ausgesprochen; er habe gewiß schon einmal unter Hadrian, gelebt. Alles Römische ziehe ihn unwillkürlich an. Dieser große Verstand, diese Ordnung in allen Dingen, sage ihm zu, das griechische Wesen nicht so. Ich sei gewiß auch schon einmal da gewesen im fünfzehnten Jahrhundert. Ich lehne es ab und spaße über diesen Wahn. ...Endlich sei mir über mich selbst schon dergleichen Wahn durch den Kopf gefahren, als ich im vorigen Sommer die Geburtsstadt von Eyck besucht und zugleich die meines Vaters, nur zwei Stunden davon. Der Großonkel sei von Tongern und die Großmutter väterlicher Seite. Die Großmutter mütterlicher Seite von Köln, wer weiß was da für Blutsverwandtschaft und Zusammenhang mit Meister Eyck und dem Dom-Meister sich denken ließe! Ich schäme mich aber dessen, als närrischer, abergläubischer Einbildungen, und hätte es noch keinem erzählt; aber als eine Schwachheit gestehe ich es gern und lasse es gelten. Ja nun, war die Antwort, lobe ich Euch, Ihr seit gescheiter als Ihr wißt. So hat doch Eure Sache Fug und Schick, und durch die Zuziehung der Ahnen kömmt es immer noch besser ins klare. Ich neckte ihn darüber und wir lachten fröhlich über dies geheime Gespräch, das wir am Tisch führten.[477]

Beutler hat dieses scheinbar nur lustige Gespräch in seiner Bedeutung ausgewogen:

> So reden sie geheim an der Mainzer Gasthaustafel in den «Drei Reichskronen», necken sich lachend und wissen doch voneinander, daß sie hier an Geheimstes rühren, das sie beide beschäftigt: das große Divanthema von der Verwandlung der Seele. –[478]

Es kann kein Zweifel daran bestehen, daß – entgegen der Reihenfolge in Goethes Tagebuch – der frühe Nachmittag dem Besuch der beiden Gemäldesammlungen des Grafen Kesselstadt und des Kaufmanns Memminger gewidmet war. Ebenso muß Goethes Notiz *Arbeiter Gemälde Händler* auf diese Zeit bezogen werden. Dafür spricht nicht nur der klare Wortlaut im Tagebuch von Boisserée:

> Prof. Lehné holte uns ab zum Grafen Kesselstadt – Gemälde-Sammlung, Kaufmann Memminger, Rheinlandschaften von Caspar Schneider (ein heiterer, breiterer und wärmerer Schütz). In den Dom ... Zum Gemäldehändler Arbeiter.[479]

---

477 Gespr. I/816.
478 Wie Fußn. 377 S. 366.
479 In Gespr. I/817 unvollständig. Hier zit. nach den Tagebüchern von Boisserée (Hrsg. Hans-J. Weitz 1978 Bd. I S. 245).

Caspar Schneider: Graf Ludwig Hyazinth v. Kesselstadt

Es ergibt sich auch aus der Lage der Örtlichkeiten: Der Kaufmann Memminger wohnte in der sog. *Nähkiste*, Schusterstrasse 1, am Speisenmarkt; das Haus diente zur Einschließung des Höfchens.[480] Am Höfchen, Ecke Schöfferstraße, hatte Graf Kesselstadt in einem dem Domkapitel gehörenden Kurienhaus sein Domizil.[481] Damit waren die Besucher

480 Schaab: «Geschichte der Stadt Mainz» Bd. I 1841 S. 538; Börckel S. 29.
481 Schaab Bd. II 1844 S. 352.

direkt am Dom, der ebenso besichtigt wurde wie der benachbarte *Platz Guttenberg.*[482]

Von hier aus ging es zu dem Gemäldehändler Arbeiter auf den Ballplatz[483] und weiter durch das Münstertor nach Zahlbach. Nur eines Malers ist zu diesen Besichtigungen in beiden Tagebüchern gedacht: *Schneider (Caspar) Landsch. Mahler von Maynz circa 60 Jahr alt* (Goethe) und *Rheinlandschaften von Caspar Schneider, ein heiterer, breiterer und wärmerer Schütz.* (Boisserée). Ob Goethe Schneider gekannt hat, ist ungewiß.[484] Jedenfalls ist es wahrscheinlich, daß Schneider schon während der Belagerung von Mainz mit dem Maler Charles Gore bekannt wurde, der wie Goethe von Weimar gekommen war.[485] Gemälde von Caspar Schneider befanden sich gewiß in den Sammlungen

---

482 Der Dom war «halb noch mit Brettern verschlagen, Getreide darin» (Boisserée). Im Dom waren in der Not des französischen Rückzugs 6000 Mann untergebracht, dann wurde er sogar Schlachthaus. Noch jetzt diente er der Lagerung von Salz und Getreide. (Schneider, F.: «Der Dom zu Mainz» S. 123).

Zum Gutenbergplatz notierte Goethe: «Unvollendet». Im Zuge der Absicht, Mainz zu einer Residenz für Napoleon zu machen, hatte der Architekt St. Far (unter Abriß des schönen Klosters St.Agnes) die «Rue Napoleon» (Ludwigstraße) gebaut. Die in der Straßenführung vorgesehene Neugestaltung des Gutenbergplatzes war bis zum Rückzug der Franzosen nicht fertig geworden.

483 Es handelt sich um den Mainzer «Künstler und Gemäldehändler» Christian Arbeiter, der auf dem Ballplatz 3 wohnte. (Vgl. das Adreßbuch («Wegweiser») von Mainz für 1825 im Mainzer Archiv.)

484 Caspar Schneider (vgl. Fußn. 250, 313, zu 468, zu 469, 474, zu 485, 486), als ältester von drei Brüdern am 29.4.1753 in Mainz geboren, war 1795 vor den Franzosen nach Erfurt geflüchtet und auch nach Weimar gekommen. Die Herzoginmutter Anna Amalia soll sich damals für ihn interessiert haben (I. K.[lein]: Monatsbl. d. Vereins d. Freunde f. Lit. u. Kunst Nov. und Dez. 1815 Nr. 1, 2). Es ist möglich, daß Goethe ihn bei dieser Gelegenheit gesehen hat. Jedenfalls benannte er ihn im folgenden Jahr dem Herzog:

Gore hat schon wieder einen andern Vorschlag gethan: durch einen gewissen Schneider von Mainz, einen Mann der ganz geschickt ist, ein paar Claude in Cassel copiren zu lassen, was daraus werden kann oder wird, läßt sich schwerlich sagen. WA IV 11,24.

In «Kunst und Altertum» (1816 – XII/531) berichtet Goethe:
Die Gemälde des Landschaftsmalers Kaspar Schneider vergnügen mit Recht die Liebhaber.

Schneider starb mit fast 86 Jahren am 24.II.1839. Näher zu ihm: Neugarten, E: «Johann Caspar Schneider» 1922. Zahlreiche Landschafts- und Kirchenbilder, sowie Portraits im Landesmuseum.

485 Hierfür spricht auch, daß er ihn an Goethe empfohlen hat.

Kesselstadt[486] und Memminger, möglicherweise auch bei Arbeiter und bei Lehné. Kesselstadt und Memminger standen Schneider persönlich nahe. Vom Ballplatz führte Lehné die Besucher *vors Tor* (das Münstertor) in Richtung Zahlbach: *Gegen Zahlbach. Promenade –* Die nächste Notiz *Gräber* erläutert Boisserée:

> Grabsteine römischer Krieger, wo über siebenundzwanzig Grabsteine an einer Stelle gefunden, an einen Hügel gelehnt, hinter jedem der Krug mit Asche.

In Zahlbach kehrte man in einem Gasthof ein, einem Weingarten, wo es zu einem Streitgespräch zwischen Boisserée und dem schwerhörigen Lehné kam, an dem Goethe seinen Spaß hatte und das sich auf dem Heimweg angesichts der

> schlecht gebauten Kirchen Zahlberg, ganz neu im byzantinischen Geschmack[487]

neu entfachte. Der Rückweg führte an den Römersteinen vorüber (Goethe *Aquäductrinen*), den bis zu 10 Meter Höhe aufragenden Resten der Pfeiler der alten römischen Wasserleitung, weiter stadtwärts am *Neuen Friedhof* vorbei.[488] Sie machten Station in der Wohnung Lehnés (*Bey Lehné*) und besichtigten die von Goethe erwähnten *Anticaglia*.[489] Über die Große Bleiche und am Rhein entlang kehrten sie in ihr Hotel zurück. Auf diesem Weg erzählte Boisserée

> von unserem ersten Bild, von der Großmutter, wie sie allein Freude daran gehabt, von Schlegel und von allen ersten Geschichten unserer Sammlung

486 Kesselstadt war nicht nur Kunstfreund und Mäzen, er war auch ein nicht unbegabter Maler. Siehe im Landesmuseum-St. sein Portrait von Caspar Schneider und das Bild seines Sammlungsraumes von Charlly, dazu 10 seiner Ansichten von Mainz (aus einem Gesamtbesitz von 39 Bildern). Siehe auch Busch, R. «Graf Kesselstadt und seine Sammlungen» in Mainzer Zeitschr.1944/5 S. 55ff.

487 Es ist die von dem französischen Architekten Cheussy in der Besetzungszeit (1809–10) erbaute Kirche St. Achatius, heute als eines der wenigen Zeugnisse des Empirestils in Mainz geschätzt. (Arens, F.: «Das goldene Mainz» 1969 S. 196).

488 Bis in die Zeit der französischen Besetzung erfolgten in Mainz die Beisetzungen, außer in Kirchen und Kreuzgängen, auf den in der Nähe der Kirchen gelegenen Friedhöfen in der Stadt. Im Jahre 1803 ordnete der französiche Präfekt Jeanbon St. André eine «Verlegung der Kirchhöfe auf den sog. Aureusplatz außerhalb der Stadt» an der Unteren Zahlbacher Straße an. – Der Friedhof war daher für Goethe «neu».

489 Die Wohnung Lehnés lag auf ihrem Weg, in der Nähe des Münstertores. Er wohnte in den Professorenhäusern Neue Universitätsstraße 9 (Arens,F: Mainzer Zeitschr. 1974 S. 300). – «Anticaglia»: Kleine antike Kunstgegenstände.

RUINEN DER RÖMISCHEN   LES RUINES DE L'AQUEDUC

WASSERLEITUNG BEI ZAHLBACH   ROMAIN À ZAHLBACH

Verlag v. Fid. Jaroletch in Mainz

Gezeichnet v. P. Felten

Die Römersteine (Reste der römischen Wasserleitung in Mainz)

und er beantwortete Goethes Frage:

> warum wir zuerst nach Heidelberg gegangen, große Reise von 1808, von der Verbindung mit Aretin und so weiter.[490]

Am Abend führte Goethe im Gasthof noch *leuchtendes Holz* vor, das er aus Wiesbaden mitgebracht hatte. So endete in den *Drei Reichskronen* dieser ereignisreiche Mainzer Tag.

Am nächsten Morgen, am Samstag, den 12. August, reisten die beiden nach Frankfurt (*Von Mainz mit Boisserée*). Ein Jahr war vergangen, seit Goethe, von Mainz kommend, Marianne v. Willemer in Wiesbaden kennengelernt hatte. Und wieder von Mainz fährt er dem ersten Wiedersehen dieses Jahres mit ihr entgegen, zur Gerbermühle, zu Sternstunden seines Lebens.

Nach wenigen Tagen kehrte Boisserée noch einmal nach Mainz zurück:

> Am Donnerstag den 17. fuhr ich mit dem Marktschiff nach Mainz. Den 18. kaufte ich dort das schöne Bild des Kardinals Carandolet vom Gemäldehändler Arbeiter; besuchte Lehné und erbettelte von ihm einige antike Töpfe, Lampen, Krügelchen

490 Siehe Beutler XIII/1160:

Die beiden Brüder Sulpiz und Melchior Boisserée hatten in den Jahren nach der Aufhebung der geistlichen Herrschaften durch die Säkularisation 1803 begonnen, die aus dem alten Kirchenbesitz verschleuderten Kunstwerke zu sammeln...

Sulpiz hat später darüber berichtet: «Es geschah in den ersten Monaten nach unserer Rückkehr, als wir mit Schlegel auf dem Neumarkt, dem größten Platz der Stadt (Köln), spazierten, daß wir einer Tragbahre mit allerlei Geräte begegneten, worunter sich auch ein altes Gemälde fand, auf dem die goldenen Scheine der Heiligen von ferne leuchteten. Das Gemälde, die Kreuztragung mit den weinenden Frauen und der Veronika darstellend, schien nicht ohne Vorzüge. Ich hatte es zuerst bemerkt und fragte nach dem Eigentümer, der wohnte in der Nähe, er wußte nicht, wo das große Bild zu lassen, und er war froh, es für den geforderten Preis loszuwerden. Nun hatten wir für die Unterbringung zu sorgen; um Aufsehen und Spottreden zu vermeiden, beschlossen wir, das bestaubte Altertum durch eine Hintertüre in unser elterliches Haus zu fördern. Als wir dort anlangten, erschien durch ein eigenes Zusammentreffen unsere alte Großmutter an der Türe, und nachdem sie das Gemälde eine Weile betrachtet hatte, sagte sie zu dem etwas verschämten neuen Besitzer: «Da hast du ein bewegliches Bild gekauft, da hast du wohl daran getan!» Es war der Segensspruch zu dem Anfang einer folgereichen Zukunft. –

Gründe für Heidelberg: Friedrich Schlegel hatte Köln verlassen. Köln war unter französischer Herrschaft. Es lockte die neu begründete Universität, insbes. die Beziehungen zu Görres und Creuzer, dazu der Reiz der Stadt. – Stationen der «großen Reise 1808»: siehe Tgb. v. Boisserée (Hrsg. Weitz, H-J: Bd. I S. 42). – «Aretin», Joh. Ad. v., Kunstfreund und Eigentümer einer großen Gemäldesammlung. (Allg. Dt. Biographie 1875 Bd. I S. 518).

mit Asche und Knochen für Goethe. Samstag den 19. morgens früh kehrte ich zurück nach Frankfurt. Nach zehn Uhr war ich in Frankfurt und fuhr noch in einem Nachen mit meiner Schachtel voll Lampen und Töpfen nach der Gerbermühle zu Tisch.[491]

Genau zwei Monate nach dem Besuch in Mainz, am 11. Oktober 1815, war Goethe wieder in Weimar. Am 12. bereits notierte er im Tagebuch: *Kunst und Altertum angefangen.* Fast täglich wird nun der Fortgang dieser Arbeit im Tagebuch erwähnt.[492] Am 6. November mahnt er C. H. Schlosser an seinen Beitrag zum Thema *Frankfurt:*

> Nun aber bin ich gedrängt, denn der dritte Druckbogen bringt mich schon bis Maynz.[493]

Im *Morgenblatt für gebildete Stände* vom 9.–12, März 1816 erschien die Anzeige zu dem ersten Heft von *Über Kunst und Altertum in den Rhein- und Maingegenden von Goethe,* worin *Veranlassung und Ursprung der Veröffentlichung* eingehend besprochen wurde. Für Mainz wurde angekündigt:

> Mainz wird als Kriegsposten von alten Zeiten her betrachtet, die Bemühungen des Herrn Professor Lehné werden gerühmt, und die baldige Herausgabe seines Werks, den Plan des alten Castrums und der umherliegenden kleinen Kastelle bezeichnend, nicht weniger die Abbildung vorgefundener Denkmale enthaltend, wird sehnlich erwartet. Die Ordnung der im Bibliotheksgebäude aufgestellten antiquarischen, wissenschaftlichen und natürlichen Gegenstände wird löblich und nachahmungswert gefunden.[494]

Hier, wie bei der Schilderung der anderen Städte, verfolgte Goethe nicht nur den Zweck, die Verantwortlichen in Berlin für die Kunstschätze der Rheinprovinz zu interessieren (wie es Freiherr vom Stein angeregt hatte).

491 Tagebuch Boisserée (nach Unterlagen ergänzt und herausgegeben von Mathilde Boisserée) S. 270.
492 WA III 5,187ff.
493 WA IV 26,140. Am gleichen Tage an Boisserée:
Die zwey ersten Bogen sind schon revidirt, der dritte wird es zunächst. Mit diesem gelange ich bis Maynz.
(Das. S. 138).
494 XIII/660. Der Plan des alten Mainzer Castrums und der umherliegenden kleinen Kastelle ist erschienen unter dem französischen Titel «Comparaison du plan de l'ancien Magontiacum avec la situation actuelle de la ville de Mayence pour servir l'appuy de la description des antiquités du departement du Mont-Tonnerre, par Frédéric Lehné», der später dem 3. Band von Lehné's gesammelten Schriften (6 Bände, herausgegeben von Ph. H. Külb, Mainz 1836 9) beigefügt wurde. (Börckel S. 27/8).

169

Er wollte darüber hinaus versuchen, Interesse in den einzelnen Städten zu erwecken, um einen Zusammenschluß der Interessierten und die Schaffung von Museen zu fördern. Er empfahl die Heranziehung geeigneter Personen, wobei er auf Lehné hinwies. Noch im Jahre 1816 erschien der Aufsatz in *Kunst und Altertum*. Der Abschnitt *Mainz*, obschon teilweise bereits zitiert, soll in seinem Zusammenhang wiedergegeben werden:

Mainz

Der Bewohner von Mainz darf sich nicht verbergen, daß er für ewige Zeiten einen Kriegsposten bewohnt: alte und neue Ruinen erinnern ihn daran. Aber auch diese wird der eifrige Forscher zu Vermehrung seiner Kenntnisse, zu Bildung des Geistes nutzen, und so sind wir einem fleißigen und sorgfäligen Manne, Herrn Professor Lehné, vielen Dank schuldig, daß er manches bekannte Altertümliche mehr bezeichnet und bestimmt, anderes aber neu aufgefunden, gesammelt und geordnet hat. Seine Karte, worauf die Lage des römischen Mainz und der sich darauf beziehenden Kastelle, in Vergleichung mit der heutigen Stadt und deren Festungswerken, dargestellt ist, gibt einen freien Überblick über das Vergangene, welches, von dem Gegenwärtigen fast verschlungen, unseren Sinnen entzogen ist. Die Mauern des uralten Kriegspostens, die innerhalb desselben ehemals befindlichen Tempel und Gebäude werden uns wieder vergegenwärtigt, so wie außerhalb das Denkmal des Drusus, die Wasserleitung, der künstliche Teich, die Gräber wieder an ihre Stelle treten; und schnell faßt der Reisende die Verhältnisse solcher Baulichkeiten gegeneinander, die ihm sonst nur ein Rätsel geblieben.

Das Bibliotheksgebäude enthält in seinen unteren Hallen wohlgeordnete Altertümer. In anschaulichster Ordnung sind die Grabsteine römischer Soldaten aufgestellt, die, aus allen Nationen zusammengefordert, hier in der Garnison ihren Tod fanden. Name, Geburtsort, Zahl der Legion ist auf jeder Tafel bezeichnet. Man fand sie reihenweis an Hügel angelehnt, hinter jedem die Urne, das Gebein enthaltend, zum Beweise, wie hoch in jener Zeit der einzelne geschätzt wurde.

In derselben Halle finden sich Monumente anderer Art, welche, so wie die besonders aufbewahrten antiken Gefäße und Gerätschaften, in Kupfer gestochen und von einer Erklärung begleitet ein Werk bilden, welchen hoffentlich bald die Wünsche der Liebhaber befriedigen und unter denselbigen einen neuen Vereinigungspunkt stiften wird.

Außer der Büchersammlung enthält das Gebäude manches wissenschaftlich Brauchbare. Was von physikalischem Apparat, von mineralogischen und anderen Gegenständen der vormaligen Universität angehörte, ist hier aufbewahrt und kann einer künftigen Lehranstalt zum Grunde dienen. Eine Anzahl schätzbarer Gemälde, die aus Paris hierher gebracht worden, ist gleichfalls geräumig und genießbar aufgestellt, und wird immer beitragen, die Kunstliebe in Stadt und Gegend zu beleben.

Herr Graf Kesselstädt, Freund und Erhalter von Gemälden und Altertümern, versäumt keine Gelegenheit seine bedeutende Sammlung zu bereichern. Die Gemälde des Landschaftsmalers Kaspar Schneider vergnügen mit Recht die Liebhaber. Ein Künstler und Gemäldehändler, namens Arbeiter, besitzt schöne Sachen und läßt sich billig finden. Genug, es steht hier so manches beisammen, daß kein Zweifel übrig bleibt, Mainz werde in dem rheinischen Kunstverein sich an seiner

Stelle tätig und förderlich erweisen. Zum Schlusse sei es vergönnt einen Wunsch auszusprechen, welcher der jetzigen und künftigen Lage von Mainz so ganz gemäß ist. Möge der militärische Genius, der über diesem Orte waltet, hier eine Kriegsschule anordnen und gründen, hier wo mitten im Frieden jeder, der die Augen aufschlägt, an Krieg erinnert wird. Tätigkeit allein verscheucht Furcht und Sorge, und welch ein Schauplatz der Befestigungs- und Belagerungskunst hat sich hier nicht schon so manchmal eröffnet! Jede Schanze, jeder Hügel würde lehrreich zu dem jungen Krieger sprechen, und ihm täglich und stündlich das Gefühl einprägen, daß hier vielleicht der wichtigste Punkt sei, wo die deutsche Vaterlandsliebe sich zu den festesten Vorsätzen stählen müsse.[495]

Goethe kehrte nicht mehr an Rhein und Main zurück. Die geplante dritte Wiederholung einer Kur in diesen Gegenden im Jahre 1816 (vorgesehen war diesmal Baden-Baden) scheiterte. Am 20. Juli stürzte sein Wagen kurz nach der Abfahrt von Weimar um, der ihn begleitende Meyer wurde verletzt. Goethe nahm dies als Warnzeichen der Dämonen[496] und kehrte zurück.

Ob danach noch einmal die ernsthafte Absicht bestand, eine Reise nach Frankfurt und an den Rhein zu unternehmen, ist mehr als zweifelhaft. Zwar wird er im Jahre 1823 von Eger aus an die Eheleute Willemer schreiben, er habe gegen Pfingsten einen solchen Plan gemacht.

Im Stillen mach ich mir daher den Plan, meine vaterländischen Freunde wieder zu besuchen, unangemeldet zu erscheinen, mich festhalten zu lassen, sodann über Mainz und Koblenz nach Bonn zu wallfahrten... und bei mir war alles gehörig eingeleitet...Allein der Entschluß des Großherzogs, nach Marienbad zu gehen, hob meinen ganzen Plan auf; seiner Wünschen, worin er seine Befehle kleidete, dem Verlangen der Großherzogin, dem Andringen der Ärzte, Freunde, Kinder, die nichts natürlicher fanden, als daß ich einen Heilort, der mir so wohltätig gewesen, notwendig wieder besuchen müsse, konnte ich, durfte ich nicht widerstehen.[497]

Wahrscheinlicher ist, daß dieser Brief eine Art Trost für Marianne sein sollte, die über die Trennung zeitweise schwermütig geworden war. Jedenfalls: Goethe ist nach dem Jahre 1815 nicht mehr nach Frankfurt und Mainz gekommen. Auch die sonstigen Berührungen mit Mainz wurden wieder seltener.

495 XII/530.
496 Brief an Boisserée v. 18.VI.1819 (Br. III/339): «Seitdem die Dämonen, auf so unartige Weise, meinen raschen Flug zu Ihnen unterbrochen...»
497 Brief v. 9.IX.1823 (WA IV 37,210). Geschrieben im Höhepunkt der Ulrike-Krise. Goethe wird sich zu keiner Kur mehr entschließen.

XIII. Die Mainzer Lesegesellschaft – Prometheus und die Mainzer Zentral-Untersuchungskommission – Moller – Cäcilia – Stieler

Drei Jahre sind zu überspringen, um den nächsten Kontakt Goethes mit Mainz zu finden. Im Frühjahr 1819 ging Ernst v. Schiller, der jüngere Sohn seines verstorbenen Freundes, auf eine Rheinreise. Da erinnerte sich Goethe der *schönen, leider nicht mehr gegönnten Stunden* in Mainz und schrieb an Lehné:

> Ein würdiger Sohn meines verewigten Freundes von Schiller, im Preußischen Dienst am Niederrhein angestellt, unternimmt in diesen Tagen die Reise, die ich vor einigen Jahren mit so viel Vergnügen vollbrachte. Ich verfehle nicht bei dieser Gelegenheit ihm so viel als Ihnen den Vortheil wechselseitiger Bekanntschaft einzuleiten. Sie werden gewiß gute Stunden zusammen verleben und er für Ihre Mittheilungen, die er sonst nirgends hernehmen kann, den aufrichtigsten Dank lebenslänglich im Herzen tragen. Mögen Sie, hierdurch veranlaßt, mir einige Kenntniß geben, wie weit Ihr wichtiges, mannigfach eingreifendes Werk gediehen und wie Sie sich überhaupt gegenwärtig finden und befinden, so wird es mir zu besonderer Zufriedenheit gereichen. Denn ich habe zeither bey Mittheilung der mir damals anvertrauten Kupfer und Kenntnisse manchen Freund angenehm unterhalten und belehrt.
> Mich geneigten Andenken empfehlend
> Jener schönen, mir leider nicht wieder
> gegönnten Stunden oftmals dankbar
> eingedenk.[498]

Der 70. Geburtstag Goethes – 28. VIII. 1819 – wurde, wie in manchen Städten, auch in Mainz gefeiert, und zwar im Rahmen der Mainzer Lesegesellschaft.[499] Das Festgedicht (von Prof. Braun) wurde – neben einem ausführlichen Zeitungsbericht über die Feier – Goethe nach Karlsbad übersandt. Am 10. September notierte Goethe im Tagebuch *Nachricht von der Geburtstagsfeier zu Mainz,* und unter dem 20. September: *Dank*

---

498 Brief v. 18.VI.1819 (WA IV 31,184).
499 Verschiedentlich liest man, die Mainzer Lesegesellschaft sei von Lehné gegründet worden. Daß dieser nicht zu den Gründern im Jahre 1781/2 gehören kann, zeigt schon sein Geburtsjahr 1771. – Die Spuren der Mainzer Lesegesellschaft verlaufen sich in den späten neunziger Jahren. Sie trat erst wieder mit der hier besprochenen Goethe-Feier am 28.VIII.1819 ins Licht der Öffentlichkeit (eingehende Schilderung ihrer Geschichte durch Wilke, J: Mainzer Vierteljahreshefte 1984 Heft 2 S. 111ff. und Heft 3 S. 66ff.) – Die Mainzer Feier ist geschildert bei Börckel S. 31f.

an die Mainzer Lesegesellschaft.[500] Mit dem Dank geht den *Gönnern und Freunden zu Mainz,* wie auch anderen Gratulanten sein Gedicht zu:

> Die Feier
> Des Achtundzwanzigsten Augusts
> dankbar zu erwidern.
>
> Sah gemalt, in Gold und Rahmen,
> Grauen Barts, den Ritter reiten,
> Und zu Pferd an seinen Seiten
> An die vierundzwanzig kamen;
> Sie zum Thron des Kaisers ritten,
> Wohlempfangen, wohlgelitten.
> Derb und kräftig, hold und schicklich;
> Und man pries den Vater glücklich.
>
> Sieht der Dichter nah und ferne
> Söhn und Töchter, lichte Sterne,
> Sieht sie alle wohlgeraten,
> Tüchtig, von geprüften Taten,
> Freigesinnt, sich selbst beschränkend,
> Immerfort das Nächste denkend;
> Tätig treu in jedem Kreise.
> Still beharrlich jeder Weise;
> Nicht vom Weg, dem graden, weichend,
> Und zuletzt das Ziel erreichend.
>
> Bring er Töchter nun und Söhne,
> Sittenreich, in holder Schöne,
> Vor den Vater alles Guten,
> In die reinen Himmelsgluten,
> Mitgenossen ewger Freuden! –
> Das erwarten wir bescheiden.

Goethe geht von einem alten Gemälde aus, auf dem ein Ritter dem Kaiser Rudolf von Habsburg seine 24 Kinder vorstellt. Er identifiziert sich mit dem Ritter und stellt als seine Söhne und Töchter alle Freunde vor, die ihm auf seinen geistigen Wegen folgen.[501]

Aber nicht nur in dieser allgemeinen Form dankte Goethe den Mainzer Gratulanten. Unter dem 10. Oktober 1819 schreibt er an die Lesegemeinschaft in Mainz:

500 WA III 7,91 und 95.
501 I/694. In den «Aufklärenden Anmerkungen» (WA I 4,82) sagt er dazu:
    Mit diesem Gedichte suchte ich den vielfachen Ausdruck von Liebe und freund-schaftlicher Neigung zur Feier meines siebzigsten Geburtstags nach allen Seiten hin dankbar zu erwiedern.

Einer hochansehnlichen und gegen mich so freundlich und liebevoll gesinnten Lese-gemeinschaft zu Mainz statte hierdurch den verbindlichsten Dank ab für den er-quicklichen Festglanz, den Sie über meinen Tag verbreiten wollen. Sie waren in der feierlichen Stunde gewiß überzeugt, daß ich alles empfinden würde, wie es gege-ben worden, und daß in einem solchen Falle nur die treulichste Erwiderung Platz greifen kann.

Lassen Sie mich aber zugleich die Wirkung Ihres lieblichen Festes auf deutsche Gemüter überhaupt aussprechen und zu Ihrer Kenntnis bringen, was der öffentli-che Bericht in edlen Seelen aufregte, mit denen ich zu jener Zeit in Karlsbad zufällig verbunden lebte.

Wir dürfen uns nicht leugnen, daß seit vielen Jahren unter wohlgesinnten Deut-schen nur mit Betrübnis der guten Stadt Mainz gedacht ward. Wechselnde Kriegser-eignisse, Entfremdung und Annäherung, Zerstören und Wiederherstellen, alles gab dem nahen wie dem fernen Beobachter nur ein verworrenes Bild. Auch zuletzt, bei örtlicher unveränderlicher Lage, deutet jede neue Befestigungsanstalt abermals auf künftiges Kriegsunheil, so wie das Staatsverhältnis dem wackern Deutschen, der sich gern am Entschiedenen hält, unfaßlich und trübe scheint. Diese Vorstel-lungsweise, sie treffe nun mit dem eigentlichsten Zustande zusammen oder nicht, gewöhnt die Geister an eine düstere Ansicht, die ich nicht geschildert hätte, könnte ich nicht hinzufügen, daß es den deutsch gesinnten Mainzern zu großer Freude gediehen wäre, wenn sie das auf einmal erhellende, aufheiternde Licht hätten beob-achten können, welches durch ihr Fest in patriotischen Gemütern sich auftat. Meine Persönlichkeit war verschwunden; ihre geistige frohe Teilnahme an dem Reinen, Natürlichen, allgemein Menschlichen, was ich immer darzustellen bemüht gewe-sen, trat hervor und schien das linke Rheinufer erst eigentlich zurückzugeben. Man erfreute sich des Zeugnisses einer in stillen bestehenden Einheit deutschen Den-kens und Empfindens. Mit dem größten Vergnügen konnte ich gewahr werden, von welchem Sinne sie alle durchdrungen seien, und es durfte mich nicht schmerzen, daß man über der Freude, eine solche überrheinische Brüderlichkeit entdeckt zu haben, mein eigenes Glück beinahe zu schätzen vergaß, der ich bestimmt gewesen, eine so erfreuliche Offenbarung zu veranlassen. Mit wiederholtem Dank und den aufrichtigsten Wünschen ergebenst

J.W.v.Goethe[502]

Im nächsten Jahr – 1820 – ergab sich von Anfang an ein dauerndes Hin-denken Goethes nach Mainz dadurch, daß er begann, sich mit seinen Aufzeichnungen und Erinnerungen an den Feldzug 1792 und die Belage-rung von Mainz 1793 zu befassen.
In den Tag- und Jahresheften berichtet er hierzu:

> fand ich mich bestimmt die Kampagne von 1792 und die Belagerung von Mainz zu behandeln. Ich machte deshalb einen Auszug aus meinen Tagebüchern, las meh-rere auf jene Epochen bezügliche Werke, und suchte manche Erinnerungen hervor.[503]

502 Br. III/360.
503 XI/927.

Wie konsequent Goethe sich schon 1820 mit dieser Arbeit beschäftigte, zeigt ein Auszug aus dem Tagebuch:

12.II. «Schema zur Belagerung von Maynz»
13.II. «Einiges zur Belagerung von Maynz» – «..zu Tische.
        Nachher Plane von Maynz, Tagebuch der Belagerung.»
14.II. «Tagebuch von Juni und Juli 1793, die Mainzer Belagerung betreffend,
        schematisiert.»
18.II. «Tagebuch der Belagerung von Maynz 23. bis 25. Juli»
19.II. «Erste Tage in dem eroberten Maynz diktiert»
20.II. «Einiges an der Belagerung von Maynz diktiert[504]

Es folgten dann allerdings immer wieder längere Unterbrechungen. Erst zwei Jahre später, im Frühjahr 1822, wurden beide Werke abgeschlossen:

4. III. «Einschließung von Maynz vollendet»
24.III. «Korrektur des Tagebuchs von Maynz»
25.III. «Fortgesetztes Tagebuch der Belagerung bis zum 22. Juli»
26.III. «Die Einnahme von Maynz durchgesehen»
27.III. «Einnahme von Maynz»
28.III. «Einnahme von Maynz»
31.III. «Maynzer Risse und Aussichten angesehen»
4. IV. «Einige Blätter zur Belagerung von Maynz revidiert[505]

Am 19. und 24. April 1822 las Goethe die *Belagerung von Maynz* in zwei Teilen vor.[506]

Auch im Jahre 1820 ehrte die Mainzer Lesegesellschaft Goethe zu seinem Geburtstag. Sie übersandte eine Lithographie mit einem Geburtstagsgedicht von Lehné. Beides nahm Bezug auf das von Goethe im Vorjahr übersandte Gedicht: *Sah gemalt in Gold und Rahmen...* mit seinem Thema: der Vorstellung der Kinder vor dem Kaiser.

Diese Idee nun fand in dem Widmungsblatte aus Mainz weitere Ausführung. Der Schauplatz ist die Vorhalle eines gotischen Reichssaales, in dessen Hintergrund des Sängers Bild und Kranz erscheint. Das Blatt hat zwei Fuß Höhe und anderhalb Fuß Breite, es wurde von dem geschickten Mainzer Lithographen H. W. Eberhard entworfen und auf Stein gezeichnet und in der Theodor von Zabernschen Steindruckerei zu Mainz vervielfältigt. Auf der Tür zur Vorhalle steht: «Dem deutschen Dichter-Greise Goethe von seinen Verehrern zu Mainz. Am 29ten August 1820».[507]

504 WA III 7,137/139.
505 WA III 8,173,179–182.
506 WA III 8,187/189.
507 Börckel S. 34. – Das Gedicht von Lehné ist abgedruckt in Mainz – Vierteljahreshefte
     1982 Heft 3 S. 9.

Wieder dankte Goethe mit einem Brief, diesmal gerichtet an Lehné persönlich:

Ew. Wohlgeboren haben durch eine so neigungsvolle Sendung mich angenehm überrascht. Hier gilt wieder in vollem Maße: daß Liebe Liebe, Geist Geist erzeuge; möchten doch beyde überall zusammen wirken, damit in der schönen sittlichen Welt nichts ohne schöne gesegnete Wirkung verbleibe.
Alles ist vergnüglich an der Gabe! Den theuren Maynzer Freunden sey in vielem Sinne Dank! Erfindung, Behandlung, Anspielung, Technik und Ausfertigung kann für höchst gelungen gelten. Vielleicht haben Dicht- und Bildkünstler noch nichts so anmuthig zusammen Ansprechendes hervorgebracht; dieses nun unmittelbar auf mich bezogen zu sehen, giebt mir die heitersten Gefühle. Möge ich Ihnen immer gleich empfohlen bleiben und meine gegenwärtigen, letzteren Bemühungen so grad und redlich erfunden werden, wie die ersten. Mein Sinn bleibt unverändert: das Beste sey fruchtbares zu beginnen und zu betreiben; damit ein wahrhaftes lebendig und also auch nützlich werde. Gedenken Sie alle meiner in guten Stunden und bleiben eines, Ihrem schönen reinen Gefühl antwortenden, aus der Wurzel neu ausssproßenden Dankes gewiß.

Ew. Wohlgeb. ergebenster Diener
J.W.v.Goethe[508]

Zu dieser Zeit kam es zu einer recht unerfreulichen Beziehung zu Mainz. Als erstes Zeugnis hierzu mag ein Brief an Zelter vom 11.V. 1820 dienen:

Wunderlich genug daß jener, von mir selbst aufgegebene und vergessene Prometheus grade jetzt wieder auftaucht. Der bekannte Monolog, der in meinen Gedichten steht, sollte den dritten Act eröffnen. Du erinnerst dich wohl kaum, daß der gute Mendelssohn und den Folgen einer voreiligen Publication desselben gestorben ist. Lasset ja das Manuscript nicht zu offenbar werden, damit es nicht im Druck erscheine. Es käme unserer revolutionären Jugend als Evangelium recht willkommen, und die hohen Commissionen zu Berlin und Mainz möchten zu meinen Jünglingsgrillen ein sträflich Gesicht machen. Merkwürdig ist es jedoch, daß dieses

---

508 Brief v. 28.IX.1820 (WA IV 33,265). Wie sehr Goethe dieses Gedenken seiner Mainzer Freunde schätzte, ergeben zwei Zeugnisse:

Schließlich habe ich noch dankbar eines Steindrucks zu gedenken, welcher von Mainz aus meinen diesjährigen Geburtstag feiernd, mit einem Gedicht freundlich gesendet wurde.
(Tag- und Jahreshefte 1820 XI./921)
und
Ew. Hochwohlgeboren
erhalten eine, von den guten Maynzern, in Erwiderung meines vorjährigen Zurufs mir erzeigte Artigkeit; möchten Sie die Blätter in Ihrem Freundschaftsarchiv verwahren...
(Brief an Kanzler Müller und ebenso an v. Conta v. 19.IX.1820, beide WA IV 33,232. – Der Steindruck war ihm von Mainz in mehreren Exemplaren zugegangen).

widerspenstige Feuer schon funfzig Jahre unter poetischer Asche fortglimmt, bis es zuletzt, real entzündliche Materialien ergreifend, in verderbliche Flammen auszubrechen droht.[509]

Im April oder Mai 1773 hatte Goethe seine berühmte Prometheus-Ode *Bedecke deinen Himmel, Zeus, mit Wolkendunst...* geschrieben.[510] Sie war anfangs als Prolog für ein Prometheus-Drama gedacht. Im Herbst des gleichen Jahres entstanden die beiden Akte des Prometheus-Fragments. Die Ode sollte den dritten Akt eröffnen.

Das Fragment war verschollen. Nunmehr war aus Livland die Nachricht gekommen, daß es sich in einer Abschrift von Lenz in dessen Nachlaß gefunden habe. Diese war Goethe auf seine Bitte zugeschickt worden, und er erschrak: *..so modern sansculottisch sind seine Gesinnungen...*[511]

Die von Goethe geäußerten Bedenken waren so unbegründet nicht. Die Situation war politisch aufs Äußerste gespannt. Karl August hatte als einziger deutscher Fürst das Versprechen gehalten, dem Volke eine Verfassung zu geben. Darin war sogar die Pressefreiheit garantiert. 1815 war in der Universität Jena, über die Goethe die Aufsicht führte, die Burschenschaft gegründet worden. Avangardistische Professoren – Luden in der *Nemesis*, Oken in der *Isis* – griffen die anderen Staaten wegen der Nichterfüllung ihrer Versprechen scharf an. Karl August stellte den Studenten die Wartburg für die Feier des Jahrestags der Schlacht von Leipzig am 18./19. Oktober 1817 zur Verfügung. Dort wurde ihm als dem fortschrittlichsten Fürsten Deutschlands gehuldigt. In der Nacht wurden als reaktionär geltende Bücher verbrannt. Geharnischte Proteste und diplomatische Schritte anderer Staaten gegen das *skandalöse Fest* waren die Folge. Als dann noch der frühere Jenaer Student Karl Ludwig Sand am 23. März 1819 den als russischen Agenten tätigen Schriftsteller Kotzebue ermordete, kam es zu den *Karlsbader Beschlüssen*, die alsbald Gesetz wurden. Hierdurch wurde die *Central-Untersuchungs-Kommission* gegen revolutionäre Umtriebe mit Sitz in Mainz geschaffen.[512] Sie

---

509 WA IV 33,27. (Vgl. zum Folgenden: Houben, H.H: «Der polizeiwidrige Goethe» (speziell S. 28–43). Man muß dieses Werk lesen, um zu erkennen, wie rigoros Polizei- und Zensurbehörden der verschiedensten Länder mit Goethe und seinen Werken verfuhren.

510 I/320. – Jacobi hatte 1785 die Ode ohne Goethes Zustimmung abgedruckt. Dies gab Anlaß zu dem Atheismusstreit. (Siehe Goethes Schilderung in «DuW» X/699).

511 Brief an Seebeck v. 30.XII.1819 (WA IV 32,134).

512 Dazu näher: Mathy, H.: «Die Mainzer Untersuchungskommission gegen studentische Umtriebe» (Jahrb. der Vereinigung d. Freunde d. Universität Mainz 1970).

hatte überall ihre *Konfidenten*, vertrauliche Berichterstatter oder besser Denunzianten. Die Demagogenverfolgung begann.

Es war durchaus naheliegend, daß sich die revolutionäre Jugend in Jena – Professoren und Studenten – der Autorität Goethes unter Ausschlachtung des *Prometheus* bedienen könnte. Daher Goethes Bestreben, das Bekanntwerden dieses Textes in dieser spannungsreichen Zeit zu verhindern, der ihn – als Berater Karl Augusts und Verantwortlichen für die Universität Jena ohnehin im Rampenlicht – bei der Mainzer Untersuchungskommission in schiefes Licht bringen konnte. Verständlich auch sein Interesse an den Ergebnissen der Untersuchungen,[513] verständlich die Gründlichkeit, mit der er sich den Verhandlungsprotokollen und dem Bericht der Mainzer Kommission an den Bundestag widmete:

> 9. September: «Frankfurter Protokoll die Central-Untersuchungs-Kommission zu Maynz betreffend Abends .... Verhandlungen der General-Untersuchungs-Kommission zu Maynz»
> 10. September: «Bericht der Mainzer Zentralkommission an den Bundestag.. Nachts mit meinem Sohne obgenannten Bericht durchgelesen.»
> 15. September: «Abschriften geendigt vom Zentralbericht.»[514]

Diese unerfreuliche Beschäftigung ging über Jahre. Noch im Tagebuch für 1824 ist zu lesen:

> 27. Oktober: «Gegen Abend Herr Kanzler. Maynzer Untersuchungsakten.»
> 6. November: «Akten der Maynzer Untersuchungskommmission. Mittag... Sodann die Akten der Mainzer Zentralkommission wieder gelesen.»
> 7. November: «Auszug aus den Mainzer Akten.»[515]

Auch ein Gespräch Goethes mit dem Kanzler v. Müller vom 22.V.1822, das den griechischen Freiheitskampf betraf, gehört in diesen Zusammenhang wegen der Parallele zu den Mainzer Verhältnissen:

> Er führte gegen mich die Sätze durch, daß der Krieg nur den Untergang der einzelnen Christen in der Türkei beschleunigen werde, daß Konstantinopel doch nicht zerstört, keinem unserer Potentaten aber ohne Gefahr, dessen Weltherrschaft dadurch zu begründen, überlassen werden könne.
> Wolle man aber einen minder mächtigen Staat oder eine Republik dort gründen, so würden die größeren Mächte sich dort fortwährend um Steigerung ihres Einflus-

---

513 Brief an v. Conta v. 8.IX.1822 (WA IV 36,155):
...wollte hiedurch anfragen: ob mir nicht die zweyunddreyßig Beylagen zu dem Berichte der Maynzer Commission an den hohen Bundestag, ... für kurze Zeit könnten mitgeteilt werden.
514 WA III 8,237–239.
515 WA III 9,288 und 292/3.

179

ses bemühen und eine ebenso unselige Gewaltenzersplitterung hervortreten als zum Beispiel jetzt zu Mainz.[516]

Mehrfach hatte Goethe Kontakt zu einem Manne, der in engen Beziehungen zu Mainz stand: dem Architekten Georg Moller.[517] Goethe dankte ihm für die Überraschung der beiden ersten Hefte seines Werkes *Denkmäler deutscher Baukunst*[518] und wies in Veröffentlichungen in *Kunst und Altertum* auf ihn hin.[519] In dem Aufsatz *Kunst und Altertum am Rhein und Main* schrieb er hoffnungsvoll:

...so wird ihm denn auch die Geschichte der deutschen Baukunst die schönsten Beiträge verdanken, indem er die alten Gebäude seines Bezirks in Mainz, Oppenheim, Worms, Speyer, Frankfurt und so weiter zu zeichnen und in Kupfer stechen zu lassen beschäftigt ist.[520]

Als sich Goethes Erwartung an einem ihm wichtigen Mainzer Bauwerk erfüllte, dankte er ihm:

Da man sich in dem letzten Jahrzehnt soviel mit Betrachtung, Untersuchung, Nachbildung älterer Kirchen, Kapellen und Klöster beschäftigte, so mußte die Aufmerksamkeit sich ebenfalls auf weltliche Gebäude richten, da denn Burgen und feste Schlösser den allgemeinen Charakter angaben, wonach auch Rathäuser, Börsen, Kaufhäuser, ja die Wohnungen einzelner Bürger in Städten sämtlich ein wehrhaftes Ansehen darstellen; wie uns denn Oberbaurat Moller das abgetragene Kaufhaus von Mainz zu ganz besonderer Befriedigung der Kenner und Liebhaber aufbewahrt hat.[521]

Im November 1824 beschäftigte sich Goethe mit einer *Sendung.. von Maynz*.[522] Wie seine Bücher-Vermehrungsliste ergibt, war es

516 Gespr.II/195. Dazu Biedermann: Kommentarband IV/393 zu Nr. 4976, mit Hinweis auf die Mainzer Zentrale Untersuchungskommission.
517 Seit 1810 Hofbaumeister des Großherzogs von Hessen. Moller hat später in Mainz die «Mollersche Kuppel» auf dem Ostturm des Domes (1828) und das im letzten Krieg zerstörte Stadttheater (1833) gebaut.
518 Brief v. 10.XI.1815 (Br. III/110).
519 Im Aufsatz «Altdeutsche Baukunst» 1823 (XIII/730) und «Von deutscher Baukunst» 1823 (XIII/957).
520 Im Abschnitt «Darmstadt» (XII/569). Auch bereits in der Anzeige zu «Über Kunst und Altertum» (XIII/664).
521 Aufsatz «Marienburg» 1824 («Kunst und Altertum» Bd. IV Heft 3 – XIII/967). Moller hatte das Kaufhaus am Brand 1805 (mit seinem Notdach) noch in Betrieb gesehen. In seinen «Denkmälern deutscher Baukunst» (Bd. I Tafel 39–42) hatte er 1821 eine «Bauaufnahme» des Kaufhauses gefertigt. Siehe Fußn. 474/5.
522 Tgb. v. 11.XI.1824 (WA III 9,295).

Cäcilia, Zeitschrift für die musikalische Welt. Herausgeg. von einem Vereine Gelehrten. Maynz 1824.[523]

Die weitere Zusendung und die Beschäftigung Goethes mit dieser Mainzer Zeitschrift ergibt sich für 1827 aus dem Tagebuch[524] und einem Brief an Zelter:

> In der Zeitschrift Cäcilia. Heft 24 findest du einen bedeutenden Aufsatz über Musikstand von Neapel, von einem der sich F.S. Kandler unterschreibt, einem Manne von dem ich wohl mehr zu erfahren wünschte.[525]

Goethe kam am 3. Februar 1828 auf diesen Aufsatz zurück[526] und erörterte die Bedeutung der Zeitschrift und den Kandlerschen Aufsatz noch einmal:

> Cäcilia, eine Zeitschrift für die musikalische Welt. Mainz.
> Diese interessante und sich schon einige Jahre hindurch gleich bleibende Zeitschrift ist mir von ihrem Anfange her zur angenehmen belehrenden Unterhaltung geworden; auch fühlt ich gar manchmal einige Versuchung, mich öffentlich darüber auszusprechen; allein mein Verhältniß zur Musik ist denn doch (der Art), daß ich darüber viel Worte zu machen Bedenken trage. Nun aber werde ich durch das vier und zwanzigste Heft und einen daselbst verfaßten historisch darstellenden Aufsatz angeregt, Einiges zu äußern, da derselbe mir von allzugroßer Bedeutung erscheint. Es ist derselbe J.G. Kandlers Darstellung des Zustandes der Musik in Neapel, der uns auf die anmuthigste Weise belehrt.[527]

Bis ins hohe Alter blieb Goethe an Schriften interessiert, die ihm aus dem Mainzer Raum berichteten. Im Jahre 1825 erschien das Werk eines Mainzer Autors:

> Beschreibung römischer und deutscher Altertümer in dem Gebiet der Provinz Rheinhessen, zu Tage gefördert durch Dr. Joseph Emele in Mainz.

Goethe beschäftigte sich mit diesem Werk und diktierte dem Schreiber John hierzu eine Besprechung, die allerdings ungedruckt blieb:

> Der Herr Verfasser berichtet in dem Vorwort: seine Sammlung von dergleichen Alterthümern (bestehend aus allerlei Geräthschaften oder was man Anticaglien

523 WA III 9,339. – Die Zeitschrift wurde «von der berühmten Hof-Musikalienhandlung B. Schott's Söhne unter Mitwirkung eines Vereins von Gelehrten, Kunstverständigen und Künstlern herausgegeben» (Peth: «Geschichte des Theaters und der Musik in Mainz» 1871 S. 158).
524 Tgb. v. 4.VI.1827 (WA III 11,66).
525 Brief v. 9.VI.1827 (WA IV 42,213).
526 «Las ich Kandlers musikalisches Neapel im Jahre 1826 in Nr. 24 der Zeitschrift Cäcilie» (WA III 11,175).
527 XIV/383. – Ungedrucktes Fragment.

zu nennen pflegt) übersteige die Zahl von eintausend Nummern weit, und alles sei Ergebniß der von ihm selbst bewerkstelligten Aufgrabungen. Aus dieser zahlreichen Sammlung nun hat Herr Emele 493 der merkwürdigsten Stücke durch den Mahler Herrn Cotois abzeichnen und von Herrn F. Zimmermann auf 34 Tafeln lithographiren lassen, doch nicht in der gewöhnlichen Kreidemanier, sondern geritzt, so daß sie radirten Blättern ähnlich sehen. Aus dem beigegebenen erklärenden Text, 84 bedruckte Seiten füllend, erkennt man in Herrn Emele überall den redlichen Forscher, der gute Kenntnisse besitzt und noch mehrere zu erwerben trachtet, der angelegentlich wünscht lebhafteres Interesse für Denkmale des Alterthums zu erwecken, Nachsuchungen angestellt und das Aufgefundene sorgfältig bewahrt zu sehen.[528]

Im Sommer 1827, während seines Aufenthales in Weimar, hatte König Ludwig von Bayern zusammen mit dem Großherzog bei Goethe einen Geburtstagsbesuch gemacht. Im Jahre darauf schickte er seinen Hofmaler, den in Mainz geborenen Karl Stieler,[529] mit dem Auftrag, Goethe zu malen.

Der König von Bayern sandte vor einiger Zeit seinen Hofmaler Stieler nach Weimar, um das Porträt Goethes zu machen. Als eine Art Empfehlungsbrief und als Zeugnis seiner Geschicklichkeit brachte Stieler das vollendete lebensgroße Bildnis eines sehr schönen jungen Frauenzimmers mit, nämlich das der Münchener Schauspielerin Fräulein von Hagn. Goethe gewährte darauf Herrn Stieler, alle gewünschten Sitzungen.[530]

Das Porträt Goethes von Stieler ist

das wohl repräsentativste und bekannteste Bildnis Goethes, das wir besitzen. Auf seine Entstehungsgeschichte deutet es hin, daß der Dichter einen Brief mit der deutlich sichtbaren Unterschrift «Ludwig» in der Hand hält.[531]

528 WA I 49 2,158 (auch 344).
529 Stieler, am 1.XII.1781 in Mainz geboren, war der von Ludwig hochgeschätzte Maler seiner «Schönheitsgalerie», der Sammlung von 36 schönen Frauen (heute im Schloß Nymphenburg).
530 Eckermann Gespr. v. 6.VI.1828 S. 691.
531 Tümmler (wie Fußn. 130) S. 349. Während der Sitzungen im Mai und Juni kam es zu angeregten Unterhaltungen, besonders über Fragen der Kunst und über die Farbenlehre. Auch über humorvolle Gespräche berichtet Stieler:
«Wir müssen eilen, sagte Goethe, das Gesicht zu bekommen. Der Großherzog ist weggegangen (mit Bezug auf dessen Tod) und nicht wiedergekommen. Wer verbürgt einem, daß man morgen erwacht? Goethe war mit dem Portrait äußerst zufrieden und bemerkte nach dessen Vollendung unter anderm scherzhaft: Ich danke dem König, daß er nicht den Scharfrichter geschickt hat, um meinen Kopf zu besitzen. Hier ist mein Kopf von Ihnen auf eine bequeme Weise abgenommen.» (Gespr. II/336)
Unbestätigt und zweifelhaft ist die Überlieferung, Goethe habe bei dieser Gelegenheit Stieler erzählt, der Bericht mit dem Frankfurter Gretchen aus «Dichtung und Wahrheit» sei eine rein poetische Erfindung. (Eissler: «Goethe» Bd. II/1357). Goethe blieb mit Stieler auch noch im folgenden Jahr in brieflicher Verbindung.

XIV. Der Mainzer Erzbischof im Faust II

Im Jahre 1825 nahm Goethe auf Drängen von Eckermann die Arbeit am Zweiten Teil des Faust wieder auf. Sechzehn Jahre hatte das Werk geruht, nicht aber Goethes Gedanken über die Fortführung und Vollendung. Nunmehr wird der Faust II sein *Hauptgeschäft*. Der dritte Akt, die Begegnung mit Helena, war schon im September 1800 im *Helena-Fragment* weitgehend gestaltet, auch Teile des fünften Aktes (Fausts Tod) waren geschrieben. Nun geht Goethe an den ersten Akt, an die in seinen Überlegungen wahrscheinlich schon lange konzipierten Szenen am Kaiserhof. In vier Passagen erscheint hier in der Gestalt des Kanzlers der Erzbischof von Mainz. Als der Kaiser, begierig das *wilde Carneval* zu feiern, nur widerwillig zustimmt sich *ratschlagend quälen* zu lassen, tritt der Kanzler auf mit einer Huldigung, die sich wie Hohn anhört:

> Kanzler:
> Die höchste Tugend, wie ein Heiligenschein,
> Umgibt des Kaisers Haupt: nur er allein
> Vermag sie gültig auszuüben:
> Gerechtigkeit! Was alle Menschen lieben,
> Was alle fordern, wünschen, schwer entbehren
> Es liegt an ihm, dem Volk es zu gewähren.[532]

Der Scheindevotion folgt die Klage über den Verfall des Reichs und der feudalen Gesellschaft, der sich die Minister, Heermeister, Schatzmeister, Marschalk anschließen. Für diese Not, die eine Geldnot ist, weiß Mephisto einen bedenklichen Rat:

> Vom Estrich zwar ist es nicht aufzuraffen;
> Doch Weisheit weiß das Tiefste herzuschaffen.
> In Bergesadern, Mauergründen
> Ist Gold gemünzt und ungemünzt zu finden,
> Und fragt ihr mich, wer es zutage schafft:
> Begabten Manns Natur- und Geisteskraft![533]

Der Kanzler spürt sogleich, daß dies nicht mit rechten Dingen zugehen kann und widerspricht:

---

532 Vers 4 772–4 777. V/296.
533 Vers 4 891–4 896. V/299.

Kanzler:
Natur und Geist - so spricht man nicht zu Christen.
Deshalb verbrennt man Atheisten,
Weil solche Reden höchst gefährlich sind.
Natur ist Sünde, Geist ist Teufel,
Sie hegen zwischen sich den Zweifel,
Ihr mißgestaltet Zwitterkind.
Uns nicht so! - Kaisers alten Landen
Sind zwei Geschlechter nur entstanden,
Sie stützen würdig seinen Thron:
Die Heiligen sind es und die Ritter;
Sie stehen jedem Ungewitter
Und nehmen Kirch' und Staat zum Lohn.
Dem Pöbelsinn verworrener Geister
Entwickelt sich ein Widerstand:
Die Ketzer sinds! die Hexenmeister!
Und sie verderben Stadt und Land.[534]

Als Mephisto seinen Plan der Papiergeldschaffung unter Deckung durch die im Boden vergrabenen Schätze darlegt, warnt er erneut:

Kanzler:
Der Satan legt euch goldgewirkte Schlingen:
Es geht nicht zu mit frommen, rechten Dingen.[535]

Als aber die Aktion Erfolg hat und das Papiergeld von jedermann als Wert angenommen wird, da überwindet auch der Kanzler seine Bedenken:

Faust:
Dem Kanzler ziemts, die Sache vorzutragen.
Kanzler, (der langsam herankommt).
Beglückt genug in meinen alten Tagen. -
So hört und schaut das schicksalschwere Blatt,
Das alles Weh in Wohl verwandelt hat!
Er liest.
Zu wissen sei es jedem, ders begehrt:
Der Zettel hier ist tausend Kronen wert.
Ihm liegt gesichert, als gewisses Pfand,
Unzahl vergrabnen Guts im Kaiserland.
Nun ist gesorgt, damit der reiche Schatz,
Sogleich gehoben, diene zum Ersatz.[536]

Damit nicht genug: als der Kaiser fragt, wer hier seinen Namenszug gefälscht habe, stellt sich heraus, daß der Kanzler-Erzbischof mitgewirkt

534 Vers 4 897-4 912. V/299.
535 Vers 4 941/2.V/300.
536 Vers 6 053-6 062. V/333.

hat an der Gaukelei und dem Kaiser in der Turbulenz der Mummenschanz die Unterschrift abgelistet hat:

> Schatzmeister:
> Erinnere dich: hast selbst es unterschrieben!
> Erst heute nacht! Du standst als großer Pan,
> Der Kanzler sprach mit uns zu dir heran:
> «Gewähre dir das hohe Festvergnügen!
> Des Volkes Heil, mit wenig Federzügen!»
> Du zogst sie rein, dann wards in dieser Nacht
> Durch Tausendkünstler schnell vertausendfacht.[537]

Man muß diese Charakterisierung der Figur im Auge behalten für ihren Wiederauftritt im vierten Akt.

1831, ein Jahr vor seinem Tode, schafft Goethe als Abschluß seines Werkes die letzte Szene des vierten Aktes. Mit prallem Leben gefüllt tritt in ihr der Erzbischof-Kanzler erneut auf. Der Kaiser hat mit Hilfe von Faust und Mephisto, mittels Magie, den Gegenkaiser besiegt. Faust wird zum Dank *des Reiches Strand verliehen*, den er sich zur Stillung seines Tatendranges[538] auserbeten hat:

> Da faßt ich schnell im Geiste Plan auf Plan:
> Erlange dir das köstliche Genießen,
> Das herrische Meer vom Ufer auszuschließen,
> Der feuchten Breite Grenzen zu verengen
> Und, weit hinein, sie in sich selbst zu drängen;
> Von Schritt zu Schritt wußt ich mirs zu erörtern;
> Das ist mein Wunsch, den wage zu befördern![539]

Nun sollen auch die Fürsten ihren Lohn erhalten. Die vier würdigsten unter den weltlichen Fürsten werden mit den vier Erzämtern belehnt,[540] und diese Belehnung soll förmlich festgeschrieben werden:

---

537 Vers 6 066–6 072. V/334.
538 «Im Anfang war die Tat» – so hatte Faust im Studierzimmer das Wort «Logos» aus dem heiligen Original letztlich übersetzt (Faust I Vers 1237, V/181). Nun stand für ihn die Tat auch als Lebensziel am Ende.
539 Faust II 4. Akt «Hochgebirg» Vers 10 227–10 233 V/466.
540 Am 14. Juli 1831 hatte Goethe erneut (vgl. Fußn. 15) das Werk von Olenschlager über die «Goldene Bulle» aus der Weimarer Bibliothek entliehen. In großartiger Verdichtung konzentriert Goethe die Verfassung, Gründung, Größe, Gefahr und drohenden Untergang in dieser Szene:
«In unbekümmert anachronistischer Zusammenfassung der Ereignisse und Gesetze, die von der Gründung der vier karolingischen Hofämter – Marschall, Käm-

Kaiser:
Was ich euch zugedacht in dieser ernsten Stunde,
Vernahmt ihr mit Vertraun aus zuverlässigem Munde.
Des Kaisers Wort ist groß und sichert jede Gift;
Doch zur Bekräftigung bedarfs der edlen Schrift,
Bedarfs der Signatur. Die förmlich zu bereiten,
Seh ich den rechten Mann zu rechter Stunde schreiten.[541]

Dann tritt der Erzkanzler auf, der das Siegel führt, der Erzbischof von Mainz. Anders als in der *Goldenen Bulle* bleiben Trier und Köln unberücksichtigt, so daß statt der Sieben- die Fünfzahl gilt:

Nun aber, was das Reich in seinem Ganzen hegt,
Sei mit Gewicht und Kraft der Fünfzahl auferlegt![542]

Und diesen Fünfen wird das Recht verliehen, jeweils den neuen Kaiser zu küren, sie sind die Wähler, die Kurfürsten:

Kaiser:
Euch fünfen will ich noch erhöhtere Würde geben.
Noch leb ich meinem Reich und habe Lust zu leben;
Doch hoher Ahnen Kette zieht bedächtigen Blick
Aus rascher Strebsamkeit ins Drohende zurück.
Auch werd ich seinerzeit mich von den Teuren trennen:
Dann sei es eure Pflicht, den Folger zu ernennen.[543]

Nach der Belehnung mit Besitz und Rechten dankt zwar der Erzbischof:

Im Namen aller sei dir tiefster Dank gebracht!
Du machst uns stark und fest und stärkest deine Macht.

und

Mit Stolz in tiefster Brust, mit Demut an Gebärde,
Stehn Fürsten dir gebeugt, die ersten auf der Erde.
Solang das treue Blut die vollen Adern regt,
Sind wir der Körper, den dein Wille leicht bewegt.[544]

merer, Truchseß, Schenk sowie des geistlichen Amtes («Erzbischof-Erzkanzler») –
bis zur Einräumung der Grundrechte der aus diesen Ämtern entstandenen Kurfürstentümer in der «Goldenen Bulle» führten, wird an einem Tage vom Kaiser der Grundstock für Struktur und Geschichte des ganzen ersten deutschen Reiches gelegt.»
(Emrich, W.: «Die Symbolik von Faust II» 1978 S. 386).
541 Vers 10 925–10 930. Das.
542 Vers 10 935/6. Das.
543 Vers 10 953–10 958. Das.
544 Vers 10 951/2 und 10 961–10 964. Das. und 489.

Doch als sich die Fürsten entfernen, da bleibt der Kanzler-Erzbischof zurück und läßt seine weltliche Rolle fallen:

> Der Kanzler ging hinweg, der Bischof ist geblieben.
>
> Mit welchem bittern Schmerz find ich in dieser Stunde
> Dein hochgeheiligt Haupt mit Satanas im Bunde!
> Zwar, wie es scheinen will, gesichert auf dem Thron,
> Doch leider! Gott dem Herrn, dem Vater Papst zum Hohn.
> Wenn dieser es erfährt, schnell wird er sträflich richten,
> Mit heiligem Strahl dein Reich, das sündige, zu vernichten. [545]

Es beginnt die köstliche Szene, in welcher der Kirchenfürst, Drohungen und Huldigungen mischend, den Kaiser zu immer neuen Opfern drängt. [546]

Als erstes wird der Vorwurf erhoben, der Kaiser habe an seinem Krönungstag *den Zauberer befreit*. [547] Nur ein *mäßig Scherflein* verlangt der Erzbischof als Zeichen der Reue: Den Hügelraum, wo des Kaisers Zelt gestanden:

> Den stifte, fromm belehrt, zu heiligem Bemühn,
> Mit Berg und dichtem Wald, soweit sie sich erstrecken,

545 Vers 10 977,10 981–10 986. V/429.
546 In der Anlage gleicht sie der von Goethe vor 60 Jahren für die erste Fassung des «Götz» geschriebenen, wo auch «Mainz» (= der Erzbischof) mit Huldigung beginnt und mit Hohn endet (Siehe zu Fußn. 23).
547 Vgl. aus der Szene «Auf dem Vorgebirg»:
Faust.
Der Nekromant von Norcia, der Sabiner,
Ist dein getreuer, ehrenhafter Diener.
Welch greulich Schicksal droht ihm ungeheuer:
Das Reisig prasselte, schon züngelte das Feuer;
Die trocknen Scheite, ringsumher verschränkt,
Mit Pech und Schwefelruten untermengt;
Nicht Mensch noch Gott noch Teufel konnte retten –
Die Majestät zersprengte glühende Ketten!
(Vers 10 39 – 10 446 V/473)
Vers 10 612ff. erfahren wir allerdings, daß der Kaiser dabei nur aus einer Laune gehandelt hat:
Kaiser:
Sie jubelten, mich pomphaft umzuführen;
Ich war nun was, das wollt ich auch probieren
Und fands gelegen, ohne viel zu denken,
Dem weißen Barte kühle Luft zu schenken.
Dem Klerus hab ich eine Lust verdorben
Und ihre Gunst mir freilich nicht erworben.
(Siehe hierzu: Benedetto Croce «Goethe» S. 186/7.)

Mit Höhen, die sich grün zu fetter Weide decken,
Fischreichen, klaren Seen, dann Bächlein ohne Zahl,
Wie sie sich, eilig schlängelnd, stürzen ab zutal,
Das breite Tal dann selbst mit Wiesen, Gauen, Gründen!
Die Reue spricht sich aus, und du wirst Gnade finden.[548]

Damit nicht genug:

Erst der entweihte Raum, wo man sich so versündigt,
Sei alsobald zum Dienst des Höchsten angekündigt!
Behende steigt im Geist Gemäuer stark empor:
Der Morgensonne Blick erleuchtet schon das Chor,
Zum Kreuz erweitert sich das wachsende Gebäude,
Das Schiff erlängt, erhöht sich zu der Gläubigen Freude;
Sie strömen brünstig schon durchs würdige Portal:
Der erste Glockenruf erscholl durch Berg und Tal!
Von hohen Türmen tönts, wie sie zum Himmel streben,
Der Büßer kommt heran zu neugeschaffnem Leben.
Dem hohen Weihetag – er trete bald herein! –
Wird deine Gegenwart die höchste Zierde sein.[549]

Zweimal entfernt sich der unersättliche Kirchenfürst zum Schein, um wiederkehrend jeweils neue Forderungen zu stellen:

Erzbischof hat sich beurlaubt, kehrt aber beim Ausgang um.

Dann widmest du zugleich dem Werke, wies entsteht,
Gesamte Landsgefälle: Zehnten, Zinsen, Beth,
Für ewig! Viel bedarfs zu würdiger Unterhaltung,
Und schwere Kosten macht die sorgliche Verwaltung.
Zum schnellen Aufbau selbst auf solchem wüsten Platz
Reichst du uns einiges Gold aus deinem Beuteschatz.
Daneben braucht man auch – ich kann es nicht verschweigen –
Entferntes Holz und Kalk und Schiefer und dergleichen.
Die Fuhren tut das Volk, vom Predigtstuhl belehrt:
Die Kirche segnet den, der ihr zu Diensten fährt.[550]

Und erneut:

Erzbischof abermals zurückkehrend, mit tiefster Verbeugung.

Daß der Kaiser den Nekromanten gerettet habe, ist eine Erfindung Goethes. Er selbst berichtet (Nachtrag zum «Benvenuto Cellini» XV/902), daß das Vorbild des Nekromanten, Cecco von Ascoli, im Jahre 1327 in Florenz wegen nekromantischer Schriften verbrannt wurde.
548 Vers 10 996–11 102. V/490.
549 Vers 11 005–11 016. Das.
550 Vers 11 023–11 032. V/491.

Verzeih, o Herr! Es ward dem sehr verrufnen Mann
Des Reiches Strand verliehn; doch diesen trifft der Bann,
Verleihst du reuig nicht der hohen Kirchenstelle
Auch dort den Zehnten, Zins und Gaben und Gefälle.

Kaiser verdrießlich:
Das Land ist noch nicht da: im Meere liegt es breit!

Erzbischof:
Wers Recht hat und Geduld, für den kommt auch die Zeit.
Für uns mög Euer Wort in seinen Kräften bleiben!

Kaiser allein:
So könnt ich wohl zunächst das ganze Reich verschreiben![551]

So rundet sich ein Kreis in Goethes Schaffen von jener frühen Erzbischof-Szene aus dem *Urgötz* zu dieser letzten Szene in seinem Werk.[552] Es rundet sich aber auch der Kreis der Beziehungen Goethes zu Mainz. Den Knaben und Jüngling hatte Mainz mit seinen Schlössern und Adelspalästen stark beeindruckt – *Mainz setzte uns in Verwunderung*, nicht weniger die Macht- und Prachtentfaltung des Mainzer Kurfürsten bei Wahl und Krönung des Kaisers. Nun sieht er im Alter auf die Hintergründe der Entstehung des Reichtums und der Macht, auf den Zusammenbruch und seine Gründe.

Aber nicht nur für die geistlichen Fürsten steht hier stellvertretend der Erzbischof von Mainz – er steht für alle die Mächtigen, die in rücksichtsloser Verfolgung ihrer egoistischen Ziele die Schwäche des Kaisers ausgebeutet und seine Macht immer mehr ausgehöhlt haben und die Verantwortung tragen für den Zusammenbruch des Reichs, dafür, daß der Kaiser in der Tat *das ganze Reich verschreiben* mußte.

Mainz in seinem höchsten Glanz,
Mainz in schwerer Not,
Mainz voll von Schätzen aus dem Altertum und Kunstwerken aus allen Zeiten,

---

551 Vers 11 035–11 042. Das.
552 Mit dieser Szene war das «Hauptgeschäft» vollendet. Im August 1831 wurde der «Faust II» eingesiegelt. Nur noch einmal, im Januar wurde das Siegel geöffnet, um Ottilie aus dem Werk vorzulesen – auch einige Änderungen schwebten Goethe noch vor. Da überholte Goethes Tod alle weiteren Pläne.

Mainz als Ort lebenswichtiger Entscheidung,
Mainz im Gedenken an viele Freunde und schöne Stunden,
Mainz mit unvergeßlichen Landschaftsbildern,
Mainz in vielfacher Spiegelung in seinem Werk:
Man wird urteilen dürfen, daß sie keine geringe Rolle in Goethes Leben
gespielt hat, die *unselig glühende Hauptstadt des Vaterlandes.*

Personenregister

Albini, Franz Joseph Frh.v. 150
Albrecht v. Brandenburg 25
Anna Amalia v. Sachsen-Weimar 37, 43, 52, 57, 69, 82, 96, 106, 165
Antici, Marchese 73
Arbeiter, Christian 158, 163, 165, 166, 168
Aretin, Johann Adolf v. 160, 168, 170
Arnim, Achim v. 15
Bettina, s. Brentano
Arnold, Johann Georg Daniel 153
Auerbach, Prof. Dr. Heinrich Stromer v. 25
August, Prinz v. England 82
Aumann (Frau gegen Sohn – Prozeß) 41/42

Backofen, Hans 16
Bartas, Guillaume de Sallustre 139/140
Basedow, Johann Bernhard 17
Bayet, du 116
Behrisch, Ernst Wolfgang 25
Benjamin, Walter 11
Benzel-Sternau, Christian Graf v. 129
Bernard (zeitw. Verlobter Lilis) 137
Berthiez, Alexandre 109
Bertuch, Friedrich Johann Justin 96, 108
Bethmann, Friederike s. Unzelmann
Billeter, Dr. Gustav 27
Bodmann (Bothmann), Dr. Franz Joseph 146/7
Böhmer, Auguste 89, 125
Böhmer, Georg Wilhelm 118
Böhmer, Karoline geb. Heyne – später Schlegel, sodann Schelling 89, 124/5
Boie, Heinrich Christian 64
Boisserée, Mathilde 169
Boisserée, Melchior 168
Boisserée, Sulpiz 11, 127, 143, 156–158, 160, 163, 165/6, 168/9, 171
Brandt, Susanna Margarethe 15/6
Braunschweig, Anton Ulrich Herzog v. 83, 90
Brentano, Antonia geb. Birkenstock 143/4, 150
Brentano, Bettina 36, 47, 144
Brentano, Clemens 15, 36, 144
Brentano, Franz 143/4, 150
Brentano, Maximiliane 30, 32–36, 39, 144
Brentano, Peter Anton 33–36
Brinkmann, Philipp Hieronymus 51

Brion, s. Friederike
Buchholz, Karl 139
Buff, Charlotte 11, 29, 34–36

Cecco von Ascoli 188
Cheussy (frz. Architekt) 165
Creuzer, Georg Friedrich 168
Christ (Schauspieler) 93
Christiane s. Vulpius
Ciafani, Abbate 73
Clemens Wenzeslaus, Kurf. v. Trier 30
Condé, Louis Joseph Prinz v. 85
Constant, Benjamin 76
Conta, Karl Friedrich Anton v. 177, 179
Cook, James 86
Corday, Charlotte 124, 136
Cornelia s. Schlosser
Coudenhoven, Ludwig Graf v. 91
Coudenhoven, Sophie Gräfin v. 41, 71, 83, 91–93
Cramer, Luwig Wilhelm 148/9
Custine, Adam Philipp, Comte de 91, 93, 113, 122

Dalberg, Johann Friedrich Hugo 54–56
Dalberg, Karl Theodor 43, 51–54, 56–63, 79, 96, 140/1
Dalberg, Wolfgang Heribert 54/5
Delph, Helma Dorothea 51
Dessau (-Anhalt), Hans Georg Prinz v. 146
Diderot, Denis 139
Dienheim, Christoph Frh. v. 71
Droste-Hülshoff, Anette v. 153
Dubois-Crancé, Jean Baptiste 125
Dumeiz, Damian Friedrich 32–34

Eberhard, H.W. (Lithograph) 176
Eckart, Siegfried gen. Koch 113
Eckermann, Johann Peter 182/3
Eichstädt, Heinz Karl Abraham 143
Einsiedel, Friedrich Hildebrand v. 59
Einsiedel, Johann August v. 59
Emmerich Joseph v. Breidbach 18–20, 52, 99, 113
Ermele, Joseph 181/2
Erthal, Friedrich Karl Joseph, Frh. v. 19, 33, 41, 43, 71, 73/4, 82, 90/1, 93, 99, 125, 149

191

Ester, Elisabeth d' 37
Eyck, Jan van 163

Falk, Johannes Daniel 53, 65/6
Farnia (Mainzer Advokat Rom) 73
Fechenbach, Franz Georg Adam, Frh. v. 71
Ferdinand V. v. Neapel 82
Forkel, Petra 89
Forster, Johann Georg 82, 85–90, 124, 136/7, 139, 160
Forster, Johann Reinhold 86
Forster, Therese geb. Heyne, später Huber 85–89, 124
Franz II v. Österreich 82
Friederike Brion 11, 45
Friedrich II. 69, 78, 98, 107
Friedrich Wilhelm II. 81/2, 115/6, 119, 125
Friedrich Wilhelm III. 145
Frimont, Johann Maria Philipp, Baron v. 146
Fritsch, Jacob Friedrich v. 59, 112
Fust, Johann 66

Gallitzin, Adelheid Amalie, Fürstin 43
Gerning, Johann Isaak v. 143
Gleim, Johannes Wilhelm Ludwig 40, 75
Götze, Johann Georg Paul 82, 96
Göcking Gerhard Gottlieb Günther 134
Goertz, Johann Eustachius, Graf v. Schlitz 43, 57
Goertz, Gräfin 57
Goethe, Anna Katharina Elisabeth 24, 26, 37/8, 45, 47, 49, 72/3, 79/80, 82–86, 89, 97, 106, 114, 139
Goethe, August 152–157, 179
Goethe, Johann Caspar 13, 17, 25/6, 44/5
Goethe, Ottilie 189
Gore, Charles 106–108, 119, 121, 125/6, 165
Görres, Johann Joseph v. 168
Gottsched, Johann Christoph 96
Greifenklau, Georg Friedrich v. 20
Gretchen (Frankfurt) 13, 17, 182
Groschlag, Karl Friedrich Willibald v. 18, 52
Grossmann, Gustav Friedrich Wilhelm 137
Grüner, Johann Sebastian 105
Guntermann, s. La Roche

Hackert, Philipp 107
Haide, Friedrich 128
Hardegg, Johann Heinrich Graf v. 146
Hardenberg, Karl August v. 156/7
Hauff, Wilhelm 45
Haugwitz, Christian August Graf v. 51, 64

Haxthausen-Altenburg, Werner Georg Graf v. 153/4
Heimes, Valentin 149
Heinse, Wilhelm 39–41, 91, 141
Herd, Elisabeth 35
Herd, Philipp Jacob 35
Herder, Gottfried 76
Herder, Johann Gottfried 11, 37, 43, 55–58, 75, 87, 91, 96, 103/4, 106
Herder, Karoline 56, 75/6, 82, 87, 91/2, 103
Herzan und Harrach, Franz Graf zu 72–74
Heyne, Christian Gottlob 25, 88, 114
Heyne, Therese s. Forster
Homburg, Ludwig Wilhelm Friedrich, Prinz v. 146
Horny, Konrad 108/9
Huber, Ludwig Ferdinand 85, 89, 91, 124
Huber, Therese s. Forster
Hügel, Johann Aloys Joseph, Frh. v. 156
Hüter, Caroline 89
Humboldt, Karoline v. 76
Hundeshagen, Bernhard 151

Iffland, August Wilhelm 55, 138
Iselin, Isaak 59

Jacobi, Betty 35
Jacobi, Friedrich (Fritz) 39/40, 51, 53, 83, 87, 91, 93, 96/7, 100, 108, 114, 116/7
Jacobi, Georg 40
Jäger, Johann Wilhelm 84
Jean Paul (Johann Paul Friedrich Richter) 136
Jerôme Bonaparte 78
Jerusalem, Karl Wilhelm 35/36
Joseph, Erzherzog; dann Kaiser Joseph II. 17, 69, 82, 156
Juncker, Justus 13
Jungenfeld, Franz, Frh. Gedult v. 146/7

Kalb, August v. 56
Kalb, Charlotte v. 129
Kalb, Karl Alexander 52
Kalb, Sophie v. s. Seckendorf
Kalckreuth, Adolf v. 98, 102, 118
Kandler, Fritz Sales 118
Karl August v. Sachsen-Weimar, Herzog, ab 1815 Großherzog: 43 und ständig
Karl, Erzherzog v. Österreich 82, 154–157
Karl X. v. Frankreich (Graf Artois) 81
Karl der Große 57
Karl Eugen v. Württemberg 55, 66
Karl Theodor v. d. Pfalz 69
Kaufmann, Christoph 65/6